100% FLE

Vocabulaire
essentiel
du français

B1

Gaël Crépieux, Marie-Laure Lions-Oliviéri, Lucie Mensdorff-Pouilly
et Caroline Sperandio pour les leçons

Anthony Lacoudre et Yekaterina García Márkina pour le vocabulaire contrastif

Édition : Justine Daffas et Carole San-Galli
Illustrations : Joëlle Passeron et Dany Mourain
Couverture : olo.éditions
Maquette : amarantedesign, adaptation de Creator's Studio
Mise en page : Sabine Beauvallet

éditions didier s'engagent pour l'environnement en réduisant l'empreinte carbone de leurs livres. Celle de cet exemplaire est de :

800 g éq. CO₂

PAPIER À BASE DE FIBRES CERTIFIÉES

Rendez-vous sur www.editionsdidier-durable.fr

© **Les Éditions Didier, Paris, 2017**

ISBN 978-2-278-08730-3

Achevé d'imprimer en Espagne par Estella Graficas en octobre 2017 - Dépôt légal 08730-02

Avant-propos

Vocabulaire essentiel du français a été conçu pour l'apprentissage et la maîtrise du lexique du français. Une bonne connaissance du vocabulaire est un élément essentiel pour la compréhension et l'expression écrites ou orales. Grâce à *Vocabulaire essentiel du français*, l'apprenant pourra développer rapidement sa compétence à communiquer en français.

Un ouvrage qui s'adresse à un large public

• Aux étudiants de français langue étrangère (niveau B1[1]).
• Aux personnes installées en France ou dans un pays francophone, ou en projet d'installation, et souhaitant mieux maîtriser le français.
• Aux enseignants de français langue étrangère qui pourront l'utiliser comme matériel de cours.

Une méthode visant l'autonomie de l'apprenant

• Avec *Vocabulaire essentiel du français*, l'apprenant est actif dans son apprentissage. Chaque leçon thématique propose :
  - une phase d'**observation** du lexique contextualisé grâce à des dialogues à écouter ou à lire, et des documents authentiques,
  - une phase de **réflexion** où il est invité à répondre à des questions pour repérer le lexique,
  - une liste de vocabulaire illustré et contextualisé, **facile à comprendre** et **à mémoriser**,
  - des exercices de difficulté progressive permettant d'abord de **s'approprier le lexique**, puis de **l'employer** à travers les différentes activités langagières (compréhension et expression orales et écrites).
• En fin d'ouvrage, les corrigés et les bilans offrent la possibilité d'une **autocorrection** et d'une **autoévaluation**.

Un outil actuel et complet

• Cet ouvrage s'articule autour de **27 leçons** correspondant aux **thématiques** recommandées par les référentiels officiels[2] pour le niveau B1. C'est donc un outil qui permet de **se préparer efficacement aux examens et tests de français** (DELF, TCF, TEF).
• À la démarche systématique est associée une **dimension communicative** par le biais d'exercices de production écrite et d'exercices de prise de parole en continu ou en interaction.
• Le vocabulaire est développé **en contexte** par des dialogues et des activités de compréhension, dans des **situations propres à la vie quotidienne**.
• Le **support audio** (sur CD mp3 et en ligne à l'adresse www.centpourcentfle.fr) permet l'écoute de tous les dialogues et la mise en œuvre des exercices :
  - pour s'habituer à repérer le lexique dans le flux de l'oral,
  - pour permettre d'établir le lien entre la graphie et la phonie du français,
  - pour lier la compréhension et la production orales.
• Les pages consacrées au **vocabulaire contrastif** anglais-français et espagnol-français offrent aux étudiants un outil complémentaire pour éviter les erreurs selon les langues sources.
• Le **sommaire** détaillé facilite le repérage des thématiques et la circulation au sein de l'ouvrage.

Bon apprentissage avec *Vocabulaire essentiel du français* !

Les auteurs

---

1. du Cadre européen commun de référence pour les langues
2. *Niveau B1 pour le français. Un Référentiel*, Didier

Mode d'emploi

LES LEÇONS

→ Une démarche inductive et raisonnée

● Une mise en situation du corpus en contexte

● Des activités pour découvrir le lexique
de la thématique

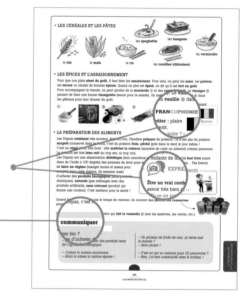

MÉMORISEZ

→ Un lexique illustré et en contexte

Des expressions issues de la francophonie
et des expressions imagées

Les actes de communication autour
de la thématique

LES EXERCICES

→ Des activités variées
et de difficulté progressive

● Exercices systématiques
et contextualisés

● Alternance d'activités pour
travailler toutes les compétences :
compréhension orale et écrite,
production orale et écrite

→ Une dimension communicative

● À la fin de chaque leçon, un exercice
de prise de parole en continu
ou en interaction

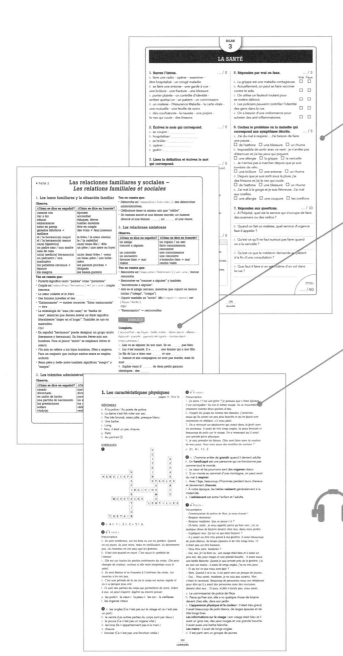

LES BILANS

→ 13 tests pour s'évaluer avec un score sur 40 points

LE VOCABULAIRE CONTRASTIF

→ Étude des difficultés propres aux apprenants anglophones et hispanophones, avec exercices à l'appui

LES CORRIGÉS

→ Avec transcription de tous les textes audio

LES DIALOGUES ET LES EXERCICES ENREGISTRÉS

→ Grâce au CD mp3 et/ou par téléchargement : écoute des dialogues et des documents authentiques de la leçon, et des exercices

Sommaire

LE LOGEMENT

L'ÉDUCATION ET LE MONDE PROFESSIONNEL

LES LOISIRS

LES TRANSPORTS ET LES VOYAGES

Les caractéristiques physiques

Ils se ressemblent comme deux gouttes d'eau !

ÉCOUTEZ

Document 2

— *Bonjour madame. Que se passe-t-il ? Je peux vous aider ?*
— *Monsieur l'agent, on m'a volé mon sac à main dans la rue...*
— *Bon, asseyez-vous et racontez-moi comment ça s'est passé.*
— *Eh bien, je lisais un livre dans le parc. Mon sac était posé à côté de moi. Soudain, une personne est arrivée, a pris mon sac et est partie en courant.*
— *Ça va être difficile de retrouver votre voleur, madame...*
— *Mais j'ai vu son visage, monsieur l'agent !*
— *Ah bon ? On va faire un portrait-robot, alors. Vous pouvez le décrire ? De quoi il a l'air ?*
— *Alors... c'était un homme, assez jeune... 30 ans, je pense... Il avait la peau pas très bronzée, assez pâle, presque blanche. Hum... il avait les yeux noirs et il était un peu barbu, mais pas moustachu.*
— *Comme ça ?*
— *Non, non, sa barbe était plus petite... elle ne montait pas jusqu'aux oreilles. Il avait aussi un long menton. Voilà, plutôt comme ça, oui. Et... il n'avait pas beaucoup de cheveux.*
— *Comme ça ?*
— *Non... il n'était pas vraiment chauve ; il avait un peu de cheveux sur le dessus de la tête. Voilà ! C'est exactement ça ! Et son nez était moins gros, beaucoup plus petit. Voilà ! C'est lui ! Il ressemble parfaitement à mon voleur.*

①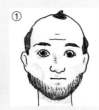

②

③

RÉPONDEZ

Répondez aux questions.

a. Où se passe la scène ?

b. Qu'est-il arrivé ?

c. De quelle couleur était le visage du voleur ?

d. Avait-il une barbe ? Une moustache ? Les deux ?

e. Comment était son menton ?

f. Avait-il beaucoup de cheveux ?

g. Comment était son nez ?

h. À quel portrait-robot le voleur correspond-il ?
☐ portrait ①   ☐ portrait ②   ☐ portrait ③

L'ÊTRE HUMAIN

• LES CYCLES DE LA VIE

Tout au long de son **existence**, l'être humain passe par plusieurs cycles de vie.

① La **naissance** (le premier jour de la vie) : l'être humain **naît**. C'est un bébé. Il a des cheveux, mais pas encore de **poils** sur la peau.

② L'**enfance** (de 0 à 12-16 ans) : il est enfant. Il **grandit** (devient grand) d'année en année.

③ L'**adolescence** (de 12-16 ans à 18-21 ans) : il est **adolescent**. Il commence à avoir des poils sur le corps. C'est aussi l'âge du développement de la **sexualité** qui permet la **reproduction biologique** : l'être humain, comme d'autres êtres vivants, peut commencer à avoir des enfants.

④ L'âge **adulte** : il devient adulte à partir de 18 ans environ.

⑤ La **vieillesse** : c'est la dernière période de la vie. Certains **individus** (êtres vivants, personnes) vivent très vieux et meurent à l'âge de 100 ans ou plus.

La **mort** : c'est la fin de la vie.

• LE CORPS HUMAIN

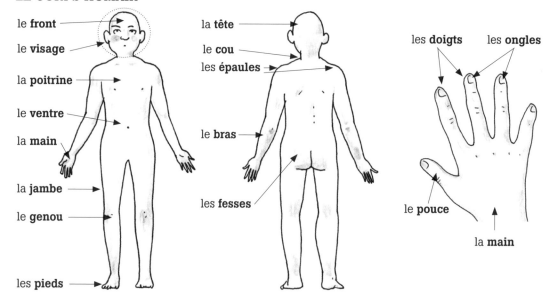

• L'ANATOMIE

Le corps humain est composé d'**os** (l'ensemble des os forment le **squelette**), de **sang** et d'**organes** (les parties du corps) qui ont des **fonctions** (des rôles) importantes.

Le **cerveau** contrôle le corps et reçoit beaucoup d'informations grâce aux yeux qui servent à voir, au nez qui sert à **respirer** et à sentir, à la bouche qui sert à manger et à la **langue** (organe rouge à l'intérieur de la bouche) qui sert à goûter.

Parmi les **organes vitaux** (qui permettent de vivre), il y a :

– le **cœur**, qui bat en moyenne 70 fois par minute ;

– les **poumons**, qui servent à la **respiration** / à **respirer l'air** ;

– l'**estomac**, qui sert à **digérer** (transformer) les aliments que l'on mange.

Quand le corps humain ne fonctionne pas normalement et que cela défavorise la personne, on dit qu'elle est **handicapée**.

• LA DESCRIPTION PHYSIQUE

Les individus ont différents **aspects** ou **apparences physiques**.

 EXPRESSION IMAGÉE

Se ressembler comme deux gouttes d'eau : être semblables.
« Alexis et Jérémy sont des jumeaux : ils se ressemblent comme deux gouttes d'eau ! »

Thierry a les yeux bleu clair.
Il a les **cheveux** courts et **raides**.
Il a un **menton** large.
Il porte des **lunettes** ou, sinon, des **lentilles de contact**.
Il est **moustachu** : il a une moustache.
Il est aussi **barbu** (il a une barbe).

Natasha a 25 ans : elle est assez **jeune**.
Elle a les cheveux **châtains** (marron clair), longs et **bouclés** et les yeux marron.
Elle a la **peau** un peu **bronzée** par le soleil.
Elle a un petit nez et un long menton.

FRANCOPHONIE

Un jaguar : un bel homme.
« Waouh ! Je ne savais pas que ton frère était si beau ! Quel jaguar ! »

 BÉNIN

Pascal a 40 ans : il n'est pas très **vieux**. Cependant, il est presque **chauve** : il n'a plus beaucoup de cheveux. Il a aussi des cheveux **gris** sur les côtés.
Il a une petite barbe sur le menton et il porte des lunettes.
Il a la peau assez **pâle**.

▶ Pour communiquer

– Vous pouvez la décrire ? De quoi elle a l'air ? / À quoi elle ressemble ?
– Elle est grande et assez jeune. Elle a de longs cheveux châtains.

– Comment est-il physiquement ?
– Il a de larges épaules et une poitrine musclée. Il est très grand, aussi.

– Qu'est-ce qu'elle est belle, cette comédienne !

– Qu'il est grand ! Il mesure bien 2 mètres !

– Non, ma mère n'a pas 40 ans. En réalité, elle a 48 ans !
– 48 ans ? Ça alors ! Elle paraît vraiment plus jeune que son âge.
– Moi, je trouve qu'elle fait son âge !

1. Complétez la grille.

Horizontal →

1. Homme qui ne peut pas marcher, par exemple.
2. Elles sont deux et portent la tête avec le cou.
7. Être, personne.
8. Qui a une moustache.
9. Elles remplacent les lunettes.
10. Couleur marron pour les cheveux.

Vertical ↓

3. Partie du corps qui protège le cœur et les poumons.
4. Aspect.
5. Elle est possible grâce aux poumons.
6. Organe qui permet de respirer.

2. Associez chaque organe à sa / ses fonction(s).

a. la bouche ○
b. l'estomac ○
c. la langue ○
d. les oreilles ○
e. les poumons ○
f. les yeux ○

○ 1. digérer
○ 2. entendre
○ 3. goûter
○ 4. manger et parler
○ 5. respirer
○ 6. voir

3. Écoutez les définitions et écrivez les mots ou expressions qui correspondent. 🎧 3

a. ....
b. ....
c. ....
d. ....
e. ....
f. ....

4. Barrez l'intrus.

    a. les poils – la barbe – les ongles – les cheveux – la moustache

    b. les épaules – le ventre – les mains – les pieds – les jambes

    c. le pouce – le cœur – les poumons – l'estomac

    d. les doigts – les pouces – les mains – les ongles – les bras

    e. blonds – chauve – raides – bouclés – châtains

    f. bronzer – respirer – manger – boire – digérer

5. Écoutez et associez un audio à une image. 4

    a. Audio ....   **b.** Audio ....   **c.** Audio ....   **d.** Audio ....

6. Complétez les phrases.

    a. L'homme arrête de .... quand il devient adulte.

    b. Un .... est une personne dont le corps ne fonctionne pas parfaitement.

    c. Le cœur et les poumons sont des .... vitaux.

    d. Si on monte au sommet d'une montagne, on peut avoir du mal à ....

    e. Avec l'âge, beaucoup d'hommes perdent leurs cheveux et deviennent ....

    f. À notre époque, les bébés .... généralement à la maternité.

    g. L'............................ est entre l'enfant et l'adulte.

7. Écoutez et répondez aux questions. 5

    a. Qui la dame appelle-t-elle ?

    ....

    b. Pourquoi appelle-t-elle ?

    ....

    c. Comment était l'être qu'elle a vu ? Complétez le tableau.

L'apparence physique et la couleur	
Les informations sur le visage	
Les mains	

    d. Qu'a fait l'« être bizarre » quand il a vu la dame ?

    ....

    e. Quelle est l'explication donnée par le policier ?

    ....

EXERCICES

8. Lisez le texte et complétez le tableau.

Homo sapiens et Néandertal : différences ou ressemblances ?

dertal avait des os plus gros, une poitrine plus large et sa tête avait l'air plus ronde que celle d'*Homo sapiens*. Son visage était aussi plus large, son front moins droit et il n'avait pas de menton. Ses bras étaient un peu plus longs. Il était donc probablement plus fort.

Anatomie

Il existe peu de différences entre l'ADN d'*Homo sapiens* (l'homme moderne) et celui de l'homme de Néandertal. Les différences sont principalement anatomiques : Néan-

Vie

Les Néandertaliens grandissaient plus vite que nous. On ne sait pas s'ils vivaient moins longtemps que l'homme. Cependant, beau-

coup de jeunes femmes mouraient lors de la naissance de leur bébé.

Disparition

Les scientifiques ne peuvent pas établir avec certitude la raison de leur disparition. Toutefois, une des principales hypothèses avance qu'*Homo sapiens* se serait reproduit avec Néandertal et que les deux espèces se seraient ainsi mélangées. Mais il n'existe pas encore assez de preuves scientifiques pour l'affirmer.

Qu'apprend-on sur l'homme de Néandertal ?	
Le squelette	....
Pourquoi pense-t-on qu'il était plus fort ?	....
La tête	....
Le visage	....
La croissance	....
La cause de la mort des jeunes femmes	....
L'hypothèse sur leur disparition	....

9. Vous attendez quelqu'un à l'aéroport, mais vous avez oublié de prendre un panneau avec son nom. Envoyez-lui un SMS pour lui expliquer où vous l'attendez et pour lui donner votre description !

Ex. : Bonjour, je suis désolé, mais j'ai oublié de prendre un panneau avec votre nom.

 PRENEZ LA PAROLE !

10. Par deux : vous choisissez en secret un mot de la leçon (ne le montrez pas !). Répondez aux questions de votre voisin(e) par « oui » ou « non ».

Ex. : – Est-ce que c'est un organe vital ?
– Oui !
– Est-ce qu'il sert à respirer ?...

Les caractéristiques morales

Quels sont vos qualités et vos défauts ?

OBSERVEZ

Document

Réussir sa vie

Tout le monde souhaite « réussir sa vie », mais qu'est-ce que cela signifie vraiment ? Et quelles sont les qualités essentielles pour réussir ?

Définir la réussite

La définition du mot « réussite » dépend des individus. Pour certains, c'est avoir une bonne situation professionnelle ; pour d'autres, c'est être heureux en amour. Il y a aussi ceux qui veulent être célèbres pour être admirés ou respectés de tous et enfin ceux qui sont indifférents à la notoriété, ceux pour qui réussir, c'est avoir une vie simple et discrète.

Comment réussir dans la vie ?

Il ne suffit pas d'être intelligent ou diplômé pour réussir. Il faut d'abord bien se connaître pour savoir ce qui est important pour soi et pour se donner des objectifs réalisables.

Il faut aussi être confiant et optimiste. Si on doute de ses qualités et de ses capacités, ou bien si on a peur du changement, on peut avoir du mal à trouver le bonheur. Alors, mieux vaut ne pas être pessimiste et essayer d'avoir confiance en soi !

Mais cela ne suffit pas : il est également essentiel d'être ouvert et sociable : il faut être prêt à changer et à aller au contact des autres, pour mieux connaître le monde qui nous entoure !

RÉPONDEZ

Répondez aux questions.

a. Quel est le thème général de cet article ?

....

b. Que peut signifier « la réussite » ?

....

....

....

....

c. Quelles sont les qualités essentielles pour réussir ?

....

....

d. Qu'est-ce qui empêche la réussite ? *(4 réponses)*

☐ avoir confiance en soi   ☐ avoir peur du changement

☐ douter de soi   ☐ être célèbre

☐ être diplômé   ☐ être intelligent

☐ être pessimiste   ☐ être timide et avoir peur des autres

• LES QUALITÉS ET LES DÉFAUTS

Lorsque les informations qu'on donne sur une personne sont positives, on parle de **qualités** et quand elles sont négatives, on parle de **défauts**.

Michel et Lucas sont des frères jumeaux. Ils ont le même âge, mais ils sont très différents.
À la maison, Michel est très **ordonné** : sa chambre est toujours bien rangée, contrairement à celle de Lucas, qui est **désordonné**. En général, leurs parents sont **autoritaires**, mais Lucas ne les écoute jamais.

Michel est **honnête** et **sincère** : il dit toujours la vérité à ses parents, alors que Lucas est parfois un peu **menteur** : il dit à ses parents qu'il a fini ses devoirs pour pouvoir regarder la télévision, mais en réalité, il ne les a pas terminés ! Lucas est aussi **direct** : il n'hésite pas à dire ce qu'il pense.

Michel et Lucas sont des enfants **aimables** et **sociables** : ils sont gentils avec les gens et aiment rencontrer de nouvelles personnes. Mais Lucas est parfois **méchant** (il donne des coups de pied dans le sac des autres enfants) et aussi **jaloux** (il s'amuse à casser les crayons des élèves qui ont de meilleures notes que lui !). Parfois, il est **désagréable** (pas aimable). En classe, il est **insupportable** : il bavarde toujours pendant le cours. Michel, lui, est **sérieux**.

Lucas est **généreux** : il donne souvent ses bonbons à ses copains. Au contraire, Michel est **égoïste** : il garde tout pour lui.

 EXPRESSION IMAGÉE

Donner le bon Dieu sans confession : faire facilement confiance à une personne qui a l'air honnête.
« Cette petite fille a l'air si gentille ! On lui donnerait le bon Dieu sans confession. »

— **FRAN**COPHONIE —

Être gros-cœur : être jaloux.
« Ne sois pas gros-cœur ! Toi aussi, un jour, tu pourras avoir une voiture. »

ÎLE DE LA RÉUNION (FRANCE)

Michel est d'un naturel **inquiet** (il a peur de tout) et **pessimiste** : il pense toujours que quelque chose peut mal se passer. Alors il est **méfiant** (il fait difficilement confiance aux autres). Lucas, lui, est **optimiste** (positif) et **confiant** (sûr de lui).

Michel est **fort** en maths (il a de bonnes notes) mais **faible** (il n'est pas bon) en sport. La veille d'un devoir sur table, il est **anxieux** (inquiet) et **nerveux** : il dort peu. Il est **énervé** (en colère), **déprimé** (il manque de courage et pleure souvent) et **désespéré** (il est sûr de ne pas réussir), tandis que Lucas reste **souriant** et **calme / tranquille**. Lucas est aussi **dynamique / énergique** : il est actif et aime bouger. Le soir, quand ils rentrent de l'école, Michel a peur du noir, il est **peureux** ; Lucas, lui, est **courageux**, et n'a peur de rien !

• LES TRAITS DE CARACTÈRE

Certaines personnes sont **faciles** à vivre ; d'autres, au contraire, sont **difficiles / compliquées** : elles n'aiment rien et ne veulent rien faire.

Certaines personnes sont **sensibles** ou facilement **émues** (elles pleurent facilement en voyant des choses tristes), d'autres ne **ressentent** rien et restent **indifférentes** : elles sont **dures** (insensibles).

Certains détestent aller à des soirées ou des cocktails car ils sont **timides** : ils ont du mal à parler à des gens qu'ils ne connaissent pas. Ils sont parfois **embêtés / ennuyés** parce qu'ils ne savent pas de quoi parler. D'autres sont **maladroits** : ils font tomber des objets parce qu'ils sont **distraits** (ils ne font pas attention).

Dans la vie, il vaut mieux être **raisonnable** ou **sage** : on ne peut pas tout posséder. Il faut donc bien réfléchir avant de faire des choix importants, même si parfois, on a envie d'être **fou** et d'acheter une grande maison ou un bateau, par exemple !

Certains traits de caractère sont importants dans une profession. Par exemple, quand on est journaliste, il faut être **tolérant** ou **ouvert** : même si on n'est pas d'accord avec eux, on doit **respecter** l'opinion des gens qu'on interroge. Ceux qui **ne supportent pas** les différences, qui ne sont pas **respectueux** de l'avis des autres ne doivent pas faire ce métier.

Les mauvais résultats scolaires de Mathieu **surprennent** son père (il est **surpris**). Cependant, il est **compréhensif** et il n'est pas **fâché** (en colère) : c'est la première fois que ça arrive.

Quand on doit passer un examen, il est important d'**avoir confiance en soi** (de croire en ses chances). Au contraire, si on **doute de soi**, on fait parfois des erreurs.

La mère de la petite Julie est **fière** d'elle : elle est contente de sa réussite en sport. Ses copines l'**admirent** : elles voudraient pouvoir être comme elle.

Félix est un petit chat très **affectueux** : il adore dormir avec les enfants. Il est aussi très **curieux** : il aime mettre sa tête dans les sacs de courses. Quand il n'y a rien pour lui, il est **déçu** (il voulait manger des choses !).
Il faut faire attention si on laisse un poisson sur la table : il est **discret** (on ne le voit pas) et il essaie de se rapprocher doucement. Le soir, il est toujours **excité** : il saute sur le canapé et court dans toute la maison.

▶ Pour communiquer

– *D'après vous, quelles sont vos principales qualités ?*
– *Je pense être plutôt tolérante et assez sociable.*

– *Pourriez-vous me citer vos principaux défauts ?*
– *Eh bien, je suis un peu désordonné et un petit peu pessimiste.*

– *Comment est la nouvelle prof ?*
– *Oh, elle est distraite comme tout ! Elle oublie toujours ses affaires dans la classe.*

– *Il a l'air sympa, le nouveau collègue !*
– *Oui, il est plutôt dynamique !*

– *Elle est super, ta copine !*
– *Oui, c'est quelqu'un de très souriant.*

EXERCICES

1. Classez les adjectifs dans le tableau.

[affectueux - confiant - désagréable - généreux - honnête - insupportable - jaloux - nerveux - pessimiste - peureux - sincère - tolérant]

Qualités	Défauts

2. Écoutez et écrivez les phrases. 6

a. ....

b. ....

c. ....

d. ....

e. ....

3. Donnez le contraire des mots soulignés.

a. Cet étudiant est pessimiste. ≠ ....

b. Ma petite sœur est désordonnée. ≠ ....

c. Cette dame est généreuse. ≠ ....

d. Mon chien est courageux. ≠ ....

e. Ce lycéen est un peu menteur. ≠ ....

f. Cette fille est aimable. ≠ ....

g. Marie est forte en français. ≠ ....

4. Écoutez et complétez les phrases avec une qualité ou un défaut 7
(plusieurs possibilités).

a. Il est ....   d. Il est ....

b. Il est ....   e. Elle est ....

c. Elle est ....   f. Il est ....

5. a. Écoutez et associez un dialogue à une image. 8

a. Dialogue ....   **b.** Dialogue ....   **c.** Dialogue ....   **d.** Dialogue ....

b. Écoutez à nouveau et écrivez dans le tableau les mots de la leçon entendus. 8

	Adjectifs	Verbes à l'infinitif
Dialogue 1		
Dialogue 2		
Dialogue 3		
Dialogue 4		

6. **Lisez le texte et répondez aux questions.**

> **TV mag**
>
> **Couples désespérés** • mardi 26 novembre à 20 : 50 • Tv Fle
>
> Couples désespérés *est une série télévisée française en 15 épisodes de 45 minutes. La série met en scène la vie de deux couples qui vivent dans un quartier chic de Paris.*
>
> note : 1,5/5
>
> **Personnages principaux**
>
> **Julie de Maisonvieille**
> Douce et souriante, Julie est mariée à Marc-Henri de Maisonvieille. Déprimée, très sensible, elle n'arrive pas à oublier son chien, Max, parti de la maison parce que son mari, distrait, avait laissé la porte ouverte. Elle est proche d'Antoine Legrand, son ami de collège…
>
> **Marc-Henri de Maisonvieille**
> Autoritaire, fier de sa propre réussite professionnelle, Marc-Henri ne supporte pas que d'autres réussissent mieux que lui. C'est pour cela qu'il est jaloux d'Antoine Legrand, son ami d'enfance devenu directeur de banque avant lui.
>
> **Anne-Sophie Valois**
> Anne-Sophie vit avec Antoine Legrand depuis plusieurs années. Égoïste et compliquée, elle s'intéresse surtout à l'argent d'Antoine. Avant de le connaître, elle était fiancée à Marc-Henri de Maisonvieille. Antoine peut-il avoir confiance en elle ?
>
> **Antoine Legrand**
> Honnête et aimable, Antoine a tout réussi dans la vie. Pourtant, c'est un homme malheureux car sa relation avec Anne-Sophie, sa compagne, est difficile. En effet, elle est insupportable avec lui et, bien qu'il lui offre tout, elle n'est jamais contente.

a. Quelles sont les qualités de Julie ?

b. Comment Julie se sent-elle depuis la disparition de son chien ?

c. Pourquoi Marc-Henri est-il jaloux de son ami d'enfance ?

d. Quels sont les défauts d'Anne-Sophie ?

e. Quelles sont les qualités d'Antoine ?

f. Comment est sa femme avec lui ?

L'ÊTRE HUMAIN

EXERCICES

7. **Écoutez et complétez le tableau.** 9

	Qualités les plus recherchées chez l'autre sexe (*Écrivez une phrase.*)	Argument utilisé ou justification
Pour la femme	n°1 :	....
	n°2 :	....
	n°3 :	....
Pour l'homme	n°1 :	....
	n°2 :	....
	n°3 :	....

8. **Décrivez comment vous étiez lorsque vous étiez enfant. Vous pouvez vous inspirer de la description de Michel et Lucas p. 18.**

Quand j'étais enfant, ...

....

....

....

....

....

....

....

....

....

 PRENEZ LA PAROLE !

9. **a. Par groupes de quatre ou cinq, dites, comme dans l'exercice 7, quelles sont les trois qualités les plus importantes chez un(e) ami(e) et donnez des exemples pour justifier votre opinion.**

Ex. : Pour moi, il est important qu'un ami soit ouvert et tolérant, parce qu'on peut être très différents…

b. Puis, chaque membre du groupe présente son caractère (ses qualités et ses défauts).

Les sens, les sentiments et les émotions

La jalousie est un vilain défaut.

ÉCOUTEZ

Document 🎧 10

— Salut Gaspard !
— Ah ! Salut Julie ! Ça tombe bien que tu sois là,
je voulais te parler.
— Eh bien, je t'écoute.
— C'est à propos du dossier qu'on doit faire
en économie.
— Qu'est-ce qui ne va pas ? Il y a quelque chose
que tu ne comprends pas ou que tu trouves trop
difficile ?
— Non, ce n'est pas une question de contenu.
Le problème, c'est la personne avec qui je dois
travailler... Tu la connais bien, c'est Céline.

— Ah d'accord, je comprends mieux. C'est son autorité qui te dérange, c'est ça ?
— Effectivement, tu la connais bien ! C'est compliqué de travailler avec elle, elle impose ses idées
sans écouter celles des autres. Ce n'est pas de la méchanceté, mais c'est très désagréable.
— Je sais, et ça peut être dur parfois.
— Elle m'énerve, si tu savais ! Mais moi, j'ai la gentillesse de ne pas lui dire !
— C'est mieux comme ça, sinon vous ne pourriez plus travailler ensemble...
— C'est sûr. Mais je suis déçu, je ne pensais pas qu'elle était comme ça. Quand on la voit
à l'extérieur, elle donne l'impression de quelqu'un de plutôt timide et de très respectueux
des autres. Mais là ! C'est le jour et la nuit...
— Courage ! C'est vrai que moi j'ai eu plus de chance que toi, je travaille avec Lucien !
— Quelle chance ! Il est toujours de bonne humeur !
— Oui, et il fait preuve de compréhension quand j'annule un rendez-vous à la dernière minute
parce que j'ai une urgence ou parce que je suis tout simplement fatiguée. Il comprend toujours
et il ne se fâche jamais. Ce garçon a vraiment toutes les qualités !

RÉPONDEZ

Répondez aux questions.

a. Que doivent faire les étudiants de la classe de Gaspard et de Julie ?

....

b. Pourquoi Gaspard n'est-il pas content de travailler avec Céline ?

....

c. Comme Gaspard avait une autre image de Céline, que ressent-il ?

....

d. Gaspard pense-t-il que Céline est une personne méchante ?

....

e. Pourquoi Julie dit qu'elle a de la chance de travailler avec Lucien ?

....

• LES SENS ET LES PERCEPTIONS

 La **vue** est le sens qui permet de voir. Nous communiquons par le **regard** (l'action de regarder). Quand on **aperçoit** (voit au loin) une personne ou une chose qui nous intéresse, on la **suit des yeux / du regard** (on la regarde, on suit son mouvement). Quand on sent que quelqu'un nous **fixe** (nous regarde de manière insistante), cela est désagréable et on **détourne les yeux / le regard** (on regarde dans une autre direction).

Quand une personne ne voit pas bien, elle porte des lunettes ou des **lentilles**. Les personnes dont la capacité **visuelle** (liée à la vue) est très réduite sont **malvoyantes**. Les personnes qui ne peuvent pas voir sont **non-voyantes / aveugles**.

L'**ouïe** nous permet d'entendre différents sons : **aigus** (très vifs, élevés, hauts) ou **graves** (bas Φaigus). Les personnes qui n'entendent pas bien sont **malentendantes**. Les personnes qui ne peuvent entendre aucun bruit ou effet **sonore** (lié au son) sont **sourdes**.

L'**odorat** permet de **percevoir** (sentir) une **odeur** (ce qu'on sent par le nez), de distinguer si les choses **sentent bon** ou **mauvais** / de faire la différence entre une **bonne** et une **mauvaise odeur**.

Le **toucher** est le sens qui communique des informations par la peau : il permet le **contact** physique avec notre environnement. Quand on touche une surface, on peut **sentir** (avoir une impression) si elle est **lisse** (unie et douce) ou **rêche** (pas douce, désagréable au toucher). On peut **avoir des sensations** (avoir des impressions) agréables ou désagréables.

Le **goût** est le sens qui donne des informations sur la composition des aliments. Il les communique par la **langue** (l'organe à l'intérieur de la bouche). Le goût nous permet d'apprécier ou non ce qu'on mange ou ce qu'on boit.

• LES TRAITS DE CARACTÈRE

L'**optimisme** : voir la vie de manière positive, penser qu'il y a toujours une solution à un problème.
ΦLe **pessimisme** : voir tout « en noir », penser de manière négative.
La **sympathie** : le fait d'être aimable, amical envers quelqu'un.
L'**amabilité** : le fait d'être agréable et sympathique. La **gentillesse** : le fait d'être aimable et bon avec les autres. ΦLa **méchanceté** : vouloir faire du mal aux autres.
La **générosité** : aimer donner aux autres. ΦL'**égoïsme** : ne penser qu'à soi.
La **compréhension** : le fait de comprendre les **soucis** (les difficultés, les problèmes) des autres.
La **tolérance** : accepter les différences des autres.
La **curiosité** : s'intéresser à tout ou vouloir tout savoir sur tout le monde.
La **discrétion** : savoir garder un secret ou ne pas attirer l'attention.
La **timidité** : le fait de ne pas se sentir à l'aise en public.
L'**honnêteté** : dire ce qu'on pense et agir avec moralité. La **sincérité** : dire ce qu'on pense.
Le **dynamisme** / l'**énergie** : le fait d'être actif dans ce qu'on fait.
La **sensibilité** : le fait d'être facilement touché par un événement.
La **simplicité** : le fait de ne pas être compliqué.

Les défauts d'une personne peuvent nous **déranger** (nous gêner, nous être désagréables).
Quand on dit d'une personne qu'elle est sympathique, par exemple, on fait référence à une caractéristique permanente.
Quand on dit qu'elle **se montre** sympathique / qu'elle **fait preuve de** sympathie / qu'elle **montre** de la sympathie, on fait référence à un comportement ponctuel.

FRANCOPHONIE

Faire la potte : être fâché, de mauvaise humeur.
« Allez, ne fais pas la potte, tout va bien maintenant. »

 SUISSE

• LES SENTIMENTS ET LES ÉMOTIONS

Quand on est touché par une situation, on ressent beaucoup d'**émotion** / on est **ému** ①. Quand quelque chose ne nous touche pas, on se sent **indifférent** / on ressent de l'**indifférence**. Quand une activité n'est pas intéressante ou amusante, elle nous **ennuie** / on ressent de l'**ennui** ②.

Quand on se sent joyeux, en forme, on est **de bonne humeur**. Quand on se sent **irrité** (énervé) et qu'on est désagréable avec les autres, on est **de mauvaise humeur**. Quand on a beaucoup de plaisir à faire quelque chose, on est **enthousiaste** / on ressent de l'**enthousiasme**. On est **excité** par / on ressent de l'**excitation** pour ce qu'on fait. Quand on est **triste**, on ressent du **chagrin** / de la **peine** / de la **tristesse**.

Quand on a très bien réussi quelque chose, on est très **satisfait** de soi-même, on est **fier** (content de sa réussite) / on ressent de la **satisfaction** et de la **fierté**. Quand on n'est pas content de ce qu'on a fait, qu'on se le reproche, on **regrette** de l'avoir fait. Quand on fait une action qui est mal jugée par les autres, on ressent de la **honte** ③.

On éprouve de la **tendresse** (de l'affection) pour une personne qui est importante pour nous. Quand on a de la considération pour une personne, on ressent du **respect** pour elle / on la **respecte**. Quand on se sent en sécurité avec quelqu'un, on lui **fait confiance**. Dans le cas contraire, on **se méfie d'**elle. Quand on est **amoureux / amoureuse** d'une personne, on ressent de l'**amour** pour elle. On l'**admire** (on a beaucoup de respect pour elle et on est fier d'elle) / on a de l'**admiration** pour elle. Quand la personne qu'on aime porte un fort intérêt pour quelqu'un d'autre, on peut être **jaloux / jalouse**, ressentir de la **jalousie**. Quand on ne supporte pas le succès de quelqu'un, on l'**envie**. Quand on déteste une personne, on ressent de la **haine**.

Quand une personne nous fait du mal, elle nous fait **souffrir** / on **souffre** (on a mal). Quand une personne nous a dit ou nous a fait quelque chose qu'on n'apprécie pas, on **se fâche** / on est **fâché** / **en colère** / **énervé** ④ contre cette personne ; on ressent de l'**énervement**, de la colère.

Nous sommes **étonnés / surpris** par une situation inattendue, cette situation nous **étonne / surprend** ; on ressent de l'**étonnement**. Quand on est surpris de manière négative, on est **choqué**. Quand une situation ne correspond pas à ce qu'on attendait ou est pire, on est **déçu**. On ressent de la **déception**. Une personne peut aussi nous **décevoir**.

Quand on n'est pas sûr de quelqu'un ou de quelque chose, on **doute**. Quand on ressent de l'inquiétude, on est **anxieux** ou **anxieuse** / on éprouve de l'**anxiété**. Quand on pense qu'il n'y a pas de solution à nos problèmes, on est **désespéré**. On ressent du **désespoir**. Quand on pense que des solutions existent, on se dit qu'il y a de l'**espoir**.

> 📷 **EXPRESSION IMAGÉE**
>
> **En faire voir de toutes les couleurs :** donner des soucis.
> *« Il m'en fait voir de toutes les couleurs : chaque matin, il fait une nouvelle bêtise ! »*
>
>

▶ Pour communiquer

– Tu sens comme ça sent bon ?
– Ben, je n'ai pas beaucoup d'odorat, je suis enrhumée…

– Je n'aime pas les gens qui ne respectent pas les autres !

– Arrêtez les enfants, sinon je vais me fâcher !

– Je suis sûr que tu vas y arriver !
– Tant qu'il y a de la vie, il y a de l'espoir !

– Je vais téléphoner à Jacques.
– Il n'est pas avec Yasmine ?
– Si ! Justement !
– La jalousie est un vilain défaut…

EXERCICES

1. Écoutez et notez dans quelle phrase vous entendez les mots ou expressions du tableau. 11

a. peine	b. lentilles	c. malentendantes	d. honnêteté	e. discrétion	f. mauvaise humeur
....	....	....	....	....	....

2. Associez une phrase à un sens.

1. Ce son aigu est très désagréable.
2. Qu'il est bon ce gâteau, il fond dans la bouche !
3. Quelle mauvaise odeur !

4. J'ai une mémoire visuelle.
5. J'adore les massages ! Ils me procurent des sensations agréables !

a. 👁	b. 👂	c. 👃	d. ✋	e. 👄
....	....	....	....	....

3. Classez les émotions et sentiments dans le tableau.

[l'amabilité – l'amour – l'anxiété – la bonne humeur – la compréhension – la déception – le désespoir – l'égoïsme – l'énervement – l'ennui – l'espoir – la générosité – la gentillesse – la haine – la jalousie – la méchanceté – l'optimisme – le pessimisme – la sincérité – la tolérance]

Sentiments et émotions positifs	Sentiments et émotions négatifs
....	....
....	....
....	....

4. Associez les synonymes.

a. envier quelqu'un   o
b. souci   o
c. se montrer   o
d. déranger   o
e. chagrin   o
f. dynamisme   o
g. se mettre en colère   o
h. aveugle   o

o   1. énergie
o   2. être jaloux de quelqu'un
o   3. faire preuve de
o   4. gêner
o   5. non-voyant
o   6. peine
o   7. problème
o   8. se fâcher

5. Écoutez les questions et répondez-y. 12

a. ....
b. ....
c. ....
d. ....
e. ....
f. ....

6. Associez une phrase à une image pour reconstituer l'histoire de Marie et Marc.

a. ......   b. ......   c. ......

d. ......   e. ......   f. ......

1. Mais un jour, en apercevant Marie parler avec son ami Raoul, Marc a commencé à devenir très jaloux.
2. Quelques jours plus tard, Marie a surpris Marc en train de lire ses SMS.
3. Elle s'est fâchée et elle est partie, pour prendre le temps de réfléchir.
4. Marc était très amoureux de Marie : il l'admirait beaucoup.
5. Marc était désespéré.
6. Marie était très amoureuse elle aussi et fière d'être la compagne de Marc.

7. Choisissez la réponse correcte.
  a. Une personne qui n'aime pas parler en public fait preuve de :
    ☐ sympathie. ☐ tendresse. ☐ timidité.
  b. Le sens qui permet de distinguer si les choses sentent bon ou mauvais s'appelle :
    ☐ l'odeur. ☐ l'odorat. ☐ l'ouïe.
  c. Quand on fait une activité qui ne nous amuse pas, on ressent :
    ☐ de la colère. ☐ de l'ennui. ☐ de l'étonnement.
  d. Une personne dont la capacité visuelle est réduite est :
    ☐ aveugle. ☐ malvoyante. ☐ non-voyante.
  e. Une personne qui s'intéresse à beaucoup de choses montre :
    ☐ de l'amabilité. ☐ de la curiosité. ☐ du respect.
  f. Quand une personne a perdu l'ouïe, elle est :
    ☐ grave. ☐ sonore. ☐ sourde.

8. Lisez le blog de cette enseignante et complétez-le à l'aide des éléments proposés.

[curiosité - dynamiques - enthousiastes - étonnés - goût - regretté]

Cette année, avec ma classe, j'ai participé à la Semaine du Goût. C'est un événement qu'il m'a semblé intéressant de proposer à mes élèves pour les éduquer au ....
Je me suis aperçue que beaucoup d'entre eux mangeaient toujours la même chose et qu'ils manquaient de .... sur le plan culinaire.
Quand je leur ai annoncé que la classe allait participer à cet événement, ils n'étaient pas très ...., mais au final, ils n'ont pas .... d'y être allés ! Ils ont pu goûter des spécialités de différents pays et découvrir des saveurs nouvelles, comme des plats épicés ! Ils ont été .... d'aimer ça !
Les professionnels qui ont animé les ateliers ont été géniaux. Ce sont des personnes très .... et agréables qui savent cuisiner, mais surtout partager leur passion. On sentait qu'ils étaient fiers de parler de leur métier aux enfants et de leur faire découvrir des choses.

posté par sandra 21:17

9. Écoutez et répondez aux questions. 🎧 13

a. Comment l'homme assis en face de Samia la regardait-il ?

b. Quelle a été la première réaction de Samia ?

c. Quelle a été l'attitude de l'homme quand Samia s'est levée pour descendre du tram ?

d. Qu'a ressenti Samia à ce moment-là ?

e. Qu'a-t-elle crié dans le tram ?

f. Quel sentiment a-t-elle finalement éprouvé ? Pourquoi ?

10. Racontez la dernière fois où vous avez été très ému(e), très choqué(e) ou très fier / fière.

Ex. : La dernière fois que j'ai été très fière, c'était quand j'ai gagné le concours de français de ma région.

 PRENEZ LA PAROLE !

11. Par deux, imaginez des situations où on pourrait entendre les phrases suivantes. Jouez la (ou les) scène(s).

[Quelle générosité ! - Il ne faut vraiment pas lui faire confiance ! - Merci de faire preuve d'autant de compréhension ! - Cela m'a fait du bien de me confier à toi. - Je compte sur ta discrétion !]

La famille

Ana est enceinte !

ÉCOUTEZ

Document | *Europe matin*, Europe 1, 21 septembre 2016 🎧 14

« *La plupart du temps, il y a un enfant et dans l'immense majorité des cas, c'est la mère qui est au foyer avec une vie moins facile, c'est ce que nous dit l'Insee.* »

Contexte : Un journaliste évoque le visage des familles françaises d'aujourd'hui.

RÉPONDEZ

Répondez aux questions.

a. De quel type de famille parle-t-on principalement dans ce document ?

....

b. Quelle était la proportion de ces familles en 2011 en Île-de-France ?

....

c. Combien y en a-t-il aujourd'hui à Paris ?

....

d. De qui est composé ce type de famille ?

....

e. Pourquoi est-ce difficile pour les mères de ces familles ?

....

f. De quel autre type de famille parle-t-on ?

....

g. Quel est le pourcentage de ces familles en France ?

....

• LES TYPES DE FAMILLES

En France, les **foyers** (les familles, les milieux familiaux) peuvent prendre des formes diverses.
• La famille **traditionnelle / nucléaire** = le père + la mère (couple **hétérosexuel**) + les enfants.
• La famille **monoparentale** = le père ou la mère + les enfants. On utilise aussi le terme de **parent solo**.
Une femme qui a eu un enfant hors mariage et qui s'occupe seule de son enfant est une **mère célibataire**.
Pour les hommes, on parle de **père célibataire**.
• La famille **homoparentale** = des parents du même sexe (couple **homosexuel**) + les enfants.

• La famille **recomposée** = un père et ses enfants (famille 1) + une mère et ses enfants (famille 2) + parfois, les enfants nés de cette nouvelle union.
• Un **couple mixte** est composé de deux personnes de nationalité / d'**origine** / de culture / de religion différentes.
• Il existe aussi des **couples sans enfants**.

EXPRESSION IMAGÉE

Quitter le nid familial :
partir de chez ses parents.
« Les enfants quittent le nid de plus en plus tard aujourd'hui ! »

• LES LIENS FAMILIAUX ET LES SITUATIONS DE FAMILLE

Les **membres** d'une famille sont les personnes appartenant à la même famille.
On distingue les **parents proches** (les parents, les enfants, les frères et sœurs, les grands-parents, les oncles, les tantes, les neveux et nièces, et les cousins) et les **parents éloignés** (par exemple : les cousins des cousins, etc.).

Nous avons des grands-parents **maternels** (les parents de notre mère) et des grands-parents **paternels** (les parents de notre père).

Dans une famille recomposée, les enfants de la première union et de la deuxième union sont **demi-frères / demi-sœurs** (ils n'ont pas le même père ou la même mère).

Clara et Emma sont les **demi-sœurs** de Marc et Alexandre.
Marc et Alexandre sont les **demi-frères** de Clara et Emma.
François est le **beau-père** de Clara et d'Emma. Ana est la **belle-mère** de Dan.
Dan est le **beau-fils** d'Ana. Clara et Emma sont les **belles-filles** de François.
Ana a de nouveaux **beaux-parents** : les parents de François.
Alexandre a 6 ans, Marc a 5 ans. Alexandre est le frère **aîné** de Marc. Marc est le **cadet**.
Clara et Emma sont nées le même jour, elles sont **sœurs jumelles**. Elles sont physiquement identiques, ce sont de **vraies jumelles**.
Quand les **jumeaux / jumelles** ne se ressemblent pas, on dit qu'ils sont **faux jumeaux / fausses jumelles**.

Un **orphelin** est un enfant sans parents / qui **a perdu** ses parents.

Jacques et Maud **sont en couple**. Ils habitent ensemble mais ils ne sont pas mariés : Jacques est le **compagnon** de Maud ; Maud est sa **compagne**.

Cyril **a épousé** Léa en 2016 / Cyril **s'est marié** avec Léa / Cyril est l'**époux** (le mari) de Léa, Léa est son **épouse** (sa femme).
En 2015, Léa a annoncé à son mari qu'elle **était enceinte**, et 9 mois plus tard, elle a eu un beau petit garçon. En 2017, elle est **tombée** à nouveau **enceinte** et elle **a accouché** d'une jolie petite fille.

Jérôme et Christine n'ont pas pu avoir d'enfant. Ils **ont adopté** / ils sont **parents adoptifs**. Ils ne sont pas les **parents biologiques** de leurs enfants.

Tous les parents **éduquent** / **élèvent** leurs enfants : ils leur apprennent à vivre dans la société.
Si la mère / le père arrête de travailler pour s'occuper de ses enfants, elle / il est **mère** / **père au foyer**.

• LES DÉMARCHES ADMINISTRATIVES

Quand on fait des démarches administratives, on doit **déclarer** son **état civil** (sa situation familiale) : célibataire, marié(e), **pacsé(e)**, **séparé(e)** (pour un couple qui ne vit plus ensemble mais qui n'est pas encore divorcé), divorcé(e), **veuf** / **veuve** (le mari ou la femme est mort(e)). Le **PACS** (pacte civil de solidarité) est un contrat qui permet d'unir un couple homosexuel ou hétérosexuel. Mais il donne un peu moins de droits que le mariage. Par exemple, l'adoption n'est pas autorisée pour un couple pacsé.

Quand un enfant naît, le père va **déclarer** sa **naissance** à la mairie, il va demander l'**acte de naissance** (document administratif avec l'identité complète de l'enfant et des parents). La mairie donne également à la famille un **livret de famille** (un carnet qui prouve les liens de parenté entre les membres de la famille).

À partir de deux enfants, les parents **ont droit à** des **allocations** (une aide financière). Ils **font une demande** à la **CAF** (la Caisse d'Allocations familiales).

Quand une personne **décède** (meurt), on doit également déclarer le **décès** / **demander l'acte de décès** à la mairie.

Les parents qui ne **peuvent pas avoir d'enfants** souhaitent parfois **adopter**. Pour faire une **demande d'adoption**, il faut **déposer un dossier** (donner tous les documents et les informations nécessaires) auprès du **service de l'aide sociale à l'enfance**.

Quand un couple avec enfants se sépare, les parents **se partagent la garde** des enfants : par exemple, une semaine chez le père et une semaine chez la mère. En général, c'est le **juge aux affaires familiales** qui décide de l'organisation de la garde des enfants.

▶ Pour communiquer

– *Ana est enceinte !*
– *Super ! Et c'est pour quand ?*
– *Pour juillet !*

– *Vous partez encore avec vos amis cet été ?*
– *Non, cette année, on part en famille !*

– *Comment elle s'appelle, votre troisième fille ?*
– *Notre petite dernière ? C'est Marie.*

– *Tu as entendu parler des parents solos ?*
– *Oui, c'est une autre façon de parler des familles monoparentales.*

– *Les Perrier divorcent et ils se disputent la garde des enfants…*
– *Les séparations, ce n'est jamais facile…*

1. Entourez 8 mots correspondant aux liens familiaux dans la grille.

A	C	M	E	M	B	R	E	N	V	K
F	H	C	S	J	F	M	I	N	F	X
J	B	I	O	L	O	G	I	Q	U	E
R	J	D	L	M	J	G	Q	X	B	L
C	U	O	X	S	P	M	V	D	V	O
R	M	R	G	M	D	A	C	Y	C	I
U	E	P	O	U	X	T	G	N	M	G
E	A	H	U	K	H	E	W	N	P	N
G	U	E	I	W	E	R	T	G	E	E
U	X	L	Q	I	K	N	I	Z	H	N
D	E	I	W	T	E	E	D	S	D	F
X	E	N	T	G	I	L	W	S	S	Z

2. Écoutez et associez une phrase à un type de couple ou de famille. 🎧 15
- **a.** couple mixte : ....
- **b.** couple sans enfants : ....
- **c.** famille homoparentale : ....
- **d.** famille monoparentale : ....
- **e.** famille nucléaire : ....
- **f.** famille recomposée : ....

3. Complétez les devinettes.
- **a.** Les parents de mon mari, ce sont mes ....
- **b.** L'état civil d'une personne qui a signé un PACS, c'est ....
- **c.** Les personnes qui constituent une famille, ce sont les ....
- **d.** Le plus jeune des frères, c'est le ....
- **e.** Une femme qui s'occupe seule de ses enfants qu'elle a eus hors mariage, c'est une ....
....

4. Écoutez et associez un dialogue à un mot ou groupe de mots. 🎧 16

a. l'adoption	b. la CAF	c. le décès	d. la déclaration de naissance	e. la garde des enfants	f. la naissance
....	....	....	....	....	....

5. Vrai ou faux ? Quand c'est faux, donnez la réponse correcte.

a. Deux enfants qui ont le même père ou la même mère sont demi-frères ou demi-sœurs.

☐ Vrai   ☐ Faux : ....

b. Déclarer si on est séparé(e), divorcé(e) ou veuf / veuve, c'est déclarer son état civil.

☐ Vrai   ☐ Faux : ....

c. Mes grands-parents font partie de mes parents éloignés.

☐ Vrai   ☐ Faux : ....

d. C'est la mère biologique qui accouche de l'enfant.

☐ Vrai   ☐ Faux : ....

e. L'aîné est le deuxième enfant de la famille.

☐ Vrai   ☐ Faux : ....

f. Un orphelin n'a plus de parents.

☐ Vrai   ☐ Faux : ....

6. Complétez le texte avec les mots proposés.

[a accouché – beaux-parents – élever – gardaient – garde – jumelles – mariés – père au foyer – tombée enceinte]

Pierre et Marie étaient .... depuis 4 ans quand ils ont décidé d'avoir un enfant. Marie est .... assez rapidement. Grande surprise : elle attendait des .... Hélène et Sandrine sont nées en 2016. Deux ans plus tard, Marie .... d'une autre petite fille. Au début, les .... de Marie, qui vivaient à proximité, ... les jumelles. Mais avec l'arrivée du troisième enfant, c'est devenu trop lourd pour eux. Pierre et Marie ont réfléchi au meilleur système de .... pour leurs enfants. Et comme Marie avait un poste très important, ils ont décidé que Pierre arrête-rait de travailler pour être .... pendant quelques années et .... lui-même leurs enfants.

7. Écoutez et répondez aux questions. 🎧 17

a. Quel est le lien familial qui existe entre Charlotte et Nicolas ?

....

b. Qui est Géraldine pour Nicolas ?

....

c. Est-ce que ça se passe bien entre Nicolas et la seconde épouse de son père ?

....

d. Michaël est-il plus ou moins âgé que Chloé ? Justifiez.

....

e. Les parents de Chloé sont-ils les parents biologiques de Michaël ?

....

f. Quelle était la situation familiale de Michaël avant ses 6 mois ?

....

8. Observez les images. Décrivez les événements et les démarches à suivre pour chacun d'eux.

Ex. : a. Quand un enfant naît, il faut…

Événements	Démarches
a.	
b.	
c.	
d.	

 PRENEZ LA PAROLE !

9. Par petits groupes, parlez de la situation de la famille dans votre pays.

Ex. : Y a-t-il beaucoup de parents solos dans votre pays ?

L'adoption est-elle courante ?

Est-ce que le mariage homosexuel est possible ?

Y a-t-il beaucoup de divorces ? En cas de divorce, les parents partagent-ils la garde de leurs enfants ? etc.

5

Les relations sociales

Veux-tu m'épouser ?

ÉCOUTEZ

Document 18

❶ *S'il vous plaît ! Un peu de silence !*
Au nom de tous, je voudrais dire deux mots
à Augustin, notre cher collègue et ami !
Tout d'abord, merci pour toutes ces années
où tu as dirigé brillamment l'équipe...
une équipe qui est aujourd'hui très soudée
grâce à toi ! On se souvient tous ici de
la première fois où tu nous as proposé
un séminaire d'entreprise... Personne
n'avait envie d'y participer. Il faut dire
qu'on préférait passer le week-end
en famille plutôt qu'avec ses collègues !
Mais on a changé d'avis depuis !
Aujourd'hui, on les attend avec toujours
plus d'impatience !

Merci enfin d'avoir su transmettre tes connaissances comme tu l'as fait. On a tous beaucoup
appris à tes côtés. Je pense que tout le monde sera d'accord avec moi pour dire que tu as été
un chef exceptionnel et qu'on te regrettera ! On te souhaite en tout cas une excellente retraite !
Et pour qu'elle commence bien, voilà ton cadeau !

❷ *– Merci à tous, je suis très touché et vous me manquerez aussi !*
– Allez, ouvre ton cadeau ! Sinon on va tous pleurer !
– Mais vous êtes fous ! Un vélo ! Et un abonnement d'un an
au club de VTT !
– Tu te plaignais toujours de ne pas avoir le temps d'y aller,
maintenant tu n'auras plus d'excuse !

RÉPONDEZ

Répondez aux questions.

a. Quelle relation y a-t-il entre ces personnes ?

....

b. À quelle occasion les collègues de cette entreprise sont-ils réunis ?

....

c. Quel poste Augustin occupait-il dans l'entreprise ?

....

d. Qu'est-ce qu'Augustin a proposé à son équipe et qui est très apprécié aujourd'hui ?

....

e. Comment est l'équipe aujourd'hui grâce à lui ?

....

LES RELATIONS FAMILIALES ET SOCIALES

Il existe différentes **relations** (liens) entre les gens : les relations **amicales** (entre amis), **amoureuses** (dans un couple), **professionnelles** (au travail).

• LES RELATIONS AMICALES

Quand on **rencontre** une nouvelle personne, on **fait connaissance** : on apprend à se connaître.
Si on **s'entend bien** avec cette personne (notre caractère et notre personnalité sont compatibles), on peut devenir copains ou amis.

Il existe différents degrés dans les relations amicales.
• Les **connaissances** : des personnes qu'on connaît un peu mais qu'on ne **fréquente** pas (on les salue, mais on ne fait rien avec eux).
• Les **copains** : on **partage** des moments (on passe du temps avec eux), mais on ne **se confie** pas (on ne leur dit pas des choses très personnelles).
• Les **amis** : des personnes très **proches** de nous, à qui on se confie.
• Le / la **meilleur(e) ami(e)** : la personne la plus proche de nous.

On **invite** ses amis ou ses copains à la maison, mais pas ses connaissances.
On **rend visite** à ses amis ou à ses copains (on va chez eux), mais pas à ses connaissances.
On **apprécie** (on aime bien) ses amis pour leurs qualités.
On les **estime** (ils ont de la valeur à nos yeux). On les **admire** (on aime beaucoup ce qu'ils sont et ce qu'ils font).

Si on **se fâche** avec un ami, on essaie de **se réconcilier**.

Un ami souhaite notre bonheur, contrairement à un **ennemi** qui nous **déteste**.

EXPRESSION IMAGÉE

Être comme chien et chat : se disputer très souvent, ne pas bien s'entendre.
« Ils sont comme chien et chat, ces deux-là ! »

FRANCOPHONIE

Tomber en amour : tomber amoureux.
« Il est tombé en amour de sa voisine. »

 QUÉBEC

• LES RELATIONS AMOUREUSES

Quand une personne nous attire, on souhaite la **séduire** (la charmer, lui plaire).

Deux personnes qui se rencontrent et qui commencent à avoir des sentiments **tombent amoureuses**. Quand on aime quelqu'un, on lui fait une **déclaration** (on lui dit).

On peut tomber amoureux immédiatement quand on se rencontre : c'est le **coup de foudre** !

Quand deux personnes **se mettent en couple** (commencent une relation amoureuse), elles **sortent ensemble**. Au début de la relation, on appelle l'autre son **copain** ou sa **copine** (son **petit ami** ou sa **petite amie**), son **compagnon** ou sa **compagne**. Si le couple est formé de deux personnes du même sexe, c'est un **couple homosexuel** ; s'il est composé d'un homme et d'une femme, c'est un **couple hétérosexuel**.

Quand un couple **vit ensemble** (les personnes **s'installent** dans un même appartement), on parle de **concubin** et de **concubine** (le couple n'est pas marié).

Environ un an avant le mariage, le couple **se fiance** (s'engage à se marier plus tard). Les **fiancés** organisent une fête, les **fiançailles**.

En France, il y a deux manières de **s'unir** officiellement : le **mariage** et le **PACS** (pacte civil de solidarité). Le mariage peut être **civil** (à la mairie) et / ou **religieux** (à l'église, à la mosquée, à la synagogue ou au temple). Le PACS est un contrat qui sert à organiser la vie commune d'un couple, mais qui ne donne pas les mêmes droits que le mariage. Par exemple, pour adopter un enfant, **être pacsé** ne suffit pas.

Dans la vie de couple, il y a parfois des moments difficiles. Dans ces moments-là, le couple **se dispute** souvent (les personnes ne sont pas d'accord, elles crient) et **se fait des reproches** (l'un critique le comportement de l'autre).

Quand on ne s'entend plus et qu'on ne souhaite plus continuer la relation, on **se sépare** / on **se quitte** (on arrête la relation). La **séparation** / la **rupture** est souvent douloureuse. Si on est marié, on **divorce** (on se sépare officiellement).

• LES RELATIONS PROFESSIONNELLES

Les personnes qui travaillent dans la même entreprise sont des **collègues**. Celles qui travaillent sur un même projet font partie d'une **équipe** de **collaborateurs / collaboratrices**.

Avoir une équipe **soudée** (unie) est très important pour être plus efficace. C'est pourquoi les **chefs d'équipes** (qui dirigent / encadrent / managent l'équipe) et leurs **supérieurs hiérarchiques** (les personnes de l'entreprise qui ont un poste plus important) organisent des **séminaires d'entreprise** (réunions de travail et de loisirs qui durent un ou plusieurs jours et qui se passent en dehors du cadre professionnel).

Les entreprises organisent également les **pots de départ à la retraite** de leurs salariés pour les remercier de leur implication dans l'entreprise pendant de nombreuses années. Tout le monde peut être présent à ces pots, y compris le / la **PDG** (le / la président(e) directeur(trice) général(e), le plus haut poste d'une entreprise), les **directeurs / directrices** (sous les ordres du PDG, le directeur commercial par exemple), et les **responsables** (sous les ordres d'un directeur, le responsable marketing par exemple).

> ### Pour communiquer

– *Il l'a demandée en mariage ! / Il lui a demandé sa main !*
– *Quoi ? Mais c'est un peu tôt, non ?*
– *Peut-être, mais elle a dit oui ! Ils se marient en juillet !*

– *Je ne sais pas comment lui faire ma déclaration (d'amour)…*
– *En lui offrant des roses rouges… ?*

– *Immédiatement après notre mariage, on est partis en voyage de noces / en lune de miel.*

– *Julie m'a quitté… Je n'arrive pas à l'oublier…*
– *Il faut du temps… mais comme on dit, une de perdue, dix de retrouvées !*

– *Mes grands-parents fêtent leurs noces d'or.*
– *Ah bon ? Ils sont mariés depuis 50 ans ? C'est incroyable !*

– *Ça va dans ta nouvelle école ?*
– *Oui, mais c'est difficile de se faire des amis quand on arrive dans une nouvelle ville.*

– *Cet été, on part entre ami(e)s / copains / copines !*

– *Tu as remboursé Pauline ?*
– *Évidemment, tout le monde sait que les bons comptes font les bons amis !*

1. Écoutez et classez les mots dans le tableau. 19

Relation professionnelle	Relation amicale	Relation amoureuse

2. Écoutez et complétez. 20

Marc et Diana se sont rencontrés la première fois en cours de physique à l'université.
Pour Marc, ça a été le ...., Diana lui a tout de suite plu. Il a essayé
de la .... en lui offrant des fleurs, en l'invitant à dîner au restaurant...
Et ça a marché ! Diana est .... de Marc et très rapidement, ils ont
commencé à .... Deux mois après, ils ont décidé de
.... , puis six mois après, c'étaient les .... ! Ils vont
se marier l'été prochain. Quelle belle histoire !

3. Associez un mot à une définition.

a. une connaissance　o　　　o 1. Raconter des choses personnelles.

b. un ami　　　　　　o　　　o 2. Se disputer, ne plus se parler.

c. se fâcher　　　　　o　　　o 3. Une personne très proche de moi, qui me veut du bien.

d. se confier　　　　o　　　o 4. Se reparler après une dispute.

e. un copain　　　　o　　　o 5. Une personne que je connais mais que je ne fréquente pas.

f. se réconcilier　　o　　　o 6. Une personne que je fréquente mais à qui je ne raconte
　　　　　　　　　　　　　　　pas de choses très personnelles.

4. Choisissez la réponse correcte.

a. Une équipe soudée est une équipe ☐ qui fonctionne bien ☐ qui ne fonctionne
   pas bien.
b. Les séminaires s'organisent ☐ sur le lieu de travail ☐ en dehors du lieu de travail.
c. La rupture est ☐ un moment difficile dans une relation ☐ un moment agréable dans
   une relation.
d. PDG est ☐ le plus haut poste de l'entreprise ☐ le plus haut poste après celui
   du directeur.
e. Le mariage civil se déroule ☐ à la mairie ☐ à l'église.
f. Quand on veut séduire une personne, ☐ on veut la quitter ☐ on veut lui plaire.
g. Quand on est comme chien et chat, ☐ on ne se dispute jamais ☐ on se dispute souvent.

5. Complétez les devinettes.

a. Aimer les qualités d'une personne, c'est l' ....

b. Les personnes qui travaillent dans la même entreprise, ce sont des ....

c. La personne avec qui je vis sans être marié(e), c'est mon / ma ....

d. Critiquer le comportement de l'autre, c'est lui faire des ....

e. Le contraire d'un ami, c'est un ....

f. Penser d'une personne qu'elle a de la valeur, c'est l' ....

6. Vrai ou faux ? Quand c'est faux, donnez la réponse correcte.

a. Le directeur est le supérieur hiérarchique des employés.
☐ Vrai   ☐ Faux

b. Avant le mariage, on se pacse pour s'engager à se marier plus tard.
☐ Vrai   ☐ Faux

c. À la fin de la carrière d'un employé, son entreprise organise un séminaire pour le remercier de son implication.
☐ Vrai   ☐ Faux

d. Sortir ensemble, c'est commencer une relation amoureuse.
☐ Vrai   ☐ Faux

e. Mon meilleur ami est mon ami le plus proche.
☐ Vrai   ☐ Faux

f. Quand on s'entend bien avec quelqu'un, on ne peut pas devenir ami.
☐ Vrai   ☐ Faux

7. Écoutez et répondez aux questions. 🎧 21

a. Pendant leurs deux premières années dans l'entreprise, Marion et Matthieu étaient-ils amis ? Justifiez.

b. Comment ont-ils fait connaissance ?

c. Ont-ils mis du temps à s'apprécier ? Justifiez.

d. À quelle occasion ont-ils compris qu'ils étaient amoureux ?

e. Que s'est-il passé un mois après le pot de départ ?

f. Veulent-t-ils se marier ?

8. Lisez le texte et répondez aux questions.

De plus en plus d'entreprises organisent régulièrement des séminaires pour renforcer la cohésion des équipes et développer l'esprit d'entreprise. Ces séminaires peuvent durer une journée ou même un week-end entier et se déroulent en dehors du cadre habituel de l'entreprise. Ils peuvent parfois prendre une forme ludique et proposer différentes activités de loisirs, souvent en pleine nature. Il existe différents types de séminaires, par exemple des séminaires de formation, qui ont pour objectif principal la formation des participants et des séminaires d'intégration, qui favorisent l'intégration des nouveaux salariés de l'entreprise. Il y a également des séminaires de direction. Ces derniers ne s'adressent qu'à un nombre restreint de participants qui doivent prendre des décisions importantes.

a. Quels sont les objectifs des séminaires d'entreprise ?

b. Combien de temps durent-ils en général ?

c. Où se déroulent-ils ?

d. Quels sont les trois types de séminaires cités dans le texte ?

e. Quel est le but des séminaires de direction ?

9. Racontez comment s'est construite votre amitié : de la rencontre à la relation de meilleur(e)s ami(e)s.

Ex. : On s'est rencontrés à l'école, on avait à peine 7 ans. Léandre arrivait de Bruxelles, sa famille venait de déménager en France…

💬 **PRENEZ LA PAROLE !**

10. Présentez votre entourage en précisant la nature de vos relations amicales (meilleur(e) ami(e), ami(e), copain / copine, connaissance) et professionnelles.

Ex. : Dans mon entourage, j'ai quelques connaissances : Richard, mon voisin que je croise tous les matins en partant travailler…

6

Les maladies, les accidents et la police

Vous avez pris votre température ?

Document

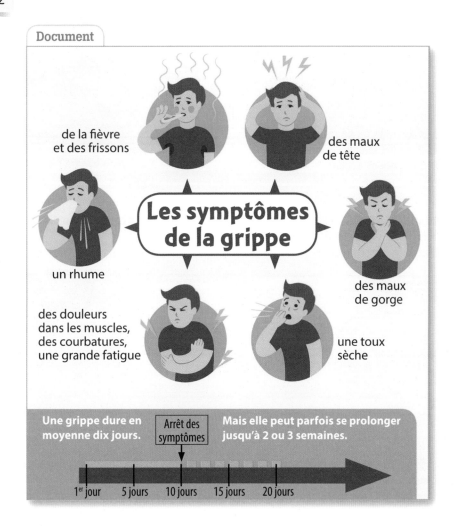

de la fièvre
et des frissons

des maux
de tête

**Les symptômes
de la grippe**

un rhume

des maux
de gorge

des douleurs
dans les muscles,
des courbatures,
une grande fatigue

une toux
sèche

**Une grippe dure en
moyenne dix jours.** | Arrêt des symptômes | **Mais elle peut parfois se prolonger
jusqu'à 2 ou 3 semaines.**

1er jour   5 jours   10 jours   15 jours   20 jours

LA SANTÉ

Répondez aux questions.

a. Sur l'affiche, on voit un homme qui ☐ est en bonne santé ☐ guérit ☐ se sent mal.

b. Cette affiche donne des informations sur quelle maladie ?

....

c. Quand on a cette maladie, quelles sont les réactions du corps ?

....

....

....

d. Normalement, après combien de temps guérit-on ?

....

LA SANTÉ

• LES MALADIES ET LEURS SYMPTÔMES

Quand on n'est pas **en bonne santé**, le corps a des **réactions** (il montre des signes) : ce sont les **symptômes**. Par exemple, on peut avoir des **courbatures** (des douleurs dans les muscles), avoir mal dans les **articulations** (dans les coudes, le genou…), avoir des **nausées** (on a envie de vomir) ou avoir des **frissons** (on tremble).

Si on a un **rhume** / Si on est **enrhumé**, on a plusieurs symptômes :
• on n'est **pas en forme** : on a des **maux** de tête et de gorge (on a mal à la tête et à la gorge) ;
• on **a le nez qui coule** et on éternue ;
• on est parfois **fiévreux** ou **fiévreuse** / on **a de la température** (de la fièvre) : plus de 39° ;
• on **tousse** / une **toux** se déclare parfois.

Quand on **attrape** la **varicelle**, on a beaucoup de **boutons**. Il ne faut pas **se gratter**, même si on en a très envie !

Quand on a les **oreillons**, on a mal aux oreilles et à la gorge, on a de la fièvre.

Pour éviter d'attraper ces maladies, il est possible de **se faire vacciner** : le médecin fait une **piqûre** du **vaccin** au **patient**.

Certaines maladies, comme le rhume ou la **grippe**, sont des maladies ou des **virus contagieux** / **transmissibles** : on les attrape ou on les **transmet** (on les donne à quelqu'un) facilement, **par contact** direct ou indirect.
Le **sida** est une maladie **sexuellement transmissible** (elle peut se transmettre par un rapport sexuel) et malheureusement, il n'existe pas encore de vaccin pour en **guérir** : la **guérison** n'est pas possible. Mais des **traitements** (des médicaments) et des **soins** (actes pour soigner) efficaces existent ; on prend les médicaments à vie.

Certains problèmes de santé ne sont **pas transmissibles**. C'est le cas des **allergies** et de l'**asthme**. Généralement, ces maladies ne causent pas le **décès** (la mort).
Les personnes **allergiques ne se sentent pas bien** / **se sentent mal** quand elles sont exposées à certains produits, aliments ou animaux : elles ont des boutons, des **rougeurs** et parfois, elles éternuent et ont les yeux qui piquent. Il existe des traitements, mais ils ne sont pas toujours efficaces.

Les personnes **asthmatiques** / qui **font de l'asthme** ont des difficultés à respirer après avoir fait des efforts physiques (après avoir couru, par exemple). On peut **traiter** (soigner) l'asthme en prenant des médicaments, mais on ne peut pas en guérir.

Si on **a mal** parce qu'on souffre de **blessures**, de maux de tête, etc., il faut prendre des médicaments contre la **douleur** / la **souffrance**, comme de l'**ibuprofène**.

• LES ACCIDENTS ET LES INCIDENTS

Il existe différents types d'**accidents** : on peut...
- **se blesser** (par exemple au bras, en faisant du sport) : c'est une **blessure** ;
- **se couper** (par exemple au doigt, en utilisant un couteau) : c'est une **coupure** ;
- **se brûler** (par exemple à la main, en faisant du feu) : c'est une **brûlure** ;
- **se tordre** le pied, le poignet, etc. / **se faire une entorse** au pied, etc. (en jouant au football, par exemple) ;
- **se casser** la jambe, le genou, etc. (en faisant du ski, par exemple) : c'est une **fracture**.

Si quelqu'un est **victime** d'un **accident grave** ou **fait un malaise** (se sent mal), si on est témoin d'un **incendie** (un grand feu), etc., il faut vite **composer le 112**, le numéro européen des **urgences**. Les **secours** (les pompiers ou une ambulance) arrivent rapidement pour **secourir** (aider) les personnes en danger.

• LA POLICE

①   ②   ③

Si on est victime d'un **pickpocket**, il faut **porter plainte** au commissariat de police ①. Le / La chef du commissariat est le / la **commissaire**. Il / Elle dirige une équipe de **policiers** / **policières**. Ceux-ci peuvent **contrôler l'identité** des gens dans la rue ② et **arrêter** des personnes / **procéder à une arrestation**. Ils les emmènent / placent **en garde à vue** (on les retient au poste de police pour 24 h ou 48 h) pour les interroger ③.

▶ **Pour communiquer**

– *T'as pas l'air en forme aujourd'hui !*
– *Non... je sais pas ce que j'ai... je suis enrhumé, j'ai les yeux qui brûlent... et ça me gratte !*

– *Vous avez pris votre température ?*
– *Oui, docteur. Je suis fiévreux : j'ai 39,5°C.*

– *Alors, dites-moi où ça vous fait mal.*
– *J'ai mal quand je tousse et j'ai des douleurs un peu partout. En plus, j'ai de la température.*
– *Bon, ce sont les symptômes de la grippe. Ouvrez la bouche !*

– *Bonjour madame. Contrôle d'identité. Vous avez vos papiers ?*
– *Oui. Tenez, voici mon passeport.*

LA SANTÉ

1. Soulignez la réponse correcte.

a. J'appelle les secours : Sophie [fait un malaise / s'est coupée au doigt / tousse].

b. Vous êtes fiévreux ? Vous avez [appelé les urgences / guéri / pris votre température] ?

c. Je ne sais pas ce qui se passe… Je me sens mal : j'ai [des boutons / des nausées / trouvé de l'argent].

d. Les policiers pourront t'aider si [tu as mal aux articulations / tu portes plainte / tu te fais une fracture].

e. Tu as la grippe ! Reste chez toi car ce virus est [bien traité / mal soigné / très contagieux].

f. Ce joueur ne pourra pas jouer le match de football : il [a le sida / a eu un contrôle d'identité par la police / s'est tordu le pied].

2. Écoutez et retrouvez la première partie de chaque phrase. 🎧 22

a. ☐ … et ils ont tous guéri quelques jours plus tard.

b. ☐ … cependant, on peut se faire vacciner et on sait traiter la maladie.

c. ☐ … et il a arrêté de tousser peu après.

d. ☐ … je crois qu'elle est allergique à quelque chose.

e. ☐ … mais pour le moment, on ne sait pas s'il y a des victimes.

f. ☐ … et ils ont pu arrêter le voleur qui est maintenant en garde à vue.

3. Classez les expressions dans le tableau.

[une allergie – attraper un rhume – avoir des douleurs – avoir des nausées – avoir le nez qui coule – être asthmatique – faire une piqûre – prendre de l'ibuprofène – ressentir des courbatures – se faire vacciner – transmettre la varicelle]

Les signes (ou symptômes)	La maladie	Les traitements, les soins

4. Écoutez et associez un dialogue à une image. 🎧 23

a. Dialogue …   b. Dialogue …   c. Dialogue …   d. Dialogue …

LA SANTÉ

5. Complétez la grille.

Horizontal →

1. Personne qui a des problèmes de respiration, surtout après un effort.

4. Retrouver la santé.

5. Personne qui consulte un médecin.

7. Faire une piqûre à quelqu'un pour qu'il n'attrape pas une maladie.

9. Réaction du corps après avoir touché quelque chose de très chaud.

10. Grand feu.

11. Se dit d'un virus qu'on peut attraper facilement.

12. État d'une personne qui a un rhume.

Vertical ↓

2. Avoir mal.

3. Maladie facilement transmissible. On a beaucoup de boutons.

6. Donner une maladie.

8. Soigner une maladie.

6. Écoutez et choisissez la réponse correcte. Justifiez votre réponse. 🎧 24

	Vrai	Faux	On ne sait pas.
a. L'homme travaille à l'école.	☐	☐	☐
b. Thomas n'est pas dans son assiette aujourd'hui.	☐	☐	☐
c. Il n'a pas de fièvre.	☐	☐	☐
d. Il n'a mal nulle part.	☐	☐	☐
e. Il a juste un mauvais rhume.	☐	☐	☐
f. Il ne va pas aller à l'école aujourd'hui.	☐	☐	☐

7. **Lisez le texte et répondez aux questions.**

• SANTÉ

Le virus Zika en 3 questions

Comment se transmet-il ?

Le virus Zika est un virus transmis par des insectes, principalement des moustiques. Lorsqu'une personne est piquée par un moustique porteur du virus, elle attrape la maladie. On peut aussi le transmettre lorsqu'on donne son sang.

Quels sont les symptômes ?

Généralement, c'est comme si on avait la grippe : on n'est pas en forme et on a besoin de dormir. On devient fiévreux, on a les yeux qui brûlent et on a des douleurs dans les muscles (dans les jambes, dans le dos et dans les bras). On peut avoir des boutons sur le visage ou sur le corps. Cependant, il est difficile de savoir si on a vraiment attrapé le virus Zika, car 80 % des personnes touchées ne présentent aucun signe.

Comment le traite-t-on ?

Pour le moment, il n'existe pas de traitement : il n'y a pas de vaccin ni de médicament contre cette maladie. Il faut donc se soigner en prenant des médicaments contre la douleur et le mal de tête, comme le paracétamol.

a. Comment peut se transmettre le virus Zika ?

....

b. Comment se sentent les personnes atteintes du virus ?

....

c. Où ont-elles mal ?

....

d. Quel autre symptôme peut apparaître ?

....

e. Comment faut-il se soigner si on a attrapé le virus ?

....

8. **Ce week-end, vous vous êtes blessé(e) au ski. Vous écrivez un mail à votre** **responsable pour lui expliquer que vous ne pouvez pas venir travailler. Utilisez les expressions proposées.**

[un arbre au milieu de la piste – avoir très mal – être allé(e) faire du ski – une fracture – ne pas pouvoir venir travailler – un rendez-vous à l'hôpital – se tordre le pied – tomber]

 PRENEZ LA PAROLE !

9. **Vous avez attrapé un virus. Vous allez chez le médecin et vous lui expliquez ce qui ne va pas. Votre voisin(e) joue le rôle du médecin. Il / Elle vous explique quelle maladie vous avez attrapée.**

Ex. : – Bonjour monsieur. Qu'est-ce qui ne va pas ?

– Bonjour docteur. Eh bien, j'ai mal à la tête et j'ai des boutons sur le corps…

LA SANTÉ

7

Se soigner, guérir

Mieux vaut prévenir que guérir !

OBSERVEZ

| Document | D'après www.ameli.fr |

L'Assurance Maladie ameli.fr *L'Assurance Maladie en ligne*

Accueil > Soins et remboursements > Comment être remboursé ?

Tout savoir sur vos ordonnances de médicaments > Lire le dossier...

Lorsqu'un médecin vous prescrit des médicaments, il vous délivre alors une ordonnance, indiquant précisément le traitement à suivre et sa durée. Cette ordonnance vous permet de vous procurer les médicaments nécessaires auprès de votre pharmacien et de voir une partie de leur coût pris en charge par l'Assurance Maladie.

La carte Vitale > Lire le dossier...

Votre carte Vitale est votre carte d'assuré social et atteste de vos droits à l'Assurance Maladie. Pensez à la mettre à jour au moins une fois par an et présentez-la systématiquement à tout professionnel de santé. Avec elle, plus de feuille de soins papier à envoyer, vous êtes remboursé en 5 jours.
La carte Vitale contient tous les renseignements administratifs nécessaires au remboursement de vos soins et à votre prise en charge en cas d'hospitalisation :
• votre identité et celle de vos ayants droit de moins de 16 ans ;
• votre numéro de sécurité sociale ;
• la caisse d'Assurance Maladie à laquelle vous êtes rattaché.

La feuille de soins > Lire le dossier...

Vous avez oublié votre carte Vitale ? Le professionnel de santé que vous consultez n'est pas équipé en SESAM-Vitale ? Il établit et vous remet alors une feuille de soins papier que vous devrez remplir et adresser à votre caisse d'Assurance Maladie pour être remboursé. N'oubliez pas d'y indiquer votre numéro de sécurité sociale.

LA SANTÉ

RÉPONDEZ

Répondez aux questions.

a. De quel site Internet est extrait ce document ? À qui appartient-il ?

....

b. Ce site donne des informations sur :
☐ les consultations médicales.   ☐ les hospitalisations.   ☐ le remboursement des soins.
c. À quoi sert l'ordonnance délivrée par le médecin ?

....
....

d. Quelles informations sont transmises grâce à la carte Vitale ?

....
....

e. Que faut-il montrer ou envoyer, et à qui, pour être remboursé par l'Assurance Maladie ?

....
....

LA SANTÉ

• LES SOINS ET LES MÉDICAMENTS

Le **médecin prescrit** un **traitement** (des médicaments) et **délivre** une **ordonnance** (la liste des médicaments).

On donne cette ordonnance au **pharmacien** / à la **pharmacienne** pour avoir les médicaments.

des **cachets** / des **comprimés**   des **gélules**   des sachets de **poudre**

Le pharmacien propose des **médicaments génériques** : ce sont les mêmes médicaments, mais ils sont produits sans marque et sont donc moins chers.

Certains médicaments, comme les **anti-inflammatoires** (l'**ibuprofène**, par exemple), sont **en vente libre** / s'achètent **sans ordonnance**.

Si on a un problème de santé **grave** (on est en danger) ou s'il s'agit d'une **urgence**, on peut appeler le **SAMU** (15) et être amené aux **urgences** de l'**hôpital** (**service** où on traite immédiatement les patients) en **ambulance**. On peut alors **être hospitalisé** / subir une **hospitalisation** (un séjour à l'hôpital).

 EXPRESSION IMAGÉE

Mieux vaut prévenir que guérir : il vaut mieux anticiper les problèmes avant qu'ils n'arrivent.

« *Je mets toujours une écharpe en hiver pour ne pas tomber malade. Mieux vaut prévenir que guérir.* »

On peut aussi **être admis à l'hôpital** après une série de **consultations** (rendez-vous) avec un **spécialiste** (un médecin spécialisé dans un domaine). Il fait d'abord **passer des examens** ou **faire des analyses**, et on peut sortir le jour même de l'hôpital. On reçoit les **résultats** des analyses chez soi.

L'**admission** (l'entrée) à l'hôpital ou dans une **clinique** peut se faire au service :
– de **chirurgie** : le / la **chirurgien(ne)** **opère** / fait des **opérations** dans le **bloc opératoire** ;
– **maternité**, où on **accouche** (on donne naissance à un bébé) ;
– de **cardiologie** : le **cardiologue** traite les problèmes du cœur ;
– de **pédiatrie** : le **pédiatre examine** et **soigne** / **traite** les enfants ;
– de **radiologie** : le radiologue fait un **scanner** ou une **radio** ;
– de **médecine générale** : le **médecin généraliste** s'occupe des problèmes de santé divers.
Avant de voir le médecin, les patients attendent généralement dans la **salle d'attente**.

Si on doit **être opéré**, on peut passer la nuit à l'hôpital. Un **infirmier** ou une **infirmière** s'occupe des patients. Avant l'opération, un **anesthésiste** fait une **anesthésie locale** ou **générale** : il endort le patient en lui faisant une **piqûre**, par exemple.
Après l'opération, on peut avoir des **visites** de la famille ou d'amis.

FRANCOPHONIE

Avoir l'air magané : avoir l'air en mauvaise santé, en mauvais état.

QUÉBEC

« *Mon pauvre, tu as l'air magané ! Tu devrais aller voir un médecin pour te faire soigner.* »

une **bande**   une **compresse**   du **coton**   un **pansement**   un **thermomètre**

• LES POSITIONS ET LES MOUVEMENTS DU CORPS

Après une opération ou un accident, certains mouvements sont parfois difficiles à réaliser : on doit alors faire de la **rééducation**.

s'allonger / être **allongé**

se baisser / **se pencher**

reculer

se retourner

avancer **à petits pas**

avancer **à grands pas**

Si on ne peut pas marcher, on doit utiliser un **fauteuil roulant** ①. Si on a du mal à **se mettre debout** (se lever) ou marcher, ou bien si le corps est **raide** (dur Φ**souple**), on peut utiliser une **canne** ② ou des **béquilles** ③.

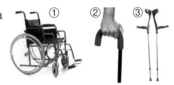

• LA PROTECTION SOCIALE

En France, c'est l'**Assurance Maladie** (qu'on appelle aussi la « **Sécu** ») qui **rembourse** (rend l'argent dépensé pour les soins) les **assurés** (les personnes qui bénéficient des droits à l'Assurance Maladie). La **carte Vitale** ① est la **carte de sécurité sociale** (la carte de l'Assurance Maladie). On y trouve l'identité de l'assuré, une photo et son **numéro de sécurité sociale**. On la présente aux **professionnels de santé** (le médecin généraliste, le pharmacien…) pour ne pas à avoir à payer ou pour être remboursé plus tard.

Si le médecin n'accepte pas la carte Vitale, il donne une **feuille de soins** ② que l'on doit compléter et envoyer à la Sécurité sociale / la **caisse d'Assurance Maladie**. L'Assurance Maladie rembourse 75 % des frais médicaux. Pour se faire rembourser le complément (en partie ou en totalité), on peut adhérer à une **mutuelle** (une assurance privée complémentaire).

Si un salarié est malade, il peut avoir un **arrêt maladie** / un **congé maladie** (il ne travaille pas pendant une durée fixée par le médecin). S'il a un **accident du travail** (sur son lieu de travail), il a un **arrêt de travail**. Il reçoit des **indemnités** : ses jours passés à la maison sont payés. La Sécurité sociale **verse** aussi la **pension** (l'argent reçu chaque mois) des retraités (ceux qui ne travaillent plus).

▶ **Pour communiquer**

– *J'ai rendez-vous pour faire une radio.*
– *Veuillez attendre dans la salle d'attente. Le radiologue va vous appeler.*

– *J'ai du mal à me mettre debout et à faire des grands pas, docteur.*
– *C'est normal après votre opération. Vous devrez utiliser une canne quelque temps.*

– *Combien je vous dois, docteur ?*
– *C'est 23 euros la consultation, s'il vous plaît.*

– *Tenez, voici ma carte Vitale !*
– *Je suis désolé, je n'ai pas l'équipement qu'il faut / le terminal ne marche pas. Je vais vous faire une feuille de soins et vous l'enverrez à votre caisse d'Assurance Maladie.*

1. Complétez la grille, puis trouvez le mot mystérieux.

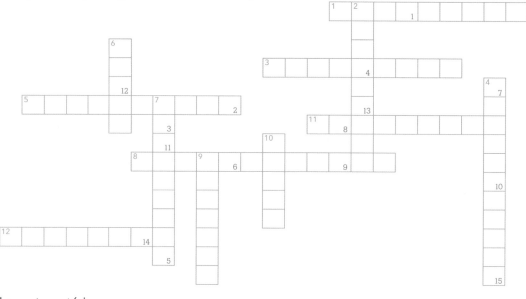

Le mot mystérieux :

1	2	3	4	5	6	7	8		9	10	11	12	13	14	15

Horizontal →

1. On le met sur une blessure quand on s'est coupé, pour arrêter le sang.
3. Service à l'hôpital qui fait des opérations.
5. Papier délivré par le médecin pour indiquer le traitement à suivre.
8. Faire entrer une personne à l'hôpital.
11. Médicament identique à celui d'une marque, mais moins cher.
12. Assurance santé complémentaire et privée.

Vertical ↓

2. Véhicule qui transporte les personnes à l'hôpital.
4. Instrument pour prendre la température.
6. Ce qu'un malade reçoit pour guérir.
7. Donner naissance à un enfant.
9. Somme régulièrement touchée par une personne à la retraite.
10. Objet utilisé pour aider à marcher.

2. Écoutez et associez un dialogue à une image. 🎧 25

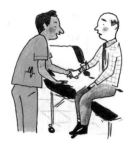   

a. Dialogue .... **b.** Dialogue .... **c.** Dialogue .... **d.** Dialogue ....

LA SANTÉ

3. Complétez les devinettes avec des professions médicales.

a. Ce médecin soigne les enfants, c'est le ....

b. Ce spécialiste vous endort avant une opération, c'est l' ....

c. Cette personne apporte des soins et fait parfois des piqûres, c'est l' ....

d. Ce médecin opère en bloc opératoire, c'est le / la ....

e. Ce spécialiste traite les problèmes du cœur, c'est le ....

f. Cette personne vend des médicaments, c'est le / la ....

g. On va le voir pour les maladies courantes, c'est le ....

4. Classez les phrases dans l'ordre, de 1 à 7.

a. ☐ Le médecin généraliste lit les résultats de la radio et prescrit un traitement.

b. ☐ Le spécialiste donne la radio au patient pour qu'il la montre à son médecin généraliste.

c. ☐ Le patient va chez le pharmacien, qui lui propose des médicaments génériques.

d. ☐ Le patient va au cabinet de radiologie et patiente dans la salle d'attente.

e. ☐ Le patient présente au pharmacien sa carte Vitale et sa carte de mutuelle pour être remboursé.

f. ☐ Le médecin généraliste examine le patient et lui conseille de faire une radio des poumons.

g. ☐ Le spécialiste en radiologie fait passer un scanner au patient.

5. Écoutez et associez un audio à une affiche. 26

a. ....

b. ....

c. ....

d. ....

e. ....

f. ....

LA SANTÉ

6. Complétez les documents avec les mots proposés.

a. [arrêt de travail – accident du travail – Assurance Maladie – hospitalisé – Sécurité sociale – versera – vous déplacer]

Information pour les salariés

Si votre état de santé ne vous permet pas de travailler ou si vous êtes victime d'un _____, votre médecin peut vous prescrire un _____ Vous devez l'envoyer sous 48 heures à votre caisse d'_____.

En cas d'oubli ou de retard, la _____ vous _____ seulement 50 % du montant des indemnités journalières, sauf si vous êtes _____ et que vous ne pouvez pas _____.

b. [admission – anesthésie – hospitalisation – mutuelle – opérer – sortie – traitement]

_____ *Top Mag* ___

BON À SAVOIR !

En cas d'_____, il n'est pas nécessaire de passer la nuit à l'hôpital. En hôpital de jour, votre _____, votre traitement et votre _____ se font le même jour. Cette modalité de soins vous permet de regagner votre domicile le jour même du _____.

Se faire _____ et rentrer à la maison le soir même est possible grâce aux progrès des techniques d'_____ et d'opération.

Dès votre arrivée à l'hôpital, présentez votre carte Vitale et votre carte de _____.

7. Écoutez le reportage et répondez aux questions. 🎧 27

a. Combien les Français dépensent-ils chaque année pour se soigner ?

b. Qu'est-ce qui représente environ 50 % des dépenses de santé ?

c. Combien de boîtes de médicaments les Français consomment-ils par an ?
☐ 17   ☐ 52   ☐ 240

d. Quelles sont les autres dépenses ?

e. Qui paie ces frais de santé ? Précisez.

💬 **PRENEZ LA PAROLE !**

8. a. Vous êtes médecin. Vous traitez un(e) patient(e) qui vient d'arriver en France et qui ne comprend pas bien le fonctionnement de l'Assurance Maladie. Il / Elle vous pose des questions et vous lui répondez. Par deux, jouez la scène.

b. En petits groupes, présentez le système de santé de votre pays. Quelles sont les similarités et les différences avec le système de santé français ? Dites quels sont, selon vous, ses avantages et ses inconvénients.

8

Les habitations et le mobilier

L'appartement est orienté plein sud.

ÉCOUTEZ

Document 28

— Alors Julie, tu as trouvé un nouvel appartement ?
— Oui, c'est un appartement dans une belle résidence toute neuve et dans un quartier calme. Il est au 5ᵉ étage, avec ascenseur.
— Et il est meublé ou vide ?
— Il est meublé ! C'est plus pratique qu'un appartement vide.
— Et la superficie ?
— Il fait 65 m² environ avec une chambre, un salon, une cuisine et une salle de bains, bien sûr. C'est génial, il y a plein de placards et même une terrasse au sud ! Je vais pouvoir prendre mes petits déjeuners au soleil...

— Et c'est cher ?
— Non pas du tout. Je paie 650 euros par mois avec l'eau et l'électricité.
— Super ! Et ton salon, il est comment ?
— Les murs sont jaunes, il y a un canapé en cuir violet, une table basse noire et au sol il y a un beau carrelage blanc. C'est très moderne et très ensoleillé.
— Et tu as tout ce qu'il faut ?
— Non, il faut encore que j'achète un aspirateur, une machine à laver, des oreillers et une couette... D'ailleurs, tu ne veux pas venir avec moi ?

RÉPONDEZ

Répondez aux questions.

a. De quoi parlent Julie et son amie ?

....

b. Comment est le quartier ?

....

c. Pourquoi l'appartement est-il pratique ?

....

d. Qu'est-ce qui coûte 650 euros ?

....

e. Quel style donnent les meubles à l'appartement ?

....

f. Que doit encore acheter Julie ?

....

LE LOGEMENT

• LES TYPES D'HABITATIONS

une **maison**
ou un **pavillon**

une **tour**
ou un **immeuble**

une **cité**

une **ferme**

Une **tour** est une construction en hauteur et étroite.

Un **immeuble** est un bâtiment qui héberge des habitations ou des bureaux.

Une **résidence** est un ensemble d'immeubles ou de maisons d'un certain confort.

En ville, une **cité** est un ensemble d'immeubles ou de maisons. Dans les banlieues des villes, une cité est un ensemble d'habitations à bas coût.

Un **HLM** (habitation à loyer modéré) est un **logement social** : les **loyers** (le prix du logement, qu'on paie chaque mois) sont bon marché.

De nombreux étudiants vivent **en colocation** : chacun a sa chambre, mais ils partagent le salon, la cuisine et la salle de bains.

On peut être **propriétaire** de son logement (on l'a acheté) ou **locataire** (on le loue : on paie un loyer). On peut louer un appartement **vide** ou **meublé** (avec des meubles). Quand on prend possession d'un logement, on **emménage**. Quand on quitte un logement, on **déménage**.

FRANCOPHONIE

Chambreur / chambreuse :
la personne qui loue une
chambre chez un particulier.

QUÉBEC

« Tu as prévenu ta chambreuse
que tu allais augmenter le loyer ? »

• DÉCRIRE UN LOGEMENT

Il y a un an, j'ai emménagé dans un grand appartement dans le 4e **arrondissement** de Lyon. C'est un **quartier** que j'aime bien.

Les **charges** (l'eau et l'électricité) sont **comprises / incluses** dans le loyer (elles font partie du loyer).

Il y a 6 **pièces** pour **une superficie** de 120 m^2 : un **salon**, une **salle à manger**, deux **chambres**, une **cuisine**, une **salle de bains** avec **toilettes / WC**. J'ai aussi un **balcon**, une **terrasse** et une **cave** (c'est pratique pour ranger les vélos et les skis !). Malheureusement, je n'ai ni **parking**, ni **garage** : je laisse ma voiture dans la rue !

L'appartement est orienté **plein sud** (du côté où il y a le plus de soleil). Il est donc très **clair / lumineux** et je n'aurai pas froid : je ne vais pas beaucoup utiliser le **chauffage électrique** l'hiver ! Je ne supporte pas les appartements **sombres**, exposés au nord par exemple.

Le salon **donne sur** (est du côté de) la rue, c'est un peu **bruyant**, mais les chambres sont **calmes**, elles donnent sur la **cour** (l'espace ouvert au milieu des immeubles) et elles sont **confortables** (agréables).

Les **murs** et les **plafonds** sont en très bon état, mais le **papier peint** rose sur les murs des chambres est horrible ! Je préfère la **peinture** blanche qui est dans le salon.

Quand on habite dans un immeuble, on précise à ses amis l'**adresse** de son **domicile** (là où on habite) et si on habite au **rez-de-chaussée** ou à l'**étage**. On donne le numéro ou la lettre du **hall** de l'**entrée** si besoin, et les chiffres du **code** (d'**entrée**). Ensuite, il ne reste qu'à appuyer sur la **sonnette** (on sonne à la porte) !

• LE MOBILIER

Dans le salon, on peut trouver un **canapé** / un **divan** ①, un **fauteuil** ②, une **table basse** ③, un **lecteur DVD**, un **lecteur CD**, un **aspirateur** pour faire le ménage…

Dans la chambre, il y a un **lit** avec un **matelas** ①, un **drap**, une **couette** ②, un **oreiller** ③, une **armoire** ④…

Dans la salle de bains, il y a une **douche** ① et/ou une **baignoire** ②, un **lavabo** ③, des **serviettes** ④, des **placards** ⑤, parfois une **machine à laver** (pour laver les vêtements)…

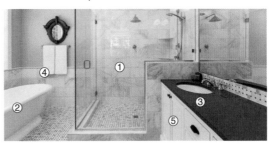

LE LOGEMENT

EXPRESSION IMAGÉE

Mener la vie de château : mener une vie aisée, ne pas avoir de problèmes financiers.
« Il mène une vraie vie de château à Saint–Tropez, entre sa piscine, son court de tennis et son bateau ! »

• DÉCRIRE UN OBJET

Pour décrire un objet, on peut parler de sa matière (une table **en bois**, une couette **en coton**, un canapé **en cuir**, un pot **en fer** ou **en terre**, une couverture **en laine**, une chaise **en plastique**…) ; de sa couleur, de sa forme (**carré**, **rectangulaire**, **ovale**, **rond**), de sa taille, de son poids (**lourd** Φ**léger**) ou de son aspect extérieur (**dur** Φ**mou**, **souple** ; **rugueux** Φ**doux**, **lisse**…).

• LES TAXES ET LES AIDES

En France, chaque année, les locataires ou propriétaires qui possèdent une télévision doivent payer une **redevance audiovisuelle** (les Français parlent de « redevance télé »). Les locataires paient aussi une **taxe d'habitation** à la ville qui permet de financer les services sociaux et scolaires, les équipements sportifs… On peut aussi, sous certaines conditions, être bénéficiaire d'une aide au logement, comme l'**APL** (aide personnalisée au logement) : cela aide à payer son loyer.

▶ **Pour communiquer**

– *Je voudrais savoir où se situe l'appartement avant de venir le visiter.*
– *Il est proche des commerces et de la ligne 1 du métro.*

– *Tu as fait beaucoup de travaux dans ton nouvel appart' ?*
– *Non, j'ai juste repeint la cuisine en jaune.*

– *Tu as pensé à faire une demande d'aide au logement ?*
– *C'est fait et c'est bon ! Je l'ai obtenue.*

– *Il y a un code pour rentrer chez toi ?*
– *Oui, c'est le 5816 A. Tu rentres, et au fond de la cour tu prends l'escalier de gauche. J'habite au premier étage, deuxième porte à droite.*

1. **a. Barrez l'intrus dans chaque pièce.**

    a. Salle de bains : douche – drap – serviette

    b. Chambre : couette – lavabo – oreiller

    c. Salon : divan – fauteuil – matelas

    b. Retrouvez la pièce qui correspond à chaque intrus.

2. Que font-ils ?

a. Il devient _____

b. Elle _____

c. Elles vivent _____

d. Ils _____

3. Soulignez les réponses correctes.

    a. Payer la « redevance télé », c'est [payer une taxe sur la télévision / se payer une nouvelle télévision].

    b. Recevoir l'APL, c'est avoir une aide pour [payer son logement / trouver son appartement].

    c. Payer une taxe d'habitation, c'est donner de l'argent [à son propriétaire / à la ville].

    d. Payer son loyer, c'est donner de l'argent [à son propriétaire / à la ville].

    e. L'expression « loyer (charges incluses) » signifie qu'on paie [le loyer, l'eau et l'électricité / le loyer sans l'eau ni l'électricité].

4. Écoutez les définitions et écrivez les mots qui correspondent. 🎧 29

    a. _____

    b. _____

    c. _____

    d. _____

5. Paul vous explique comment on arrive chez lui… Écoutez et dites à quoi correspondent ces indications. 🎧 30

a. Émile Zola : ....

b. A : ....

c. 1845 B : ....

d. 6ᵉ : ....

6. Complétez l'annonce avec les mots proposés.

[chauffage – code – étages – garage – lumineuse – murs – plafonds – terrasse]

Maison de 120 m² sur 2 ...., très ...., construite en 2012, avec .... et jardin.

Les .... et les .... sont en très bon état.

.... pour deux voitures. .... électrique.

.... d'accès pour la sécurité.

7. Vrai ou faux ? Quand c'est faux, donnez la réponse correcte.

a. On met des meubles dans un appartement.

☐ Vrai ☐ Faux : ....

b. Il y a toujours une douche dans la cuisine.

☐ Vrai ☐ Faux : ....

c. La place du lavabo est dans la salle de bains.

☐ Vrai ☐ Faux : ....

d. À la fin du mois, on paie une taxe d'habitation.

☐ Vrai ☐ Faux : ....

e. Un appartement lumineux a ses fenêtres au nord.

☐ Vrai ☐ Faux : ....

f. Je peux dire que la superficie de mon appartement est de 650 euros.

☐ Vrai ☐ Faux : ....

8. Écoutez la description de ce logement et donnez des précisions pour chaque critère. 🎧 31

Type de logement		Étage	
Loyer		Chauffage	
Surface		Salle de bains	

9. Décrivez les objets.

a.   b.   c.   d.   e.   f.   g.

10. Vous écrivez un mail à un(e) ami(e) pour lui dire que vous venez de trouver l'appartement ou la maison de vos rêves… Décrivez-le / la.

De :
À :
Objet :

 PRENEZ LA PAROLE !

11. Par deux, décrivez le logement où vous vivez actuellement. Celui / Celle qui écoute le dessine au fur et à mesure. Puis, inversez les rôles.

Ex. : J'habite dans une maison. En entrant à droite, il y a le salon…

LE LOGEMENT

9

Les études et la formation

Et l'épreuve d'anglais, ça s'est bien passé ?

Document

Étudier à l'étranger

vie étudiante | formations | stages | jobs | **discussions**

♀ sonia09

Bonjour, je suis étudiante en géographie et je vais faire ma 3e année de licence en République tchèque, à Prague, à la rentrée. Je n'ai jamais étudié à l'étranger. Avez-vous des conseils à me donner ? Une expérience à partager ?

♂ Nicolas

L'année dernière, j'ai fait mon master 1 en Angleterre, à Nottingham, dans le cadre du programme d'échanges Erasmus et j'ai vécu une expérience formidable. J'ai habité sur le campus, une des plus belles cités universitaires que je n'aie jamais vues. Quel plaisir d'étudier dans ces magnifiques amphithéâtres !!! Les cours que j'ai suivis étaient très intéressants. Je peux dire que j'ai reçu une formation de qualité ! Mais surtout, j'ai rencontré plein d'étudiants de cultures et d'horizons différents. Je ne connais pas Prague, mais je suis sûr que tu vas adorer cette expérience !

♀ Lili

Quand j'étais en deuxième année de master pro français langue étrangère, je devais faire un stage de 6 mois à l'étranger. J'ai été prise à l'Institut français de Madrid pour donner des cours. Au début, c'était difficile : un nouveau pays, une langue étrangère, de nouvelles responsabilités… Mais au bout de quelques semaines, grâce à mes collègues de l'Institut, l'adaptation a été rapide. Comme Nicolas, je pense que cette expérience ne peut être que positive ! Petit conseil, ne te décourage pas les premières semaines, il faut le temps de prendre ses marques !

L'ÉDUCATION ET LE MONDE PROFESSIONNEL

Répondez aux questions.

a. Quel est le sujet de ce forum ?

....

b. Que demande Sonia ?

....

c. Quelle année d'études ont-ils passé / vont-ils passer à l'étranger ?

sonia09 : .... Nicolas : .... Lili : ....

d. Un campus est ☐ un amphithéâtre ☐ une cité universitaire ☐ un restaurant universitaire.

e. Que devait faire Lili dans le cadre de ses études ?

....

f. Qu'a-t-elle fait à l'Institut français de Madrid ?

....

• L'ENSEIGNEMENT PRIMAIRE ET SECONDAIRE

L'enseignement peut être **public** (gratuit) ou **privé** (payant).

• À l'**école maternelle** (de 3 à 5 ans), les enfants font des **activités éducatives** (des jeux, du dessin, etc.) en **petite** et **moyenne section** (première et deuxième années). En **grande section** (troisième année), le **maître** ou la **maîtresse** / l'**instituteur** ou l'**institutrice** / le ou la **professeur(e) des écoles** prépare les élèves à l'apprentissage de la lecture et de l'écriture.

• À l'**école primaire** (de 6 à 10 ans), il y a 5 années d'enseignement : le **CP** (cours préparatoire), le **CE1** (cours élémentaire 1), le **CE2** (cours élémentaire 2), le **CM1** (cours moyen 1), le **CM2** (cours moyen 2). Les professeurs des écoles **suivent le programme** (enseignent le contenu) imposé par le ministère de l'Éducation nationale.

L'**enseignement secondaire** s'effectue au **collège** (11-14 ans) et au **lycée** (15-17/18 ans).
• Au collège, il y a 4 années d'enseignement : la **6e**, la **5e**, la **4e**, la **3e**. Les élèves **suivent des cours** (assistent à des cours). À la fin du collège, ils passent un **examen** : le **brevet des collèges**.

FRANCOPHONIE

Faire les bancs : aller à l'école / faire ses études.
« *On a fait les bancs ensemble.* »

SÉNÉGAL

• Au lycée, il y a 3 années d'enseignement : la **seconde**, la **première**, la **terminale**. À la fin du lycée, les élèves présentent (passent) l'examen du **baccalauréat** (le **bac**). Pour chaque **matière** (anglais, mathématiques, philosophie, etc.), il y a une **épreuve** (orale ou écrite). L'année du bac, les élèves **révisent** beaucoup (ils relisent et apprennent leurs cours).

Au collège et au lycée, les élèves ont régulièrement des **interrogations** écrites pour vérifier leurs connaissances. Ce sont des « **interrogations surprises** » quand le professeur ne prévient pas les élèves à l'avance. Parfois, les élèves doivent **faire un exposé** (présenter un travail) à l'oral.

Chaque classe a un **professeur principal** qui la suit et la représente auprès des autres professeurs durant l'année. Lors des **conseils de classe**, les professeurs et les représentants des élèves se réunissent pour évaluer le travail de chaque élève de la classe.

Pendant toute l'année scolaire, les **parents d'élèves** peuvent rencontrer les professeurs et parler de la **scolarité** de leur enfant, de leurs **résultats**, de leur **moyenne** (note finale calculée à partir de toutes les notes obtenues) dans chaque matière : chimie, éducation physique pratiquée dans un **gymnase** (une salle de sport) ou à l'extérieur, histoire, géographie, **langues vivantes** (les langues qui sont encore parlées et qui continuent d'évoluer), musique, philosophie, sciences de la vie et de la terre (**SVT** = biologie), etc.

 **EXPRESSION IMAGÉE**

Avoir la bosse de : être très doué pour quelque chose.
« *Il adore les mathématiques. C'est très facile pour lui, il a la bosse des maths !* »

Le matériel utilisé par les élèves :

un **classeur** un **manuel** un **agenda** un **stylo**, un **feutre** un **ordinateur**

• LES ÉTUDES SUPÉRIEURES ET LA FORMATION PROFESSIONNELLE

Les élèves qui **obtiennent le diplôme** du bac peuvent **accéder à** (aller dans) l'enseignement supérieur.

• On peut **faire des études courtes** (bac +2) :

– au lycée, on peut préparer un **BTS** (brevet de technicien supérieur, par exemple : BTS tourisme, comptabilité, multimédia, etc.) ;

– dans un **IUT** (institut universitaire de technologie), on peut préparer un **DUT** (diplôme universitaire de technologie, par exemple : DUT chimie, DUT informatique, etc.).

• On peut également **faire des études longues** : on **s'inscrit à** l'université (la « fac ») **en licence** 1, 2 ou 3 (de bac +1 à bac +3), en **master** (bac +5) ou en **doctorat** (bac +8 minimum). Il est possible d'**intégrer** (entrer dans) une **classe préparatoire** pour **se préparer au concours** (seuls les meilleurs candidats seront pris) d'une **grande école** (écoles de haut niveau) comme l'ENA (École nationale d'administration), Polytechnique…
Des **programmes d'échanges universitaires** proposent aux étudiants de faire une partie de leurs études à l'étranger, comme par exemple le programme « **Erasmus** ».

À l'université, les étudiants ont parfois cours dans des **amphithéâtres (amphis)** ①. Le professeur **donne / fait** parfois **cours** avec un **vidéoprojecteur** ②. Il ne contrôle pas les **présences / absences** (si les étudiants sont là ou pas). L'étudiant est considéré comme étant responsable s'il **manque / sèche** (*familier*) un cours.

Les **bâtiments** et les **résidences étudiantes / cités universitaires** (ensemble de logements pour les étudiants) sont réunis sur un **campus**. Il y a aussi un **resto U** (restaurant universitaire ou « RU ») et une **cafétéria** où les étudiants peuvent déjeuner et dîner à petit prix.

Les personnes qui souhaitent apprendre un métier peuvent **entrer en apprentissage** dans des **centres de formation** ou par le biais de l'université. Dans une formation **en alternance**, l'**apprenti** (la personne qui apprend un métier) suit des cours la moitié du temps et travaille avec un professionnel qui s'occupe de sa formation pratique l'autre moitié du temps. Se former ainsi à un métier donne de bons atouts pour réussir son **avenir professionnel**.
En master 2 professionnel, les étudiants doivent faire un **stage** pratique, sauf s'ils étudient en alternance. Les **stagiaires** effectuent un **stage** (une expérience professionnelle) et découvrent ainsi la réalité du **monde du travail**.

Tout au long de sa **carrière** (parcours professionnel), on a le droit à la **formation continue** pour améliorer ses **compétences** (développer ses capacités) dans le domaine de son choix.

> ## ▶ Pour communiquer
>
> – *Il est en quelle classe ton fils ?*
> – *En grande section de maternelle.*
>
> – *Comment ça s'est passé aujourd'hui au collège ?*
> – *Bof, le prof de maths nous a fait une interrogation / une interro surprise…*
> – *Et l'épreuve d'anglais, ça s'est bien passé ?*
>
> – *Tu es étudiant ?*
> – *Oui, je fais un BTS en alternance.*
>
> – *Tu manges où à midi ?*
> – *Au RU, j'ai envie d'un plat chaud.*
>
> – *On a cours où à 14 h ?*
> – *En amphi 4.*

L'ÉDUCATION ET LE MONDE PROFESSIONNEL

1. Barrez l'intrus.

a. bac – brevet – CE1– licence

b. BTS – concours – DUT – master

c. apprenti – institutrice – maîtresse – professeur des écoles

d. grande section – maternelle – moyenne section – primaire

e. 6e – première – seconde – terminale

f. campus – classeur – feutre – manuel

2. Écoutez et écrivez les phrases. 32

a. ....

b. ....

c. ....

d. ....

e. ....

f. ....

g. ....

3. Remettez dans l'ordre le parcours de Justine.

a. Elle a eu son diplôme sans problème et a fait toute sa carrière dans le tourisme.

b. Justine est allée au lycée à Lyon.

c. Elle s'est redirigée vers des études courtes, mais elle a longtemps hésité entre un BTS et un DUT.

d. Après avoir eu son bac, elle est allée à l'université, à Paris, dans le but de faire une licence de philosophie.

e. Elle a finalement opté pour un BTS tourisme.

f. Mais la fac ne lui a pas plu, elle a arrêté au bout d'un an.

1.	2.	3.	4.	5.	6.
....	....	....	....	....	....

4. Écoutez et dites qui parle. 33

[un(e) apprenti(e) – un(e) élève – un(e) étudiant(e) – un(e) parent d'élève –
un(e) professeur(e) – un(e) stagiaire]

a. ....

b. ....

c. ....

d. ....

e. ....

f. ....

5. Complétez les phrases avec les mots proposés.

[amphithéâtre – avenir professionnel – gymnase – manque – privée – programme d'échange]

a. On peut aller dans une école publique ou ....

b. Les élèves pratiquent le sport dans un ....

c. Quand un étudiant n'est pas présent, il .... les cours.

d. Certains cours à l'université se passent dans un ....

e. Des étudiants passent une partie de leurs études à l'étranger grâce à un ....

f. Une bonne formation nous assure un bon ....

6. **Vrai ou faux ? Quand c'est faux, donnez la réponse correcte.**

a. Les enfants passent le brevet des collèges à la fin de la 6ᵉ.
☐ Vrai   ☐ Faux : ....

b. Le BTS est une formation courte.
☐ Vrai   ☐ Faux : ....

c. À la fin de l'école maternelle, les enfants doivent pouvoir suivre les cours du collège.
☐ Vrai   ☐ Faux : ....

d. Un apprenti suit des cours et travaille parallèlement avec un professionnel.
☐ Vrai   ☐ Faux : ....

e. Quand on est étudiant, on a droit à la formation continue.
☐ Vrai   ☐ Faux : ....

f. Le français n'est pas une langue vivante.
☐ Vrai   ☐ Faux : ....

7. **Lisez le texte et répondez aux questions.**

L'apprentissage, qu'est-ce que c'est ?

L'apprentissage en Centre de Formation d'Apprentis (CFA) ou à l'université permet à un jeune entre 16 et 25 ans d'alterner les périodes d'études et de travail en entreprise. Il s'agit d'une formation courte qui a un effet favorable sur l'insertion professionnelle des jeunes. En effet, les apprentis sont formés à un métier par le biais de l'expérience pratique. Cela les rend plus attractifs sur le marché du travail et leur offre un accès rapide à l'emploi.

Pendant son contrat d'apprentissage, l'apprenti perçoit un salaire qui correspond à un pourcentage du SMIC (salaire minimum interprofessionnel de croissance) et qui évolue en fonction de son âge et de son ancienneté dans l'entreprise.

Ce type de formation a été créé dans les années 1920 en France. Depuis, de nombreuses lois et réformes ont été adoptées pour améliorer le statut d'apprenti et l'image du contrat d'apprentissage. Dans différents domaines, de plus en plus de diplômes proposent une formation en alternance et les publics et les parcours des apprentis se diversifient.

La France ne se porte pas trop mal en matière d'apprentissage. Selon les données de 2011, en pourcentage d'apprentis chez les jeunes de 15 à 29 ans, elle passe devant l'Espagne, la Belgique ou le Royaume-Uni. Elle est en revanche devancée par l'Allemagne, l'Autriche et le Danemark.

a. Est-ce que les apprentis suivent seulement une formation théorique ? Justifiez.

....

b. Quels avantages retirent les jeunes diplômés en sortant de ce type de formation ?

....

c. L'apprenti reçoit-il un salaire pendant la formation ? Justifiez.

....

d. Le statut d'apprenti a-t-il une meilleure image aujourd'hui ? Pourquoi ?

....

e. Les formations proposées sont-elles plus variées aujourd'hui ? Justifiez.

....

f. Le profil des apprentis est-il toujours le même ? Justifiez.

....

8. Écoutez et répondez aux questions. 34

   a. Dans quelle matière Martin travaille bien ?

   b. Est-ce qu'en français, c'est la même chose ? Justifiez.

   c. Le professeur d'anglais avait-il prévenu les élèves de leur dernière interrogation ? Justifiez.

   d. Pourquoi Martin a eu 0/20 en SVT ?

   e. En plus de ses résultats, quel est l'autre problème de Martin, selon le professeur de SVT ?

   f. Que va faire le professeur principal ? Pourquoi ?

9. À partir du CV de Stéphanie,
racontez son parcours.

Ex. : Stéphanie a passé son bac littéraire avec la mention « bien » en 2007 à Lyon…

Stéphanie Poulat

2, place Victor Hugo
34070 Montpellier
06 78 87 96 06
stephanie.poulat34@gmail.com

Formation

2012 Master professionnel de Français Langue Étrangère, mention bien, Université Paul Valéry, Montpellier
2010 Licence Sciences du langage, Mention FLE, Université Paul Valéry, Montpellier
2007 Baccalauréat littéraire, mention bien, lycée Champollion, Lyon

Expérience professionnelle

Depuis septembre 2013 Enseignante de français, Alliance Française, Paris
2014 Stage d'e-learning et formation à distance (conception de ressources en ligne), centre de formation continue APEC, Paris
Septembre 2012 – juin 2013 Enseignante de français, Lycée Français de Madrid, Espagne
Janvier – juin 2012 Enseignante stagiaire, Institut Français de Budapest, Hongrie
2009 – 2011 Professeur bénévole de soutien scolaire, association Capuche, Montpellier

Compétences

Langues étrangères : anglais (niveau B2), espagnol (niveau B1), hongrois (niveau A1)
Informatique : utilisatrice confirmée
Loisirs : littérature, théâtre, écriture, cinéma, yoga

 PRENEZ LA PAROLE !

10. Présentez le système scolaire et universitaire de votre pays. Comparez-le avec le système français.

Ex. : Dans mon pays, les enfants entrent à l'école à 5 ans.

Les activités professionnelles

Tu travailles dans quoi ?

ÉCOUTEZ

Document 35

❶ — *Alors, maintenant que tout le monde est installé, je vais passer la parole à madame Valet, votre conseillère d'orientation.*
— *Bonjour à tous. Comme l'a dit votre professeur, je suis conseillère d'orientation et mon rôle est de vous aider à réfléchir à votre avenir professionnel. Vous passez le bac cette année : est-ce que certains d'entre vous ont déjà une idée du métier qu'ils voudraient faire ?*
— *Moi, j'aimerais beaucoup travailler dans l'art.*
— *C'est déjà très bien d'avoir identifié le domaine dans lequel tu veux travailler. Mais pour faire quel métier ?*
— *Soit artiste peintre, soit travailler dans une galerie d'art.*
— *Très bien. Est-ce que tu sais quelles études tu dois faire pour exercer ces professions ?*

❷ — *Au fait maman, aujourd'hui on a eu la réunion avec la conseillère d'orientation.*
— *C'était bien ?*
— *Oui, je pense que je vais m'inscrire à l'école des beaux-arts l'année prochaine.*
— *Ah bon ? Mais tu ne veux plus être avocat ? Pourtant, ça fait des années que tu en parles !*
— *Ben oui, mais finalement je pense que je ne suis pas fait pour ça, j'ai découvert la peinture et ça me passionne.*
— *Mais enfin, Luc, tu sais bien que vivre de l'art, c'est difficile... Tu penses gagner ta vie en vendant des peintures ?*
— *Et pourquoi pas ? Vous avez bien laissé Emma choisir ses études !*
— *Oui, mais ta sœur a choisi de faire du commerce, il y a plus d'avenir dans ce domaine !*

RÉPONDEZ

Répondez aux questions.

a. Où se passe la réunion ?

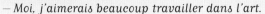

b. Qui sont les personnes présentes à la réunion ?

c. Quel est le rôle de la conseillère ?

d. Dans quel domaine Luc aimerait-il travailler ?

e. Quel métier Luc voulait-il faire avant de vouloir être artiste peintre ?

f. Pourquoi la mère de Luc est-elle moins inquiète pour sa fille Emma ?

EXPRESSION IMAGÉE

• LES MÉTIERS / LES PROFESSIONS

Dans une entreprise, l'employé ou le salarié occupe un **poste** (une fonction) : un poste de secrétaire, de comptable, etc. Quand une personne a des responsabilités dans son travail, on dit qu'elle occupe un **poste à responsabilités.**

Avoir le bras long : avoir beaucoup de relations et de pouvoir.
« C'est grâce à lui que j'ai eu ce travail : il connaît le patron de l'entreprise, il a le bras long. »

un **agriculteur** / une **agricultrice**   un(e) **avocat(e)**   un(e) **dentiste**   un(e) **enseignant(e)**   un(e) **maçon(ne)**   un **plombier** / une **plombière**

Un(e) **journaliste** réalise des interviews, puis écrit des articles de presse afin d'informer la population. Il / Elle peut également travailler à la radio, à la télévision ou sur Internet.

Un **réalisateur** / une **réalisatrice** travaille dans le cinéma. Il / Elle réalise des films.

Un(e) **commerçant(e)** (un(e) boucher(-ère), un(e) épicier(-ère)…) travaille dans un commerce.

Un(e) **ingénieur(e)** a les connaissances scientifiques et techniques pour concevoir et réaliser des produits, et résoudre des problèmes technologiques. Un(e) ingénieur(e) en informatique crée ainsi des logiciels.

Un(e) **professeur(e) des écoles**, anciennement appelé « instituteur / institutrice », enseigne aux enfants (à la maternelle et au primaire). À partir du collège, les enseignants sont des professeurs.

Un **déménageur** / une **déménageuse** ① **démonte** ② les très gros meubles pour pouvoir les mettre dans le camion. Puis il / elle **charge** le camion (il / elle met les meubles et les cartons dans le camion).

Une fois arrivé au nouveau logement, il / elle **décharge** le camion (il / elle sort les meubles et les cartons du camion), et **remonte** ③ les meubles.

 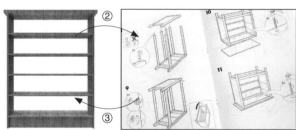

• LES PROFESSIONS ET CATÉGORIES SOCIOPROFESSIONNELLES (CSP)

On peut travailler dans deux **secteurs** : le **secteur public** (pour l'État) ou le **secteur privé**.

En France, les gens sont classés dans des « professions et **catégories socioprofessionnelles** » en fonction de leur métier et de la situation sociale liée à cet emploi : leur position hiérarchique, leur employeur (privé ou public) et leur **statut**. Le statut de **salarié** signifie qu'on a un employeur ; le statut d'**indépendant**, qu'on est son propre employeur.

Les organismes démographiques utilisent les CSP pour des enquêtes / sondages.
• **Agriculture :** agriculteur…
• **Artisans, commerçants et chefs d'entreprise :** boulanger, maçon, plombier… (statut : indépendant)

• **Cadres et professions intellectuelles supérieures :** professions libérales*, ingénieur, médecin, professeur, professions du spectacle…
• **Professions intermédiaires :** professeur des écoles, technicien…
• **Employés :** employé administratif d'entreprise, fonctionnaire, policier…
• **Ouvriers :** boulanger, maçon, plombier… (statut : salarié)
• **Retraités** (personnes qui, à la fin de leur carrière, arrêtent leur activité professionnelle).
• **Inactifs** (personnes qui n'ont pas d'emploi et ne sont pas inscrites au chômage).

* Les **professions libérales** sont exercées de manière indépendante. Elles offrent des services à des clients. Par exemple, un avocat ou un médecin qui travaille dans son propre cabinet.

• LES DOMAINES D'ACTIVITÉ

Le domaine d'activité d'un maçon est le bâtiment / un maçon **travaille dans** le (domaine du) bâtiment.

Il existe différents domaines d'activité.
• L'**administration** : commissaire de police, directeur d'hôpital, secrétaire d'administration scolaire et universitaire…
• L'**agriculture** : céréalier, éleveur, ingénieur agronome…
• L'**art** : artiste peintre, chanteur, comédien…
• Le **bâtiment** : électricien, maçon, peintre…
• Le **commerce** : boulanger, directeur commercial, vendeur…
• La **culture** : galeriste, organisateur d'événements culturels…

• L'**éducation** : professeur (des écoles)…
• La **finance** : conseiller bancaire, économiste…
• L'**industrie** : constructeur automobile, ingénieur ferroviaire (train)…
• L'**information** et la **communication** : chargé de relations publiques, graphiste…
• Le **médical** : infirmier, médecin, pharmacien…
• La **publicité** et le **marketing** : chargé de promotion, chef de produit, directeur artistique…
• La **restauration** : cuisinier, maître d'hôtel, serveur…

• LES LIEUX DE TRAVAIL

L'**entreprise** est le lieu où beaucoup de personnes travaillent. Elle produit des biens et des services.
L'**usine** est le lieu de fabrication des biens. Les salles de fabrication sont des **ateliers**.
L'**atelier** est aussi le lieu où travaille un artiste. Certains artistes ont la chance de faire leur spectacle dans les **maisons de la culture** des villes, qui participent à la diffusion de la culture.
Dans une **galerie d'art** privée, des **œuvres d'art** sont exposées et proposées à la vente.
Sur un **chantier**, les personnes construisent ou détruisent un bâtiment.
La **ferme** (avec des animaux) ou l'**exploitation agricole** est le lieu de travail des agriculteurs.
Les (étudiants) chercheurs font leurs travaux et leurs expériences dans des **laboratoires de recherche**.

▶ **Pour communiquer**

– Tu fais quoi comme travail ?
– Je suis institutrice. Et toi, tu es / tu travailles dans quoi ?
– Dans l'enseignement aussi : je suis prof de maths !

– Dans quelle entreprise tu travailles ?
– Je travaille dans une société d'informatique.

– Tu travailles dans le public ?
– Oui, je suis fonctionnaire de l'Éducation nationale.

– Ton déménagement est payé par l'entreprise ?
– Oui, parce que je déménage pour des raisons professionnelles.

1. Écoutez et associez un audio à une image. 36

a. Audio ....

b. Audio ....

c. Audio ....

d. Audio ....

e. Audio ....

f. Audio ....

2. Associez un métier à une catégorie socioprofessionnelle.

a. un plombier indépendant ○　　○ **1.** Agriculture

b. un policier ○　　○ **2.** Artisans, commerçants, chef d'entreprise

c. un plombier salarié ○　　○ **3.** Cadres, professions intellectuelles supérieures

d. un agriculteur ○

e. un médecin qui travaille ○　　○ **4.** Professions intermédiaires
en libéral

○ **5.** Employés

f. un professeur des écoles ○　　○ **6.** Ouvriers

3. Complétez les phrases.

a. Un ingénieur ferroviaire travaille dans le domaine de l'................ .

b. Une profession qui s'exerce de manière indépendante est une profession ....

c. Quand on a un employeur, on est ....

d. Dans une galerie, on expose des ....

e. Un maître d'hôtel travaille dans la ....

f. Un poste où la personne a des responsabilités est un ....

g. On dit qu'une personne qui a beaucoup d'influence et de pouvoir a le ....

4. Vrai ou faux ? Quand c'est faux, donnez la réponse correcte.

a. Un professeur des écoles travaille dans un collège.
☐ Vrai ☐ Faux : ....

b. Un graphiste travaille dans le domaine de l'information et la communication.
☐ Vrai ☐ Faux : ....

c. Un maçon peut être artisan ou ouvrier.
☐ Vrai ☐ Faux : ....

d. Les agriculteurs travaillent sur un chantier.
☐ Vrai ☐ Faux : ....

e. Un conseiller bancaire travaille dans le bâtiment.
☐ Vrai ☐ Faux : ....

f. Les déménageurs démontent les gros meubles avant de les mettre dans leur camion.
☐ Vrai ☐ Faux : ....

5. Écoutez et écrivez le métier de chaque personne. 🎧 37

a.	b.	c.	d.	e.	f.
....	....	....	....	....	....

6. Soulignez la réponse correcte.

a. Avant de déménager les gros meubles, on les [démonte / remonte].

b. Les inactifs sont des personnes qui [cherchent un travail / ne sont pas inscrites au chômage].

c. Une secrétaire d'administration scolaire travaille dans le domaine de [l'administration / l'éducation].

d. Travailler pour l'État, c'est travailler dans le secteur [privé / public].

e. Un avocat qui a son propre cabinet a le statut [de salarié / d'indépendant].

7. Écoutez et répondez aux questions. 🎧 38

a. Aujourd'hui, où travaille l'homme qui a témoigné sur le site et quel poste occupe-t-il ?

....

b. Pourquoi la copine de Margot a-t-elle changé de vie ?

....

c. Que fait-elle aujourd'hui ?

....

d. Quel est le domaine d'activité de Solène aujourd'hui ?

....

e. Dans quel domaine souhaiterait-elle travailler ? Que voudrait-elle faire et pourquoi ?

....

f. Que fait Margot ?

....

8. Lisez le texte et répondez aux questions.

Grenoble, située au cœur des Alpes, est une ville où la vie culturelle est riche. Ses musées, ses cinémas, ses galeries d'art, ses théâtres, ses salles de spectacle proposent aux habitants et aux visiteurs de nombreuses activités culturelles. Une des salles de spectacle les plus fréquentées est la maison de la culture. Comme toutes celles qui existent en France, elle a été créée en 1961 à l'initiative d'André Malraux, alors ministre des Affaires culturelles ; elle offre une programmation très variée. Grenoble attire également les visiteurs avec son important pôle scientifique. De nombreuses entreprises et laboratoires de recherche accueillent des travailleurs venus des quatre coins du monde. Enfin, Grenoble est célèbre pour son centre hospitalier universitaire (CHU), dont certains services sont très réputés, notamment le service cardiologie.

a. Quels sont les trois atouts de Grenoble ?

....

b. Que peut-on dire de la vie culturelle de Grenoble ?

....

c. Où est-il possible de voir des expositions et éventuellement d'acheter des œuvres ?

....

d. La maison de la culture existe-t-elle seulement à Grenoble ?

....

e. Dans quels lieux les scientifiques étrangers viennent travailler quand ils viennent à Grenoble ?

....

9. Racontez le parcours d'une personne qui a changé d'activité professionnelle en utilisant les mots proposés.

[fonctionnaire – indépendant – public – une société – travailler dans]

Ex. : Vincent a passé son bac professionnel pour être peintre en bâtiment.

 PRENEZ LA PAROLE !

10. Racontez tous les métiers que vous avez souhaité exercer depuis l'enfance et pourquoi. Dites ce que vous pensez de ces métiers aujourd'hui.

Ex. : Quand j'étais petit(e), je voulais être journaliste, voyager dans des pays différents, rencontrer des gens intéressants…

11

Les conditions de travail et les revendications

J'ai eu un CDI !

ÉCOUTEZ

Document   *France Info*, Estelle Faure, 16 décembre 2015   39

« — Pourquoi existe-t-il, le SMIC ?
— Le SMIC a une grande utilité. D'abord, il protège les salariés, il assure un minimum de revenus. »

Contexte : Bernard Vivier, directeur de l'Institut supérieur du travail, présente le SMIC et son rôle.

L'ÉDUCATION ET LE MONDE PROFESSIONNEL

RÉPONDEZ

Répondez aux questions.

a. Qui interroge Bernard Vivier ?

....

b. Qu'est-ce que le SMIC ? Complétez.

.... interprofessionnel de croissance.

c. Est-ce qu'une entreprise peut employer une personne et lui proposer un salaire inférieur au SMIC ? Justifiez.

....

d. Le SMIC protège les salariés. En quoi protège-t-il aussi les entreprises ?

....

e. Au 1er janvier 2016, combien gagne un salarié au SMIC ?
☐ 9,62 euros de l'heure brut   ☐ 9,67 euros de l'heure brut   ☐ 9,67 euros de l'heure net

f. Qui ne peut pas bénéficier du SMIC ?

....
....
....

• LE TRAVAIL, LES CONDITIONS DE TRAVAIL

Quand une personne commence à travailler, elle **signe** un **contrat de travail**. Ce document l'engage à produire un travail contre un **salaire** / une **rémunération** (argent gagné en échange de son travail). La personne qui **perçoit** (gagne) un salaire dans le cadre d'un contrat de travail est un **salarié**. Quand on travaille dans un bureau, un magasin ou chez un particulier, on est un **employé**.

Le contrat de travail peut être un **CDI** (contrat à durée indéterminée), un **CDD** (contrat à durée déterminée, de 6 mois par exemple) ou un contrat de travail **temporaire / intérimaire** (le temps de réaliser un travail précis, une **mission**). On peut travailler **à plein temps** (100 %), **à mi-temps** (50 %) ou **à temps partiel** (70 % ou 80 %, par exemple). En France, le temps plein correspond à **35 heures** par semaine.

Un **employeur** (société ou personne qui emploie des salariés) ne peut pas payer un salarié moins que le **SMIC** (salaire minimum interprofessionnel de croissance), mais il peut refuser une **demande d'augmentation de salaire** (+ 2 % par exemple) **annuelle** (par an).

Les salariés reçoivent tous les mois un **bulletin de salaire** (document qui atteste leur salaire). Sur ce document, il y a le salaire **brut** (sans aucune déduction) et le salaire **net** (ce qu'on perçoit réellement, après déductions) **mensuel** (gagné chaque mois).

Chaque salarié doit payer des **impôts sur le revenu** (taxes sur l'argent qu'il a gagné). Il doit d'abord faire une **déclaration d'impôts** (dire combien il a gagné pendant l'année), attendre son **avis d'imposition** (on lui dit combien il doit payer), puis payer ses impôts. On peut faire sa **déclaration en ligne** (sur Internet).

Un travail peut être **ennuyeux** (manquer d'intérêt) ou bien intéressant, voire **passionnant**. Selon les professions, les **conditions de travail** sont plus ou moins bonnes. Le problème du **stress** ① (émotion négative, angoisse) au travail est fréquent. Certains métiers sont **pénibles** ② (difficiles physiquement ou qui demandent un rythme de travail intense). On peut avoir un travail qui n'est pas **stable** (l'avenir professionnel est difficile à planifier pour l'employé).

Les salariés d'une entreprise sont assurés s'ils sont victimes d'un **accident du travail** (accident sur le lieu de travail ou sur le trajet qui mène au travail). Ils sont alors **arrêtés** (ils ne travaillent plus) par un médecin. Ils **reprennent le travail** (recommencent à travailler) quand celui-ci estime que c'est possible.

• LA RECHERCHE D'EMPLOI

Après ses **études** ou sa **formation** (apprentissage théorique et / ou pratique), ou après un **stage** de fin d'études (période où on met en pratique chez un professionnel ce qu'on a appris pendant les études), on entre sur le **marché du travail** : c'est le lieu de rencontre entre l'**offre** (les entreprises qui emploient) et la **demande** (les personnes qui cherchent un travail).

En France, quand on cherche du travail, on doit **s'inscrire à Pôle Emploi**, l'établissement public qui met en contact les **demandeurs d'emploi** (les chômeurs) et les entreprises.

Une fois inscrits, les demandeurs d'emploi bénéficient d'un accompagnement dans leur **recherche d'emploi**. Par exemple, on les aide à faire un **CV** (*curriculum vitae*) et une **lettre de motivation** (lettre qui explique pourquoi on souhaite faire un travail), on leur envoie des **offres d'emploi** qui correspondent à leur **expérience professionnelle** (les différentes expériences d'un salarié), on les met en contact avec des employeurs ou des **agences d'intérim** (qui proposent des contrats temporaires), etc.

Il faut également s'inscrire si on est **licencié** / en cas de **licenciement** (l'employeur a rompu le contrat). C'est Pôle Emploi qui s'occupe des **allocations chômage** : cette somme d'argent versée aux chômeurs est calculée en fonction de leur précédent salaire.

Si on **démissionne** (on quitte son travail), on n'a pas le droit au chômage (aux allocations).

• LES ORGANISATIONS PROFESSIONNELLES, LES REVENDICATIONS

En France, plusieurs **syndicats** / **organisations syndicales** défendent les intérêts communs des salariés, comme par exemple la CFDT, la CGT, FO.

Quand ils pensent que c'est utile, les syndicats **appellent** les salariés **à la grève** / **à se mettre en grève** (arrêt collectif du travail) pour que l'employeur accepte leurs demandes.

Les syndicats peuvent aussi organiser une **manifestation** pour exprimer leurs **revendications** (des demandes qu'ils estiment indispensables). Les manifestants crient des **slogans** (phrases marquantes assez courtes, répétées pour diffuser une opinion) et distribuent des **tracts** (papiers imprimés qu'on donne gratuitement pour informer sur un sujet).

un **tract** ⟶

des **manifestants**

une **banderole**

Dans les entreprises, il peut y avoir un **délégué syndical** : ce représentant du syndicat de l'entreprise expose à l'employeur les revendications des salariés ou leurs propositions. Ensemble, ils **négocient** (discutent) pour arriver à un accord.

Il y a également des **délégués du personnel** / **représentants** qui rapportent à la direction les demandes salariales sur les questions des conditions de travail, d'hygiène et de sécurité.

Dans les entreprises de plus de 50 salariés, il y a un **comité d'entreprise** (un **CE**). Il est composé des représentants du personnel et syndicaux et présidé par l'employeur. Les salariés s'expriment sur les orientations stratégiques, les conditions de travail, les activités sociales et culturelles, etc. de l'entreprise.

L'ÉDUCATION ET LE MONDE PROFESSIONNEL

▶ **Pour communiquer**

– *J'ai eu un CDI !*
– *Félicitations ! C'est vraiment super !*

– *Elle est passée à mi-temps cette année.*
– *Avec 4 enfants, je comprends !*

– *2500 euros ! C'est ton salaire net ?!*
– *Non, c'est mon salaire brut...*

– *Je peux avoir des places moins chères pour aller voir un spectacle de danse !*
– *Ah bon ? Et comment ?*
– *Par mon CE !*

– *Tu as fait ta déclaration d'impôts ?*
– *Pas encore, on a jusqu'à dimanche pour la faire...*

1. Écoutez et complétez. 🎧 40

a. J'ai signé mon .... hier et je commence lundi.

b. Elle préfère travailler ...., le temps que ses enfants grandissent.

c. Elle reçoit ses .... chez elle, par courrier.

d. Il ne connaît que son salaire ...., pas son salaire .... !

e. Le .... a un peu augmenté cette année.

f. Envoyez-moi votre .... et une ...., je verrai ce que je peux faire.

g. Pourquoi tu ne cherches pas dans les .... ? Ça te conviendrait peut-être mieux ?

2. Classez les mots dans le tableau.

[accident du travail – augmentation de salaire – CDI – licencier – passionnant – pénible – (travail) stable – stress]

Mots positifs	Mots négatifs

3. Associez un mot à une définition.

a. une déclaration d'impôts o

b. un délégué syndical o

c. un demandeur d'emploi o

d. l'expérience professionnelle o

e. une organisation syndicale o

f. une revendication o

o 1. Personne choisie par un syndicat pour représenter les salariés d'une entreprise.

o 2. Document où on déclare le montant de ses revenus annuels.

o 3. Groupe de personnes qui défendent les salariés.

o 4. Demande effectuée par un salarié parce qu'il la trouve indispensable.

o 5. L'ensemble des activités professionnelles qui se trouvent sur un CV.

o 6. Personne inscrite à Pôle Emploi et qui cherche du travail.

4. Écoutez et entourez les 8 mots entendus dans la grille. 41

B	O	P	M	G	R	N	C	D	G	F	D	R	N	K
R	E	M	U	N	E	R	A	T	I	O	N	X	C	S
R	N	F	H	O	M	J	J	R	V	K	C	S	Z	C
F	N	D	E	S	P	S	T	R	A	C	T	N	M	C
Y	U	E	G	N	L	C	L	A	D	G	Y	N	G	D
U	Y	O	E	A	O	O	A	O	D	X	C	V	J	P
N	E	J	B	L	Y	J	E	L	G	G	D	E	V	T
B	U	R	E	V	E	N	D	I	C	A	T	I	O	N
H	X	A	A	L	U	G	E	B	N	V	N	D	Y	G
G	W	Q	Z	J	R	T	J	O	N	M	B	V	F	D
J	Y	A	E	N	L	S	L	H	R	Y	T	R	E	U
U	E	S	Y	N	D	I	C	A	T	U	K	B	U	U
I	E	I	E	L	O	V	F	R	J	V	R	J	I	T

5. Écoutez et associez un dialogue à une expression. 42

	Allocation chômage	Avis d'imposition	Contrat temporaire	Mi-temps	Salaire net	Temps partiel
Dialogue	…	…	…	…	…	…

6. Soulignez la réponse correcte.
  a. J'ai un contrat pour 6 mois : j'ai [un CDD / un CDI].
  b. On a un accident du travail si l'accident a lieu [sur le chemin qui mène au travail / sur le chemin du retour].
  c. Pour créer un comité d'entreprise, il faut plus de [50 salariés / 100 salariés] dans l'entreprise.
  d. L'expression « avoir du pain sur la planche » signifie [avoir beaucoup de travail / avoir un travail difficile à faire].
  e. Si on a un problème avec son employeur, on fait appel [à Pôle Emploi / aux syndicats].
  f. Dans une manifestation, les manifestants [font la grève / portent des banderoles].

7. Écoutez et répondez aux questions. 43
  a. Pourquoi Sophie est-elle fatiguée ?
  ....
  b. Comment a commencé sa journée ?
  ....
  c. Qu'est-ce que Sophie et ses collègues ont fait après ?
  ....
  d. Vont-ils faire une autre journée de grève ?
  ....
  e. Quelles sont leurs revendications ?
  ....

L'ÉDUCATION ET LE MONDE PROFESSIONNEL

8. Lisez le texte et répondez aux questions.

Pôle Emploi, c'est quoi ?

L'organisme Pôle Emploi existe depuis 2008. Il est le résultat de la fusion entre l'ANPE (Agence nationale pour l'emploi), créée en 1967 et l'ASSEDIC (Association pour l'emploi dans l'industrie et le commerce), créée en 1958.
Le rôle de Pôle Emploi est de s'occuper des personnes qui cherchent du travail : les jeunes qui arrivent sur le marché du travail après leurs études, les personnes qui sont en fin de contrat (CDD, intérim), les personnes qui ont été licenciées ou bien qui souhaitent changer de vie professionnelle. Tout d'abord, il inscrit les demandeurs d'emploi au chômage, puis il les accompagne dans leur recherche d'emploi ou leur création d'entreprise. Il assure également le versement des allocations chômage quand la situation le permet : il faut avoir travaillé quatre mois à plein temps (122 jours) ou 610 heures au cours des 28 derniers mois pour avoir droit aux allocations chômage.
Un site Internet existe pour faciliter les démarches des demandeurs d'emploi. Ils peuvent, entre autres, y consulter les offres d'emploi.
www.pole-emploi.fr

a. Comment est né Pôle Emploi ?

b. De quelles personnes s'occupe-t-il ?

c. Quelle est la première chose que fait Pôle Emploi pour un demandeur ?

d. Pôle Emploi a-t-il un rôle financier auprès des demandeurs d'emploi ? Justifiez.

e. Dans quelles conditions un demandeur d'emploi a-t-il droit aux allocations chômage ?

f. Que peut faire, par exemple, un demandeur d'emploi sur le site de Pôle Emploi ?

9. Voici les caractéristiques de votre ancien travail. Depuis, votre vie professionnelle a beaucoup changé et s'est améliorée. Écrivez un mail à un(e) ami(e) pour lui raconter ces bouleversements. Précisez en quoi vos conditions de travail sont bien meilleures.

> **Poste :** vendeuse
> **Type de contrat :** CDD
> **Temps partiel**
> **Salaire :** SMIC

 PRENEZ LA PAROLE !

10. Vous vous présentez à un entretien professionnel. L'employeur vous pose des questions sur vos expériences professionnelles, vous l'interrogez sur les conditions de travail. Par deux, jouez la scène.

Ex. : Bonjour, je suis Gabriel Mallet, ingénieur en informatique...

Les activités culturelles et sportives

Son dernier film fait un tabac en ce moment !

Document   *Que font-ils le dimanche*, RTL, 6 mars 2016   🎧 44

« — *Que faites-vous le dimanche, Bruno Salomone ?*
— *Ça vous intéresse vraiment ?*
— *Ah ben ouais, j'ai envie de savoir.*
— *Je cherche quoi faire, en fait, le dimanche.*
Je cherche une occupation. »

Contexte : Sophie Aurenche interroge
Bruno Salomone sur ses activités
du dimanche.

RÉPONDEZ

Répondez aux questions.

a. Qu'est-ce que *Que font-ils le dimanche* ?
☐ un bulletin d'information
☐ une émission diffusée chaque semaine
☐ un magazine sur des sujets d'actualité

b. Pourquoi Bruno Salomone est-il connu du public ?
☐ Il a écrit des romans.
☐ Il a joué dans des séries à la télévision.
☐ Il est animateur à la radio.

c. Que va-t-il faire en septembre ?
☐ Il va être le réalisateur d'une série.
☐ Il va jouer dans un film.
☐ Il va jouer dans un spectacle.

d. D'après l'animatrice, que fait Bruno le dimanche ?

....

e. Pourquoi est-ce que Bruno essaie de ne pas « bosser » (travailler) son spectacle le dimanche ?

....

f. Où peut-on croiser Bruno le dimanche ? Qu'aime-t-il faire ?

....

g. Vers quelle heure joue-t-il sur scène le dimanche ? Pourquoi ce n'est pas la même chose que le soir ?

....

• LES ACTIVITÉS CULTURELLES

Dans beaucoup de villes en France, il y a une **programmation culturelle** riche.

Il est possible d'aller voir des **expositions** (de peinture, de photographie…) et d'**assister à** (être présent à, voir) des **spectacles** : par exemple, un **concert** dans un **festival** de jazz, un **opéra**, une **comédie musicale** ①, une **pièce de théâtre**, un **spectacle de danse**, un spectacle de **magie** ② ou **de rue** ③…).

Quand les **comédiens / comédiennes** qui jouent dans une pièce de théâtre sont connus, certaines **représentations** (le fait de jouer la pièce) attirent tellement de **spectateurs / spectatrices** (les personnes qui sont venues voir la pièce) qu'il faut **réserver** longtemps à l'avance. Sans **réservation**, il est impossible d'avoir une **place**, surtout près de la **scène** ④.

Heureusement, les comédiens **interprètent** (jouent) plusieurs fois le spectacle.

Il ne faut pas confondre un **réalisateur /** une **réalisatrice** et un(e) **metteur(e) en scène**. Au cinéma, le réalisateur est celui qui dirige un film et les **acteurs / actrices**. Au théâtre, le metteur en scène est celui qui dirige une pièce de théâtre et les comédiens.

> 📷 **EXPRESSION IMAGÉE**
>
> **Faire un tabac :** avoir un grand succès.
> « *Le dernier film de Xavier Dolan fait un tabac. Les séances sont complètes.* »
>
>

À certains moments de l'année, il est possible d'assister à des expositions thématiques : c'est le cas des **salons** ou des **foires**. Pour les amateurs de lecture, il y a le salon du livre ; pour les fans de voitures, il y a le salon de l'automobile, etc.

Pour choisir une sortie, il existe des magazines spécialisés qui **critiquent** (donnent des avis sur) les spectacles. On peut ainsi savoir si un spectacle est très **réussi**, **drôle** ou **exceptionnel** et éviter les spectacles **ennuyeux**, **mal réalisés** ou **ratés**.

• LES LOISIRS

Les gens pratiquent des loisirs en fonction de leurs **goûts** (ce qu'ils aiment) et de leurs **(centres d') intérêt(s)** (ce qui les intéresse).

On peut par exemple s'intéresser aux activités manuelles, comme le **bricolage** (on **bricole** : on répare et on monte des objets, souvent chez soi) ou encore le **jardinage** (on **jardine** : on s'occupe des fleurs, des plantes ou des arbres de son jardin).

D'autres **se passionnent pour** (ont une passion, un grand intérêt pour) des objets qu'ils aiment **collectionner** (rassembler) : ils font des **collections** de timbres ou encore de pièces.

Pour **se distraire** (se détendre, s'amuser), certains préfèrent **lire** ou **écouter de la musique**. Pour cela, on peut aller à la **médiathèque**, et **emprunter** (emmener chez soi puis rendre) des ouvrages, des CD ou des DVD, ou même voir une exposition.

Le vendredi soir et le week-end, certaines personnes aiment **aller danser** (en discothèque / en boîte, par exemple).

Enfin, d'autres passent du temps devant leur **télévision** à regarder des **émissions** de variété, des films, des documentaires, du sport ou encore des **séries** : ce sont des **téléspectateurs / téléspectatrices**.

• LES JEUX ET LES SPORTS

Pendant son **temps libre**, on peut aussi jouer à des **jeux de hasard** (on gagne si on a de la chance)
ou à des **jeux de société** (jeux qui se jouent généralement en famille ou entre amis, autour d'une table) :
on peut faire une **partie** ou même un **tournoi** (une compétition) de **cartes** ①, de **bingo** ②, de **dominos** ③,
de **dames** ④, d'**échecs** ⑤... D'autres personnes aiment jouer aux **boules** / à la **pétanque** (jeu extérieur
qui consiste à lancer des boules de métal).

Les Français / les Françaises sont **sportifs / sportives** : près de 16 millions d'entre eux **s'entraînent**
(pratiquent un sport) dans un **club**. Le sport le plus populaire est le **football**, suivi du **tennis**, de
l'**équitation** et du **judo**. Il y a 20 clubs professionnels en Ligue 1, le **championnat** de France de football.

La **finale** (le dernier match d'une rencontre sportive) de la coupe
d'Europe de football 2016 s'est jouée au **Stade de France**
(près de Paris), qui peut accueillir un **public** de plus
de 80 000 **supporters** ① / spectateurs. Le **terrain** ② est entouré
d'une **piste** ③ d'athlétisme, on peut donc y organiser d'autres
rencontres sportives.

Jo-Wilfried Tsonga est un des meilleurs joueurs de tennis français.
En 2012, aux **Jeux Olympiques** de Londres, il a **joué contre** le canadien Milos Raonic. Il **a battu**
(gagné contre) son **adversaire** en trois sets : Tsonga a été désigné comme le **gagnant**, Raonic comme
le **perdant**. Beaucoup se souviennent de ce **match**, car il a duré 4 heures !
Parfois, il peut y avoir **match nul** (les joueurs ont le même nombre de points).

• LES ACTIVITÉS DE PLEIN AIR

Pendant l'été, beaucoup de gens font du **camping**. On trouve des **campeurs / campeuses**
(les personnes qui font du camping) à la mer, à la campagne et à la montagne.
Les **promeneurs / promeneuses** (les personnes qui aiment se promener) choisissent
des endroits où il y a beaucoup de **chemins** (petites voies dans la nature) pour faire
des **balades** (des promenades) ou des **randonnées** (à pied ou à vélo) et où on peut
facilement **pique-niquer**. Le matériel indispensable des promeneurs, ce sont
les **chaussures de marche** ① et l'**appareil photo** ② !

▶ Pour communiquer

– *Tu t'intéresses au jardinage, toi, maintenant ?*
– *Oui, ça me détend. D'ailleurs, ce week-end,
je vais au salon du jardinage, à Paris. Tu viens
avec moi ?*
– *Ça ne me passionne pas vraiment, tu sais...*

– *J'aimerais bien sortir ce week-end, mais je
n'ai pas trop d'idées...*
– *Ben, pourquoi tu ne viens pas au musée
Guimet avec nous ? Il y a une exposition de
peintures japonaises en ce moment.*

– *Tu crois que la France va battre l'Allemagne
en finale ?*
– *Je sais pas. La dernière fois qu'ils ont joué
contre eux, ils ont fait match nul.*

– *Le dernier spectacle du Cirque du Soleil
affiche complet depuis plusieurs semaines.
Impossible d'acheter un billet !*
– *C'est vraiment pas de chance...*

1. Complétez la grille.

Horizontal →

2. Personne qui encourage un sportif ou une équipe.
6. Rassembler des objets d'un même genre, souvent pour le plaisir.
8. Objets ronds, généralement en métal, qu'on utilise dans un jeu d'extérieur du même nom.
9. Lieu où on peut lire, écouter de la musique ou emprunter des CD et des DVD.
10. Endroit où on pratique certains sports. Il est généralement fait avec de l'herbe ou de la terre.

Vertical ↓

1. Travailler dans un jardin.
3. Personne qui réalise un film.
4. On va en voir un pour se distraire. Il peut être musical, de magie ou de rue.
5. On en fait une quand on joue aux cartes.
7. Jouer un rôle.

2. Remettez les lettres dans l'ordre pour former des mots. Aidez-vous des images.

a. PIRATE : ....
b. TRACES : ....
c. APÉRO : ....
d. PROFITS : ....
e. TRAINER : ....

3. Barrez l'intrus.

a. adversaire – battre – club – faire match nul – gagnant – perdant
b. balade – bricoler – campeur – chemin – promeneur – randonnée
c. boules – dames – dominos – jeu de hasard – partie – piste
d. goût – intérêt – se détendre – se distraire – se passionner – téléspectateur
e. interpréter – réalisateur – représentation – scène – spectacle – supporter

LES LOISIRS

4. Écoutez et associez un audio à une image. 45

a. Audio ....

b. Audio ....

c. Audio ....

d. Audio ....

5. Écoutez et associez une annonce radio à un type d'événement culturel ou sportif. 46

a. Un salon	**b.** Un film à la télévision	**c.** Une pièce de théâtre	**d.** Une comédie musicale	**e.** Une rencontre sportive
....	....	....	....	....

6. Complétez le tableau.

Le verbe	L'activité ou le nom	La personne
....	....	un(e) collectionneur(-euse)
camper	....	....
....	une promenade	....
jouer aux cartes	....	....
....	le bricolage	....
....	....	un(e) jardinier(-ère)

LES LOISIRS

7. Lisez le texte et complétez le tableau.

Dans le parc naturel du Mercantour, à Saint-Martin-Vésubie, notre village de vacances vous accueille dans un cadre agréable et reposant pour vous distraire et passer des vacances sportives en famille.

En juillet, nous vous proposons un grand nombre d'activités...

• Les passionnés de nature pourront partir en balade ou randonnée à la journée dans les montagnes avec notre moniteur Laurent (ne pas oublier d'emporter de bonnes chaussures de marche et un appareil photo) et pique-niquer dans la vallée des Merveilles près de la forêt. Au retour, les meilleures photos seront choisies pour l'exposition de la semaine.

• Les enfants de 6 à 12 ans pourront profiter de notre terrain de jeux l'après-midi et ceux qui s'intéressent à la magie pourront assister à un spectacle en soirée.
• Le soir, les amateurs de jeux de société pourront faire des parties de cartes ou de dames. Un tournoi de bingo sera également proposé chaque semaine.

D'autres activités à proximité
En juillet, ne manquez pas le Nice Jazz Festival (à seulement 1 h 30 en voiture) : de nombreux concerts de qualité ont lieu dans la ville.

Lieu de vacances	
Activités de plein air	• •
Activités culturelles	• •
Activités pour les jeunes	• •
Jeux de société	• •

8. Écoutez ces titres de l'actualité. Écrivez des phrases pour expliquer les événements. 47

Ex. : Début du Tour de France dans une semaine.

→ Le Tour de France commence dans une semaine.

a.

b.

c.

d.

 PRENEZ LA PAROLE !

9. Sur le modèle de l'émission de radio *Que font-ils le dimanche ?* (p. 77), interrogez-vous en groupes sur vos activités du dimanche. Parlez de vos goûts et précisez quelles sont vos activités culturelles et sportives préférées.

Ex. : Qu'est-ce que tu aimes faire le dimanche ?

LES LOISIRS

13

Les transports publics

Tu as une carte Jeune ?

OBSERVEZ

Document

TRANSRÉGION

Les points de vente Transrégion

Vous pouvez acheter vos titres de transport dans les points de vente Transrégion ou auprès des chauffeurs d'autocar.

Attention, si vous prenez l'autocar à la gare routière, vous ne pouvez pas acheter votre titre de transport au chauffeur. Il faudra l'acheter avant, soit au distributeur automatique de la gare, soit à la billetterie de la gare SNCF, soit sur http://transregion.fr.

Les titres de transport

Le billet simple
Il permet de réaliser un trajet simple sans correspondance. Il n'est plus valable à la descente du véhicule.

La carte 6 trajets
Elle est valable pour 6 trajets d'une durée d'1 h dans la zone 1, d'1 h 30 dans la zone 2 et de 2 h dans les zones 3 et plus. Cette carte est rechargeable. Les 6 trajets sont valables un an (plus d'infos sur les zones tarifaires).

Le pass week-end
Il s'agit de trajets qu'on peut réaliser pendant tout le week-end dans la région. Les allers-retours et les correspondances sont illimités. Ils sont réservés aux déplacements dans les zones 1, 2 et 3 (plus d'infos sur les zones tarifaires).

Les zones tarifaires

Titre de transport / Zone	Zone 1	Zone 2	Zone 3	Zone 4	Zone 5	Zone 6
Billet simple	3,50 €	4,70 €	5,90 €	7,10 €	8,30 €	9,50 €
Carte 6 trajets	10,60 €	15,90 €	21,20 €	26,50 €	31,80 €	37,10 €
Pass week-end	20,80 €	25,60 €	35,10 €	43,20 €	47,70 €	50 €

RÉPONDEZ

Répondez aux questions.

a. Quelles informations donne ce site Internet ?

b. Quel moyen de transport propose Transrégion ?

c. Que peut-on acheter dans les points de vente ?

d. Qu'est-ce qui change si on part de la gare routière ?

e. Peut-on utiliser un billet simple si on change de bus ?

f. Quand la carte 6 trajets est finie, doit-on en racheter une autre ?

g. Pendant combien de temps peut-on utiliser la carte 6 trajets ?

• LE BUS ET L'AUTOCAR

À la **gare routière** (la gare pour les bus), on **prend** le bus ou l'**autocar** (un bus qui fait des trajets plus longs). Dans l'autocar, tous les passagers doivent être assis à leurs **sièges** (places). Dans les bus, il est possible de rester debout. Quand un autocar est **complet**, le **chauffeur** (le conducteur) n'accepte plus de passagers. On **monte** dans le bus et on **descend** du bus à un **arrêt**. Un bus va **en direction / à destination de** (va vers) l'endroit où on veut aller. Le dernier arrêt s'appelle le **terminus**. Aujourd'hui, en France, tous les bus et les autocars ont un **accès pour**  **handicapés** : les personnes à mobilité réduite peuvent monter dans le bus en fauteuil roulant.

Il existe différentes **lignes** de bus (différents trajets). Parfois, il faut effectuer un **changement** / une **correspondance** (changer de ligne) pour arriver à destination.

• LE TRAMWAY ET LE MÉTRO

En ville, il peut y avoir des tramways (trams). Dans certaines villes, il y a le métro. Celui-ci s'arrête dans différentes **stations**.
Pour prendre ces moyens de transports, il faut **valider** son **ticket**.

• LE TRAIN

On prend le train à la gare **ferroviaire** pour aller d'une ville à une autre. Quand le train arrive de Paris, par exemple, il est **en provenance de** Paris.

Pour voyager en train, on doit acheter un **billet** qu'il faut **composter** (valider dans une machine) avant le départ. On peut voyager en **première classe** (le voyage est plus confortable, mais le billet plus cher) ou en **seconde classe**. Les billets peuvent être **échangeables** (on peut **échanger** le billet : changer la date ou l'heure du départ) ou **remboursables** (on peut annuler le billet et récupérer l'argent).

En France, les **TGV** (trains à grande vitesse nommés InOui) sont plus **rapides** que les **TER** (transport express régional). Le **tableau / panneau d'affichage** indique si le train **a de l'avance** (arrive plus tôt que prévu) ou **du retard** (arrive plus tard que prévu). On peut également demander des **renseignements** à l'**accueil** de la gare ou au bureau d'informations. En général, c'est aussi un **point de rencontre** pour les personnes qui souhaitent se retrouver.
Il est possible de laisser ses bagages dans une **consigne**.
Si le train a plusieurs heures de retard, on peut faire une **réclamation** (demander à ce qu'une partie du prix du billet soit remboursée).

• LES TITRES DE TRANSPORT

On achète les **titres de transport** (billets et / ou tickets) dans une **billetterie**. Dans certaines gares, on peut trouver des **distributeurs automatiques** (automates).
Certaines personnes peuvent acheter leur titre de transport à **tarif** (prix) **réduit** (plus bas). Il existe le **tarif enfant**, le **tarif handicapé**, le **tarif jeune**, le **tarif famille nombreuse** (pour des familles avec trois enfants ou plus), le **tarif senior** (pour les personnes âgées).

Si on n'a pas de réduction, on peut acheter un **carnet** de 10 voyages : c'est plus avantageux que de payer le **ticket à l'unité** (payer chaque ticket individuellement).
Il est également possible de prendre un **abonnement mensuel** (pour un mois) ou **annuel** (pour un an).

FRANCOPHONIE

Un simple course : un aller simple.
« Genève simple course, s'il vous plaît. »   Suisse

Dans ce cas, on nous **délivre** (donne) une carte qui va être notre titre de transport pendant la période payée. Quand cette période arrive à sa fin, la carte n'est plus **valable** (on ne peut plus l'utiliser) et le **détenteur** / la **détentrice de la carte** (le / la propriétaire de la carte) doit la **recharger** (repayer pour une nouvelle période).

• L'AVION

Aujourd'hui, de nombreux sites proposent la vente des **billets d'avion** en ligne (sur Internet).

L'avion **décolle** (part, commence à voler) et **atterrit** (arrive, se pose) dans un **aéroport**. Un aéroport peut avoir plusieurs **terminaux** (parties d'un aéroport). Souvent, il y a deux étages : un étage pour les **départs** (pour les passagers qui partent) et un étage pour les **arrivées** (pour les passagers qui arrivent). À l'aéroport, on doit d'abord **s'enregistrer** (confirmer sa présence dans l'avion). On peut avoir des **bagages en soute** ① qu'il faut **enregistrer** et / ou des **bagages à main** ② qu'on garde avec soi dans l'avion.

Ensuite, il faut passer le **contrôle de sécurité / sûreté** (pour montrer qu'on ne transporte pas d'objets dangereux) puis se diriger vers la **porte d'embarquement** (la porte par laquelle on passe pour monter dans l'avion).

Le **pilote / commandant de bord** ③ conduit l'avion. Il est dans la **cabine de pilotage** avec le **copilote** ④.

📷 **EXPRESSION IMAGÉE**

Arriver à bon port : arriver sans accident.
« Nous sommes arrivés à bon port ! »

Pendant tout le **trajet** (voyage), les **hôtesses** de l'air et les **stewards** (le personnel à bord d'un avion) veillent à ce que le voyage soit **confortable** (commode) et **agréable** (plaisant), et à la sécurité. L'ensemble du personnel s'appelle un **équipage**.

Quand on atterrit, on va récupérer ses bagages au **retrait des bagages**. En sortant, on passe par la **douane** (la police des frontières) où les **douaniers** / **douanières** peuvent **vérifier** (contrôler) qu'on ne transporte pas de **choses à déclarer** (marchandises qu'il faut signaler).

▶ **Pour communiquer**

– *Votre titre de transport, s'il vous plaît.*
– *Voilà, monsieur.*

– *Tu as composté ton billet ?*
– *C'est fait, on peut monter dans le train.*

– *Tu as une carte de transport ?*
– *Oui, un pass annuel. Je prends le tram tous les jours pour aller travailler.*

– *Tu descends à quelle station ?*
– *À Châtelet. Et après je prends la correspondance pour place d'Italie.*

– *Le train en provenance de Paris et à destination de Marseille va entrer en gare, voie 2. Éloignez-vous de la bordure du quai.*

– *Cette valise doit passer en soute, madame. Vous devez payer un supplément de 40 euros.*

1. Écoutez et complétez. 🎧 48

a. Va voir sur le .... !

b. Un .... pour Paris, s'il vous plaît.

c. Ma carte n'est plus valable, je dois la ....

d. Pour aller en Australie, j'ai voyagé en ....

e. Le train en .... de Lyon et à destination de Saint-Étienne arrive en gare.

f. Le billet n'est ni .... ni remboursable.

2. Associez un mot à une image.

[un arrêt – un distributeur automatique – une gare routière – une porte d'embarquement – une porte de sécurité – un steward]

a. ....

b. ....

c. ....

d. ....

e. ....

f. ....

3. Choisissez la réponse correcte.

a. Le train s'arrête :
☐ à la gare ferroviaire.
☐ à la gare routière.

b. L'avion à destination de Marrakech :
☐ va à Marrakech.
☐ vient de Marrakech.

c. Le dernier arrêt s'appelle :
☐ le terminal.
☐ le terminus.

d. Un voyage confortable est un voyage :
☐ commode.
☐ désagréable.

e. Un train qui a de l'avance arrive :
☐ avant l'heure prévue.
☐ après l'heure prévue.

f. Un avion qui atterrit est :
☐ un avion qui part.
☐ un avion qui arrive.

4. Écoutez les définitions et écrivez les mots ou expressions qui correspondent.   🎧 49

a. _____   d. _____

b. _____   e. _____

c. _____   f. _____

5. Vrai ou faux ? Quand c'est faux, donnez la réponse correcte.

a. Le douanier déclare le contenu de notre valise.
□ Vrai   □ Faux

b. Une personne en fauteuil roulant ne peut pas prendre le bus en France.
□ Vrai   □ Faux

c. Quand l'avion part, il décolle.
□ Vrai   □ Faux

d. Un ticket à l'unité est moins avantageux financièrement qu'un carnet de 10 tickets.
□ Vrai   □ Faux

e. Un autocar est complet quand tous les sièges sont occupés.
□ Vrai   □ Faux

6. Écoutez et répondez aux questions.   🎧 50

a. Où se passe la scène ?

b. Que doit mettre le couple sur le tapis ?

c. Pourquoi ?

d. Que se passe-t-il quand une valise dépasse le poids autorisé ?

e. Le couple a-t-il d'autres bagages en plus des deux valises ?

f. Où le couple doit-il aller après avoir enregistré ses valises ?

g. Quelles indications leur donne l'homme pour y arriver ?

h. Que leur souhaite-t-il pour finir ?

7. Complétez le texte avec les mots proposés.

[abonnement annuel – billet – composter – en retard – faire une réclamation – tarifs réduits – TER – TGV – trajet]

Pour des raisons personnelles ou professionnelles, beaucoup de personnes prennent le train chaque année en France. Les Français utilisent aussi bien les .... pour les grandes distances que les .... pour se déplacer dans leur région.

Pour satisfaire au mieux ses clients, la SNCF propose des .... : pour les enfants, les jeunes, les personnes handicapées ou encore les seniors. Par exemple, un enfant de moins de 12 ans ne paie que 50 % de son billet.

Les personnes qui n'ont pas l'âge d'avoir des réductions et qui prennent le train tous les jours ont la possibilité de prendre un .... qui leur coûte moins cher.

La SNCF tente également de contenter sa clientèle quand les trains arrivent très .... Dans ce cas, il est possible pour le client de .... pour demander un remboursement partiel de son .... (entre 25 % et 75 % selon le retard).

Il arrive que certaines personnes montent dans le train sans billet. Elles risquent de payer une amende de 50 euros pour un .... de 150 km maximum (au-delà, c'est bien plus cher). Et il arrive aussi que d'autres oublient de .... leur billet avant de monter dans le train ! Dans ce cas-là, l'amende peut aller jusqu'à 20 euros.

8. Répondez au mail que votre ami vient de vous envoyer.

De : sacha.touille@fle.fr
À : jo.vial@laposte.fr
Salut Joseph,   J'espère que tu vas bien depuis la dernière fois. Je voulais t'annoncer la bonne nouvelle, j'ai été pris dans une École supérieure de commerce et devine où ?!... Dans ta ville ! Je pense habiter dans le centre-ville, comme toi. Est-ce que tu pourrais me donner quelques informations sur les moyens de transport les plus pratiques pour me déplacer, s'il te plaît ? Combien ça coûte pour les étudiants ? Donne-moi des conseils !   Je suis content de savoir qu'on se verra plus souvent cette année !   À très bientôt,   Sacha.

•••• PRENEZ LA PAROLE !

9. Vous demandez des renseignements au bureau d'informations de la gare. Par deux, jouez la scène.

Ex. : – Bonjour monsieur. J'ai rendez-vous avec mon ami au point rencontre, mais je ne le vois pas !

– Bonjour madame. Alors, vous voyez le tableau d'affichage ? C'est juste à droite, à côté de la consigne...

14

Les transports privés

On prend l'autoroute ou la nationale ?

ÉCOUTEZ

Document 51

① – *Bonjour Anaïs, vous êtes prête pour cette
dernière leçon de conduite ? Pas trop stressée ?*
– *Un peu, comme d'habitude. Mais je suis prête.*
– *Alors on y va ! Mais avant de démarrer, qu'est-ce
qu'il faut faire ?*
– *J'attache ma ceinture, je règle le siège et je vérifie
le rétroviseur.*
– *Très bien, alors c'est parti, n'oubliez pas le
clignotant ! Et attention à la piste cyclable sur votre
gauche. Vous allez tourner à gauche, mais attention, pas la première, c'est un sens interdit.*
– *Et là c'est une priorité à droite, hein ?*
– *Oui ! Mais ralentissez un peu, vous dépassez la vitesse autorisée !*
– *Ah oui... en effet ! Je suis les autres qui roulent trop vite !*
– *Vous pourrez accélérer un peu tout à l'heure, on va aller sur la route nationale. Aujourd'hui, comme
il n'y a pas beaucoup de circulation, on ne risque pas d'être coincés dans les embouteillages.*

② – *Salut ! J'ai une bonne nouvelle ! J'ai eu mon permis !*
– *Félicitations ! Ce n'est pas comme moi qui l'ai raté deux fois !*
– *Et comment tu te sens au volant ?*
– *Ça va, mais ce n'est pas toujours facile au début. Il faut faire attention à tout, aux panneaux, aux
vélos, aux piétons, aux voitures qui doublent. Et le plus difficile pour moi, c'est de me garer !*
– *Ah oui, faire un créneau, au début, c'est l'horreur...*
– *Moi je me souviens, quand j'ai eu mon permis, j'avais peur de conduire seule, j'ai mis plusieurs
mois avant de me lancer ! Et aussi, je n'aimais pas faire le plein, c'était l'angoisse !*

RÉPONDEZ

Répondez aux questions.

a. Où se passe le premier dialogue ?

....

b. Que fait Anaïs ?

....

c. Que faut-il faire quand on monte dans une voiture, avant de la mettre en marche ?

....

d. Quelle erreur Anaïs a-t-elle commise en conduisant ?

....

e. Qu'est-ce qui est le plus difficile pour Anaïs depuis qu'elle a son permis ?

....

f. Qu'est-ce qui faisait peur à l'amie d'Anaïs quand elle a commencé à conduire ?

....

LES TRANSPORTS
ET LES VOYAGES

• LES TYPES DE TRANSPORTS ET LES ROUTES

Parmi les transports privés, on compte la **voiture**, le **vélo**, la **moto** ou encore le **scooter**.

Quand on se déplace d'une ville à une autre, on peut prendre différentes **routes**.
• L'**autoroute** est une voie rapide. En France, la majeure partie des autoroutes sont payantes. On doit s'arrêter au **péage** pour payer. Quand on a besoin de faire une pause (pour se reposer, boire un café, manger quelque chose…), on peut s'arrêter sur une **aire de repos**.
• Les **routes nationales**, moins rapides que les autoroutes, n'ont que deux voies. Elles sont gratuites.
• Il existe aussi les **routes départementales**, dont l'importance se situe entre les routes nationales et les chemins de campagne. Elles sont également gratuites.

En ville, les vélos ont souvent un espace réservé à droite de la route, ce sont des **pistes cyclables**. Les cyclistes portent un **casque** pour protéger leur tête. Les rues réservées aux **piétons** (les personnes qui se déplacent à pied) sont des **rues / voies piétonnes**. Dans les régions montagneuses, on traverse parfois des **tunnels**. Ils permettent de traverser la montagne et donc de gagner du temps.

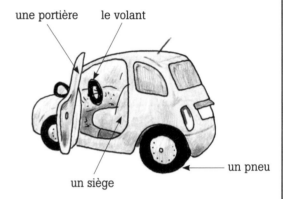

une portière   le volant

un pneu

un siège

Quand le trafic **routier** (sur la route) est important, il y a des **embouteillages / bouchons** (*familier*) : la circulation est difficile parce qu'il y a beaucoup de voitures.

• LA CONDUITE ET LE STATIONNEMENT

À partir de 18 ans, on peut passer le **permis de conduire** (on le **réussit** ☺ / on le **rate** ☹).
Quand on a une voiture, on paye une **assurance auto** chaque mois pour être remboursé en cas d'accident.

Avant de **démarrer** la voiture / **mettre** la voiture **en marche**, on **attache / met** sa **ceinture de sécurité**. S'il fait nuit, on allume les **phares**. Rouler sans allumer ses phares représente un **danger** (c'est dangereux).
On peut **rouler lentement** (à 30 km/h), **accélérer** (passer de 50 km/h à 60 km/h) ou **ralentir** (passer de 80 km/h à 70 km/h). Si le feu est rouge ou s'il y a un panneau « stop », on **freine** pour **s'arrêter** (0 km/h). Si une voiture roule trop lentement devant nous, on peut la **doubler / dépasser** pour aller plus vite. Pour indiquer aux autres automobilistes qu'on **tourne à droite** ou **à gauche**, on met son **clignotant**.

On **entre sur / prend** l'autoroute ou on **sort de / quitte** l'autoroute. Si on ne voit pas la **sortie** assez tôt, on peut la **rater** ; dans ce cas, on sort à la prochaine sortie et on **fait demi-tour** (on repart en sens inverse).

Quand on arrive à destination, on peut **garer sa voiture / se garer / se parquer** (Suisse) dans un **parking** ou sur une **place** dans la rue. Parfois, le **stationnement** est **interdit** : on n'a pas le droit de se garer. Pour se garer entre deux voitures, on **fait un créneau**.
Une fois garé, il ne faut pas oublier d'**éteindre les phares** et de **fermer la voiture à clé**.

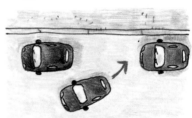

FRANCOPHONIE

Chauffer : conduire.
« Il sait chauffer depuis qu'il a 16 ans. »

QUÉBEC

• LES INDICATIONS ROUTIÈRES ET LES INFRACTIONS

Sur la route, il faut bien regarder les **panneaux**.

 rue à **sens unique**

 priorité à droite (on laisse passer la voiture qui arrive à droite)

 sens interdit

 attention au **virage** (la route tourne)

 vitesse limitée à 70 km/h (70 km/h maximum)

Si on ne respecte pas le **code de la route** (l'ensemble des règles de la route), on peut avoir un **accident**.
On peut aussi avoir une **amende / une contravention** (on doit payer pour la faute commise) : par exemple, si on fait un **excès de vitesse** (on va trop vite).

Dans les situations d'**infraction** (faute commise), la police utilise un **alcootest** pour savoir si l'automobiliste a bu de l'alcool et pour connaître le pourcentage d'alcool qu'il a dans le sang.

 EXPRESSION IMAGÉE

Griller un feu rouge : ne pas s'arrêter au feu rouge.
« Il a grillé un feu rouge et il a failli avoir un accident ! »

• L'ENTRETIEN DE LA VOITURE

Il est conseillé d'amener régulièrement sa voiture chez le **garagiste**. Il pourra **vérifier / contrôler** le **niveau d'huile** ① et l'état de la **batterie** ②, par exemple.

Quand la voiture **tombe** ou **est en panne / ne marche plus / ne fonctionne plus** (on ne peut plus l'utiliser), une **voiture de dépannage** / une **dépanneuse** vient **dépanner** (chercher) le véhicule et l'amène au **garage** pour le faire réparer. Un(e) **garagiste** / un(e) **mécanicien(ne)** s'occupe de la voiture.

Pour mettre du **carburant** dans sa voiture / Pour **faire le plein**, on va dans une **station-service**. Dans les voitures avec un moteur **diesel**, on met du **gasoil / gazole**. Dans les autres voitures, on met de l'**essence**, par exemple du **sans plomb** (qui est plus écologique).
Dans une station-service, on peut aussi profiter du **lavage automatique**. Ainsi, la voiture est propre !

▶ Pour communiquer

– *Bonne route ! / Faites attention sur la route !*

– *Votre permis de conduire, s'il vous plaît !*

– *On prend l'autoroute ou la nationale ?*

– *Oh là là, je suis très mal garé !*

– *J'ai eu du mal à me garer, il n'y avait pas de place !*

– *Je me suis fait arrêter par la police hier soir...*

– *Boire ou conduire, il faut choisir.*

– *Tu as vérifié le niveau d'huile et la pression des pneus ?*

1. Écoutez et complétez. 🎧 52

a. Chérie, tu as fermé la voiture _____ ?

b. Tu devrais _____, il commence à faire nuit.

c. Les enfants, on va y aller ! _____ !

d. Tiens, il a oublié d'_____, il risque d'avoir un problème de batterie.

e. Allez, calmez-vous et réessayez, _____ doucement.

f. Oh là là, on n'arrive jamais à _____ par ici.

2. Écoutez et associez un audio à une image. 🎧 53

a. Audio _____

b. Audio _____

c. Audio _____

d. Audio _____

e. Audio _____

f. Audio _____

3. Associez les mots à leur définition.

a. une piste cyclable   ○

b. une route nationale   ○

c. un tunnel   ○

d. une route départementale ○

e. une aire de repos   ○

f. routier   ○

○ 1. C'est une route plus importante qu'une départementale, mais moins rapide qu'une autoroute.

○ 2. Sur les autoroutes, ce lieu permet aux automobilistes de se reposer.

○ 3. Partie de la route réservée aux cyclistes.

○ 4. Relatif à la route.

○ 5. Cette route est un peu plus importante qu'un chemin de campagne.

○ 6. Passage dans la montagne.

4. Vrai ou faux ? Quand c'est faux, donnez la réponse correcte.

a. On met de l'essence dans une voiture à moteur diesel.

☐ Vrai   ☐ Faux : _____

b. On amène une voiture dans un garage quand elle est en panne.

☐ Vrai   ☐ Faux : _____

c. Quand il y a des bouchons, on circule bien.

☐ Vrai   ☐ Faux : _____

d. Pour se garer, on peut faire un créneau.
☐ Vrai   ☐ Faux : ....

e. On amène sa voiture au lavage automatique pour faire vérifier le niveau d'huile.
☐ Vrai   ☐ Faux : ....

f. Une voiture de dépannage vient chercher une voiture qui tombe en panne.
☐ Vrai   ☐ Faux : ....

5. Complétez les phrases avec des mots de la route.

a. Pour conduire sans prendre de risques, il faut bien connaître le ....

b. En France, on doit s'arrêter au .... pour payer l'autoroute.

c. Quand il fait nuit, il faut allumer les .... de la voiture.

d. Grâce à mon ...., les réparations de ma voiture ont été prises en charge.

e. Pour votre sécurité, portez un .... quand vous vous déplacez à vélo.

f. Quel .... tu mets dans ta voiture : du gazole ou de l'essence ?

6. Répondez aux questions.

a. Comment s'appelle la voiture qui vient chercher un véhicule en panne et qui l'amène au garage pour la faire réparer ?

....

b. Quel carburant met-on dans les voitures qui n'ont pas un moteur diesel ?

....

c. Comment appelle-t-on une rue où on ne peut circuler que dans un sens ?

....

d. Comment dit-on « repartir dans le sens inverse » ?

....

e. En voiture, comment les automobilistes indiquent qu'ils vont tourner à droite ou à gauche ?

....

f. Quel verbe signifie « passer devant une autre voiture » ?

....

7. Écoutez et répondez aux questions. 🎧 54

a. Quel problème madame Lepic a-t-elle eu avec sa voiture la semaine dernière ?

....

b. Comment a-t-elle réglé le problème à ce moment-là ?

....

c. Depuis, est-ce que la voiture de madame Lepic marche bien ? Expliquez.

....

d. Le garagiste répare-t-il la voiture de madame Lepic le jour même ? Justifiez.

....

e. Qu'est-ce que madame Lepic demande au garagiste de vérifier ?

....

f. Qu'a-t-elle déjà vérifié dans une station-service ?

....

8. Lisez le texte et répondez aux questions.

En France, le permis de conduire est constitué d'un capital de 12 points.

En cas d'infraction au code de la route ou en cas de responsabilité dans un accident corporel, un retrait de point(s) est effectué (en plus des amendes à payer). Par exemple, un excès de vitesse peut donner lieu à une amende de 68 euros à 1 500 euros en fonction du dépassement de la vitesse autorisée, accompagnée d'un retrait de 1 à 6 points sur le permis de conduire.

Attention, pendant les trois premières années qui suivent l'obtention du permis, le nouveau conducteur ne doit pas dépasser 110 km/h sur l'autoroute (130 km/h pour les autres conducteurs). Cette durée est ramenée à deux ans pour ceux qui ont pratiqué l'apprentissage anticipé de la conduite (avant 18 ans).

Autre exemple d'infraction : en cas de non-respect de la priorité à droite, l'amende est de 135 euros et 4 points sont retirés sur le permis. C'est la même chose si le conducteur prend un sens interdit.

Enfin, une des infractions qui fait perdre le plus de points sur le permis, en dehors de l'excès de vitesse de plus de 50km/h, est la conduite en état d'ivresse. Et elle peut valoir à l'automobiliste une amende de 135 euros s'il a entre 0,5 et 0,8 g d'alcool par litre de sang. Pour être sûr de respecter la loi, l'alcootest est indispensable avant de prendre la route !

a. Quel est le maximum de points qu'un automobiliste peut avoir sur son permis de conduire ?

b. Dans quels cas retire-t-on des points sur le permis ?

c. Quelle est la somme maximale qu'on peut payer pour un excès de vitesse ?

d. Combien de temps un jeune conducteur doit-il attendre pour pouvoir conduire à 130 km/h sur l'autoroute ?

e. Le non-respect d'une priorité à droite et d'un sens interdit sont-ils punis de la même façon ? Précisez.

f. Quelles sont les deux infractions qui font perdre le plus de points sur le permis ?

9. Gilles a failli avoir un accident en rentrant de ses vacances à cause d'une autre voiture. Racontez ce qui s'est passé à l'aide des éléments proposés.

[accélérer – doubler – freiner – (ne pas) mettre son clignotant – ralentir – rouler]

Ex. : Gilles rentrait de vacances du Sud de la France, il roulait à 110 km/h sur l'autoroute du Soleil…

 PRENEZ LA PAROLE !

10. Vous avez raté votre permis de conduire. Vous rentrez chez vous et vous annoncez la nouvelle à votre mère qui vous pose des questions pour avoir des détails sur l'examen. Par deux, jouez la scène.

Ex. : – Alors, Alex ?

– J'ai raté l'examen.

– Mais qu'est-ce qui s'est passé ? Tu as bien mis ta ceinture avant de démarrer ?

15

Les voyages et les migrations

Tu préfères la mer ou la montagne ?

OBSERVEZ

Document

Le 17 juillet

Ce matin, le temps ensoleillé m'a donné envie de faire une excursion vers le bord de mer.
Marcher sur le sable, respirer l'air marin, admirer la mer assis sur les rochers me fait toujours le plus grand bien. Moi qui viens d'un pays montagneux, dont les paysages sont constitués de sommets enneigés, de vallées et de lacs, je me sens dépaysé, dans un autre monde.

Le 20 juillet

Rentré tard de promenade, je me suis arrêté pour dîner sur le port. C'est un endroit très animé le soir, beaucoup de touristes viennent y manger, s'y promener et admirer les bateaux colorés, prêts à repartir dès le lendemain.

Article	Montant
1 Bordeaux	€14,95
1 menu	€39,90
TOTAL TTC	€54,85

Le 22 juillet

Je suis allé à l'office de tourisme pour me renseigner sur les balades en bateau. Mais je suis finalement parti en mer avec un pêcheur que j'ai rencontré sur mon chemin. Il m'a expliqué comment se déroulaient ses journées, les difficultés, mais aussi les joies de son travail. Rien de mieux que d'être au contact des autochtones quand on voyage.

RÉPONDEZ

Répondez aux questions.

a. De quel type de document s'agit-il ?

☐ une brochure touristique   ☐ un carnet de voyage

b. Qu'est-ce que le voyageur apprécie quand il est à la mer ?

....

....

....

c. Pourquoi se sent-il dépaysé ?

....

d. Où les touristes peuvent-ils admirer les bateaux ?

....

e. Pourquoi le voyageur a-t-il apprécié de partir en mer avec un pêcheur de la région ?

....

LES TRANSPORTS ET LES VOYAGES

• LE TOURISME, LES VOYAGES

Il existe différents types de voyages.

Faire un voyage sur un bateau, c'est faire une **croisière** (partir plusieurs jours en mer sur un bateau qui offre tout le confort).

Faire un **voyage organisé**, c'est partir **en groupe** (avec d'autres touristes). L'**agence de voyage** (l'entreprise qui vend des voyages) organise tout : le transport, l'hébergement et le **circuit** (les étapes du voyage), ainsi que les **excursions** (les sorties et les visites). Les agences de voyage proposent des **séjours** plus ou moins longs, d'une semaine ou de deux semaines par exemple.

Dans les villes **touristiques** (qui attirent beaucoup de touristes / de **visiteurs**), il y a un **office de tourisme** qui donne des informations sur les **sites** (lieux touristiques) à **découvrir** (à voir pour la première fois) et à visiter. L'office de tourisme peut également donner des adresses de restaurants où on sert des plats **typiques** du pays ou de la région (des spécialités).

Dans des pays très différents du nôtre, on peut **se sentir / être dépaysé**. Quand la nourriture, les paysages, les habitudes des **autochtones / locaux** (les gens du pays) sont différents, on ressent ce sentiment-là.

Quand on part en voyage, on cherche l'**évasion / à s'évader** (quitter son quotidien) et à **faire des découvertes** (connaître de nouvelles choses). On peut écrire un **carnet de voyage** (le récit écrit de ses impressions, de ses visites, de ses rencontres) pour garder en mémoire les moments forts.

Partir en voyage dans le cadre de son travail, c'est faire un **voyage d'affaires**. On dit que la personne est **en déplacement** (elle n'est pas dans sa ville).

Le voyage peut être un mode de vie. Il y a des populations qui se déplacent fréquemment, qui n'ont pas de maison fixe, ce sont des **nomades**.

 EXPRESSION IMAGÉE

Hisser les voiles : partir (en général pour un voyage).

« Encore une semaine de travail et après, je hisse les voiles ! »

• LES PAYSAGES

En France, en été, le **bord de mer** est plein de touristes. Ils aiment :

– se balader pieds nus sur le **sable** ;

– s'asseoir sur les **rochers** et écouter le bruit des **vagues** ;

– se promener sur le **port** et admirer les **bateaux de pêche** ;

– ramasser des **coquillages** et respirer l'air **marin** (de la mer).

La montagne est également une **destination** (le lieu où on choisit d'aller en voyage) appréciée des touristes. Ils y font des **randonnées** (marches en montagne) et vont parfois jusqu'au **sommet** ① (le point le plus haut) pour admirer la **vallée** ② et les **lacs** ③.
La France est un pays **montagneux** (il y a beaucoup de montagnes).

• LE CLIMAT

Il existe différents climats : par exemple, le climat **tropical** (qui a une saison sèche et une saison humide), le climat **continental** (qui a quatre saisons avec un hiver rude et froid, et un été chaud) ou encore le climat **équatorial** (qui a une seule saison où il fait chaud et humide). À la Guadeloupe et à la Martinique, par exemple, il y a un climat tropical. Pendant la saison humide, il y a de fortes **précipitations** (pluies) ; on appelle cette saison la **saison des pluies**.

FRANCOPHONIE

Il drache : il pleut beaucoup.
« Prends ton parapluie ! Regarde dehors comme ça drache ! »

Belgique

En France, en hiver, les montagnes sont **enneigées** (recouvertes de neige) et les températures **hivernales** (de l'hiver) peuvent descendre très bas. Mais pendant la période **estivale** (en été), il peut faire très chaud et le temps est **ensoleillé** (il y a du soleil). En automne, il fait plus **frais** (un peu froid) ; le ciel se couvre, il est plus **nuageux** (il y a des nuages).
Beaucoup de Français regardent chaque jour les **prévisions** météo (le temps qu'il fera).

• LES FLUX MIGRATOIRES

Certaines personnes changent de pays pour d'autres raisons que le voyage touristique : par exemple, pour des raisons économiques, politiques, culturelles ou religieuses. On parle alors de **migration** (le déplacement du lieu de vie dans un autre pays). Les personnes qui migrent sont des **migrants**.
Les personnes qui partent de leur pays **émigrent** dans un autre pays. Dans leur pays, ce sont des **émigrés**.
Les personnes qui arrivent dans un autre pays y **immigrent**. Pour les autochtones, ce sont des **immigrés**.
Les gens qui se retrouvent dans un pays sans papiers en règle sont des **clandestins**.
Les **demandeurs d'asile** sont des personnes qui ont fui leur pays parce qu'elles n'y étaient pas en sécurité. Elles demandent l'asile politique dans le **pays d'accueil** (le nouveau pays qui les reçoit).

▶ Pour communiquer

– *Je déteste les voyages organisés ! Je préfère partir à l'aventure, c'est plus amusant !*

– *Tu préfères la mer ou la montagne ?*
– *La mer ! Tu sais, moi, les paysages montagneux, ce n'est pas mon truc !*
– *Je comprends ! Moi aussi, j'adore la plage, le soleil, les vagues, les balades sur le port le soir…*

– *Tout est prêt ?*
– *Oui ! Les billets, l'hébergement et on a même prévu les excursions qu'on va faire !*
– *Vous êtes très organisés !*

– *Le climat était agréable ?*
– *Ah, non, pas pour moi ! On était en mai et il faisait un temps hivernal…*

1. Écoutez et associez un mot à une image. 🎧 55

a. ....

b. ....

c. ....

d. ....

2. Barrez l'intrus.

a. tropical – continental – saison des pluies – équatorial

b. vallée – randonnée – sommet – immigré

c. destination – port – rocher – marin

d. frais – sable – ensoleillé – nuageux

e. pays d'accueil – clandestin – touristique – demandeur d'asile

f. montagneux – bateau de pêche – sable – vague

3. Complétez les phrases avec les mots proposés.

[croisière – en déplacement – estivale – excursions – sable – sommet – touristique – typiques]

a. C'est une région très .... où on peut voir des paysages

....

b. En hiver, le .... des montagnes est enneigé, c'est de toute beauté.

c. Beaucoup de Français profitent de la période .... pour aller dans le Sud de la France.

d. Désolée, monsieur Kiria est absent : il est .... toute la semaine.

e. Nous avons fait une .... d'une semaine en Méditerranée, c'était fantastique.

f. Malgré une tempête de .... , nous avons pu faire de très belles .... dans le désert.

4. Vrai ou faux ? Quand c'est faux, donnez la réponse correcte.

a. Les gens du pays s'appellent des autochtones.

☐ Vrai   ☐ Faux

b. Un voyage d'affaire est un voyage organisé.

☐ Vrai   ☐ Faux

c. Quand on découvre un pays, on y est déjà allé par le passé.

☐ Vrai   ☐ Faux

d. On se sent dépaysé dans un pays qui n'est pas très différent du nôtre.

☐ Vrai   ☐ Faux

e. Les personnes qui partent de leur pays sont des immigrés dans leur pays.

☐ Vrai   ☐ Faux

f. Les nomades se déplacent souvent.

☐ Vrai   ☐ Faux

5. Écoutez les définitions et écrivez les mots ou expressions qui correspondent. 🎧 56

a. ....

b. ....

c. ....

d. ....

e. ....

f. ....

6. Écoutez et répondez aux questions. 🎧 57

a. À quelle période de l'année cette personne veut-elle partir avec sa famille ?

b. Quel temps fera-t-il dans le Nord du Brésil à cette période ? Pourquoi ?

c. Quelle est la meilleure période pour aller au Sénégal ? Pourquoi ?

d. Quel lieu cette personne recherche-t-elle pour des vacances en famille ?

e. Quel pays la personne de l'agence de voyage lui conseille-t-elle ? Pourquoi ?

f. Au final, la cliente est-elle satisfaite de son choix ? Pourquoi ?

LES TRANSPORTS ET LES VOYAGES

7. **Lisez le texte et répondez aux questions.**

Je me souviens...

Quand on est arrivés en France, avec mes parents, j'avais 9 ans. On ne savait pas combien de temps on allait rester, on était demandeurs d'asile, on fuyait la guerre, on allait vers une vie meilleure. Tout était différent ici... Il faisait très froid... J'avais le visage tourné vers le ciel et je laissais atterrir les petits flocons glacés sur mon visage. Mes yeux étaient grands ouverts, je contemplais les montagnes autour, avec leurs sommets enneigés. C'était tellement beau ! Je n'ai jamais vu de pareil spectacle. Chez moi, le temps était toujours ensoleillé, il ne faisait jamais très frais et il n'y avait pas de relief montagneux.

La langue aussi, je la découvrais. Je m'amusais en imaginant ce qui pouvait bien se cacher derrière tous ces sons qui sortaient de la bouche des gens. Parfois, on essayait de me parler, je faisais de petits « oui » et « non » de la tête sans savoir vraiment à quoi je répondais, et ça les faisait sourire...

a. Quel rôle la France a-t-elle joué pour cette famille ?

b. Le garçon et ses parents étaient-ils des émigrés dans leur pays ?

c. Quel sentiment le garçon avait-il en arrivant dans ce nouveau pays ?

d. À quel moment de l'année la famille est-elle arrivée en France ? Justifiez.

e. Le climat du pays d'origine de la famille était-il le même qu'en France ?

f. Le garçon connaissait-il la langue des autochtones en arrivant ?

8. **Écrivez un carnet de voyage. Utilisez les mots proposés.**
[autochtone – circuit – être dépaysé – excursion – site – typique]
Ex. : Ce pays est magnifique, les paysages sont de toute beauté…

💬 **PRENEZ LA PAROLE !**

9. **Racontez votre voyage le plus dépaysant. Parlez des paysages, du climat, des découvertes que vous avez faites, des habitudes des autochtones, des spécialités locales, etc.**
Ex. : Mon voyage le plus dépaysant était mon voyage au Japon. Tout était nouveau, différent : la nourriture, l'architecture…

16

Les hébergements de vacances

Tu as déjà fait du camping ?

OBSERVEZ

Document

Accueil	Locations	Tarifs	Infos pratiques
	Emplacements camping		
	Mobil-home 2 à 4 personnes		
	Mobil-home 4 à 6 personnes		

Camping de Gignoux ★ ★ ★

Bienvenue au camping de Gignoux, sur la côte basque !

Nous mettons à votre disposition des emplacements pour tentes, caravanes et camping-cars.

À 5 km de la mer, au cœur de la nature et dans un espace calme, nous vous proposons des parcelles spacieuses, ombragées et bien délimitées, pour respecter au mieux votre vie privée.

Notre bloc sanitaire est équipé de douches, WC et lavabos ; un espace bébé est également accessible, ainsi qu'une cabine pour les personnes handicapées.

Découvrez également nos mobil-homes meublés en location !

Un espace leur est réservé sur notre terrain de camping, dans la forêt. C'est un cadre naturel, idéal pour un séjour calme et reposant.

De la vaisselle et un salon de jardin à l'extérieur sont proposés dans chaque mobil-home pour des moments de détente.

> En haute saison (du 01/07 au 30/09), les réservations se font pour 7 nuits minimum (arrivée/départ libre).
> En basse saison, il n'y a pas de réservations.
> Les animaux sont acceptés.

Réservez !

Du : ___/___/___
Au : ___/___/___

Vérifier les disponibilités

RÉPONDEZ

Répondez aux questions.

a. De quel site Internet s'agit-il ?

....

b. Si on souhaite dormir dans un lit et avoir tout le confort, que réserve-t-on ?

☐ un emplacement camping   ☐ un mobil-home

c. Les emplacements proposés sont-ils réservés aux tentes ?

....

d. Quelles sont les 3 qualités des parcelles de ce camping ?

....

e. Si on veut y séjourner en juillet ou en août, peut-on y rester seulement le week-end ? Justifiez.

....

• L'HÉBERGEMENT

• L'hôtel

Les hôtels ont un certain nombre d'**étoiles** ①
(d'une à cinq étoiles) : elles donnent des
indications sur le **confort** et la **qualité
du service** de l'hôtel. Pour obtenir un
maximum d'étoiles, il faut que l'hôtel soit
dans un lieu **calme** / très peu **bruyant** / **tranquille** et que les
chambres soient **confortables** (agréables, où on se sent bien),
spacieuses (grandes) et avec les **sanitaires** inclus (la salle de bains et les toilettes à l'intérieur).

Un **hôtel 5 étoiles** propose également des **services**, comme le **voiturier** (qui s'occupe de garer les voitures des clients), un *room service* 24 heures sur 24 (pour commander de la nourriture ou des boissons dans la chambre), un spa, un minibar, un salon de coiffure, etc. Ce type d'hôtel très **luxueux** est appelé un « **grand hôtel** » ②.

Les **clients** de l'hôtel peuvent prendre une chambre **simple** ou **double** pour une ou plusieurs nuits, avec ou sans petit déjeuner, en **demi-pension** (petit déjeuner + déjeuner ou dîner) ou en **pension complète** (petit déjeuner + déjeuner + dîner).

La **réception** se trouve dans le **hall d'entrée** de l'hôtel. Les clients de l'hôtel sont
accueillis par le **réceptionniste** qui donne les clés ou les **cartes magnétiques**
des chambres et qui prend les **réservations**. Si un client souhaite **se faire
réveiller** un matin, il peut demander au **réceptionniste** de téléphoner dans
sa chambre à l'heure souhaitée.
Si la réception est fermée la nuit, le client utilise le **code** (un numéro à composer
à la porte d'entrée) que le réceptionniste lui donne à son arrivée.

Si un **employé** de l'hôtel ou un **bagagiste** porte les **bagages**
(les valises) jusqu'à la chambre d'un client, il est d'usage
de lui laisser un **pourboire** (somme d'argent pour le remercier
du service).
Quand on se déplace en voiture, il est préférable de réserver
un hôtel avec un **garage** ou un **parking privé**.

FRANCOPHONIE

Un tip : un pourboire.
*« Combien il faut
donner pour le tip ? »* QUÉBEC

• Le camping

Il existe de nombreux **campings municipaux** (ils appartiennent à la ville), souvent moins chers que
les campings privés. Mais certaines communes délèguent leur camping à un **gérant** (personne qui dirige
un établissement). Les campings, comme les hôtels, ont un système d'**étoiles**.

Certains campings n'acceptent pas les réservations, et on ne peut pas connaître leurs **disponibilités**
à l'avance : c'est en arrivant à l'**accueil** qu'on apprend qu'ils sont **complets** (pleins). C'est fréquent
en **haute saison** (l'été). Il faut alors chercher un autre camping avec des places **libres** (non occupées).
Les **campeurs** et les **campeuses** (les gens qui font du camping / qui **campent**) peuvent louer
un **emplacement** / une **parcelle** / un **terrain** (un espace) pour installer une **tente** ①, une **caravane** ②
ou un **camping-car** ③. Des campings proposent aussi la location de **mobil-homes** ④.

LES TRANSPORTS
ET LES VOYAGES

Quand on dort sous tente, on doit **monter** (installer) sa tente en arrivant et la **démonter** (défaire) en partant. On dort dans un **sac de couchage** / un **duvet** ①. On a également besoin d'un **réchaud** ② pour cuisiner ou faire chauffer de l'eau et d'une **glacière** ③ pour garder les aliments au frais.

① ② ③

📷 **EXPRESSION IMAGÉE**

Dormir à la belle étoile : dormir à l'extérieur, en plein air.
« En montagne, on a dormi à la belle étoile, c'était magique ! »

• Le gîte rural et la chambre d'hôte

Les **vacanciers** peuvent aussi choisir de séjourner dans un **gîte rural** (maison à la campagne pouvant accueillir un grand nombre de personnes) qu'on **loue** (on paye pour y passer une période définie) entièrement ou en partie. En France, les gîtes qui ont le **label** « Gîtes de France® » (marque qui garantit la qualité), sont les plus recherchés par les touristes. Contrairement au gîte rural, la **chambre d'hôte** est une chambre **chez l'habitant** (le propriétaire vit dans la maison) qui accueille les vacanciers et leur prépare le petit déjeuner. Il y a au maximum 5 chambres et 15 personnes dans une **maison d'hôtes**.

• Les maisons et les appartements à louer

Pour leurs vacances, beaucoup de personnes préfèrent louer un appartement ou une maison. De plus en plus, la location se fait **de particulier à particulier** (on est directement en contact avec le propriétaire du logement), en France ou à l'étranger. C'est le cas avec des sites comme « homelidays » ou encore « airbnb ». On peut aussi choisir d'**échanger** son logement : on va dans le logement d'une personne ou d'une famille pendant que cette personne ou cette famille vient chez nous gratuitement.

• LA RÉSERVATION ET LE PAIEMENT

On peut réserver **par téléphone** ou **par Internet**. Quand on réserve un hébergement longtemps **à l'avance** (avant), il vaut mieux appeler avant son arrivée pour **confirmer sa réservation** (dire que la réservation est toujours valable). Au contraire, si on ne vient plus, on doit téléphoner pour **annuler** sa réservation.

À la fin de son séjour, le client doit **régler** (payer) sa **note** (la somme due). Le **règlement / paiement** peut se faire par chèque, en espèces ou par carte bancaire. On peut demander une **facture** (document où est écrit le produit ou le service vendu, la quantité et le prix).

▶ Pour communiquer

– *Tu as déjà fait du camping ?*
– *Oui, j'en fais chaque année, j'adore ça !*

– *Tu as réservé le camping pour cet été ?*
– *J'ai téléphoné, mais ils ne prennent pas de réservation. On verra en arrivant…*

– *On a réservé un gîte pour les 30 ans de Sabine !*
– *Ah, vous êtes nombreux alors !*

– *Je suis Gîte de France !*
– *C'est super d'avoir obtenu le label !*

– *Je pars ce week-end à Bordeaux et je descends dans un hôtel 5 étoiles !*
– *Quelle chance ! Je ne suis jamais allée dans un hôtel aussi luxueux…*

– *Tu as confirmé la réservation de l'hôtel ?*
– *Oui, c'est fait ! Une chambre pour 2 personnes pour une semaine en pension complète.*

LES TRANSPORTS ET LES VOYAGES

1. Écoutez et complétez les phrases. 🎧 58

a. Cet été, on est partis en vacances en .... pour la première fois.
Je n'imaginais pas que c'était aussi .... !

b. J'ai dit à la .... que je souhaitais .... à 6 heures.

c. Elle a .... sa .... d'hôtel par carte bancaire.

d. Je voudrais une chambre .... et ....

e. Cette année, ils ont loué le même type de ...., mais sur une plus grande ....

f. Ils ne .... que dans des .... qui ont le ....

2. Classez les mots dans le tableau.

[carte magnétique – douche – duvet – emplacement – étoiles – pension complète – réchaud – *room service* – sac de couchage – sanitaires]

Hôtel	Camping	Les deux
....	....	....

3. Écoutez les définitions et écrivez les mots correspondants. 🎧 59

a. .... b. .... c. .... d. .... e. .... f. ....

4. Écoutez et associez un audio à une image. 🎧 60

a. Audio ....

b. Audio ....

c. Audio ....

d. Audio ....

e. Audio ....

f. Audio ....

5. Vrai ou faux ? Quand c'est faux, donnez la réponse correcte.

a. Quand on loue une chambre chez des gens, on loge chez l'habitant.
☐ Vrai ☐ Faux : ....

b. La pension complète, c'est le petit déjeuner et le déjeuner.
☐ Vrai ☐ Faux : ....

c. Les sanitaires sont les toilettes et la salle de bains.
☐ Vrai ☐ Faux : ....

d. Le hall d'un hôtel, c'est l'entrée de l'hôtel.
☐ Vrai ☐ Faux : ....

e. Quand on arrive dans un camping, on doit démonter sa tente.
☐ Vrai ☐ Faux : ....

f. Si je ne peux plus partir en vacances, je dois confirmer ma réservation à l'hôtel.
☐ Vrai ☐ Faux : ....

6. Lisez cet échange de mails et répondez aux questions.

De : claubert77@fle.com
À : chambres-lebon@youpi.fr

Bonjour,
Mon compagnon et moi-même aimerions faire une réservation pour le week-end prochain. Nous recherchons une chambre d'hôte pour les nuits du vendredi 4 et du samedi 5. La chambre « Soleil » que nous avons vue sur les photos de votre site nous plaît beaucoup. Est-elle libre ce week-end-là ?
Merci d'avance pour votre réponse.
Cordialement,
Capucine Laubert

De : chambres-lebon@youpi.fr
À : claubert77@fle.com

Bonjour madame Laubert,
Merci de l'intérêt que vous portez à nos chambres d'hôtes.
La chambre « Soleil » est libre le week-end prochain. C'est une chambre calme, très confortable et avec des sanitaires à l'intérieur, ce qui n'est pas le cas de toutes nos chambres.
Le petit déjeuner est inclus dans le prix de la chambre et il vous sera servi entre 8 h et 10 h.
Si vous souhaitez dîner sur place, il faudra nous prévenir la veille et choisir le menu qui vous convient. Bien sûr, ce repas vous sera compté en plus du prix de la chambre.
Si vous venez en voiture, nous avons un parking privé gratuit à disposition de nos hôtes.
Vous pouvez me confirmer par mail votre venue ou faire la réservation sur notre site Internet.
Au plaisir de vous recevoir,
Patrick Lebon

a. Quel type de logement Capucine Laubert recherche-t-elle pour son week-end ?
....

b. Pourquoi Capucine Laubert écrit-elle ce mail ?
....

c. Quelles sont les qualités de la chambre « Soleil » ?
....

d. L'hôte propose-t-il une pension complète ? Justifiez.
....

e. Quel service est mis à disposition des hôtes ?
....

f. Comment Capucine peut-elle effectuer sa réservation ?
....

7. Écoutez et répondez aux questions. 61

a. Est-ce qu'il s'agit d'un grand hôtel ? Justifiez.

....

b. Quel est le premier critère pour qu'un hôtel obtienne 5 étoiles ? Précisez.

....

c. Quels sont les deux autres critères importants ?

....

d. Où doit se trouver l'hôtel ?

....

e. Quel service est proposé pour les voitures dans ces hôtels ?

....

f. Est-ce qu'on s'occupe bien des clients dans ce type d'établissement ? Précisez.

....

8. À l'aide des images, décrivez la réservation et l'arrivée de la famille Pigeon au camping du Fle. Donnez le maximum d'informations sur le camping.

 PRENEZ LA PAROLE !

9. Vous téléphonez pour réserver une chambre d'hôtel ou une chambre d'hôte (précisez la date, la pension...). Vous posez des questions sur les services proposés. Votre voisin(e) joue le rôle du / de la réceptionniste.

Ex. : – Bonjour, je voudrais réserver une chambre pour la nuit du 6 novembre...

LES TRANSPORTS ET LES VOYAGES

17

L'alimentation (1)

Tu manges bio ?

Document

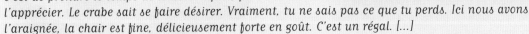

— Tu veux du crabe ?

— Non merci.

— Tu n'aimes pas ?

— Ce n'est pas que je n'aime pas, le problème, vois-tu, c'est que j'ai la flemme[1] de l'éplucher.

— Quel dommage ! Justement le plaisir, avec le crabe, c'est de prendre le temps de le décortiquer, pour mieux l'apprécier. Le crabe sait se faire désirer. Vraiment, tu ne sais pas ce que tu perds. Ici nous avons l'araignée, la chair est fine, délicieusement forte en goût. C'est un régal. [...]

— Non merci, sans façon. De toutes les manières je préfère la langouste au crabe. Dans la langouste, il y a plus de chair et c'est plus aisé[2] à manger. Tu ne trouves pas ? [...]

— Mouais, cela n'a pas de goût, la langouste. [...]

— Mais bon, ma chérie, tu choisis exactement ce qui te fait plaisir. Que dirais-tu de quelques huîtres à la place ?

— Des huîîîîîîtres !!!! Mais tu es malade ! Des huîtres ? Comment peut-on aimer les huîtres ? [...]

— Les plates sont exquises, elles possèdent un goût de noisette. Tu ne veux pas te lancer, en goûter une, juste pour me faire plaisir ?

— Oh, écoute, là vraiment, tu m'écœures. De la noisette ? Pourquoi pas un parfum de champignon, tant que tu y es ?

— Ne t'énerve pas. Il te reste les crevettes, les bulots, les moules, les bigorneaux...

— Je crains que mon estomac ne supporte pas, voilà tout. [...]

Le serveur patiente, sa carte à la main. [...]

— Vous n'auriez pas quelque chose de frais et de léger ? Une salade, par exemple ?

— Je suis navré, ma p'tite dame, mais ici nous faisons uniquement dégustation d'huîtres et de fruits de mer. Regardez vous-même, c'est écrit sur le panneau à l'entrée.

Karine Fougeray, *Elle fait les galettes, c'est toute sa vie*, 2005.

[1]Avoir la flemme : ne pas avoir envie de faire quelque chose. [2]Aisé : facile.

Répondez aux questions.

a. Où sont ces personnes ? De quoi parlent-elles ?

b. Quels fruits de mer sont évoqués ?

c. Comment prépare-t-on le crabe avant de le manger ?

d. Est-ce que l'homme aime l'araignée ? Pourquoi ?

e. Pourquoi la femme préfère-t-elle la langouste au crabe ?

• LE PAIN ET LES VIENNOISERIES

À la boulangerie, on trouve du **pain**
(une **baguette** ①, une **flûte** ②, une **boule** ③…)
et des **viennoiseries** (un **croissant** ④,
un **pain au chocolat** ⑤, un **pain aux raisins** ⑥,
une **brioche** ⑦, un **chausson aux pommes** ⑧,
des **chouquettes** ⑨…).

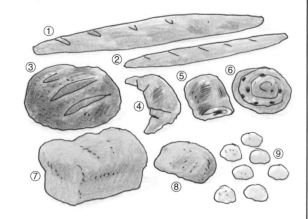

• LA VIANDE ET LA CHARCUTERIE

Dans une **boucherie** (magasin où on achète
de la viande), le **boucher** / la **bouchère** prépare
la **viande** et la vend : un **rôti** ①, une **entrecôte** ②,
une **escalope** ③, un **bifteck** ④, un **steak haché** ⑤,
une **brochette** ⑥.
Il / elle peut **hacher** de la viande de bœuf
ou de veau pour faire un **steak haché**.
Pour préparer un **rôti** (une pièce de viande souvent
cuite au four), il faut un bon **morceau** (une partie)
de **filet de porc** qu'on découpe ensuite **en tranches**
(morceaux coupés dans le sens de la largeur).
On peut aussi faire une **grillade** : on fait **griller**
un ou des morceaux de viande sur un gril.
On peut acheter de la **charcuterie** (du **saucisson** ⑦,
du jambon cuit ⑧ ou **cru** ⑨, du **pâté** ⑩,
des **rillettes** ⑪) chez un **boucher-charcutier**
ou chez un **charcutier-traiteur**, qui vend aussi
des **plats cuisinés** (prêts à être consommés).

• LE POISSON ET LES FRUITS DE MER

À la poissonnerie, on achète du poisson : un **loup
de mer** ①, un **rouget** ②, une **sole** ③… ; et des
fruits de mer : un **crabe** ④, un **tourteau** ⑤, des
crevettes ⑥, une **langouste** ⑦, une **araignée de
mer** ⑧, des **huîtres** ⑨, des **moules** ⑩, des **bulots** ⑪,
des **bigorneaux** ⑫, des **coquillages** ⑬…
Le / la poissonnier(-ère) **prépare** le poisson :
il / elle le **nettoie**, l'**épluche** (il / elle enlève
la peau), l'**ouvre** et le **vide** (il / elle enlève
l'estomac, le foie, etc.).
Pour manger la **chair** (la partie qui se mange)
des fruits de mer, on doit souvent les **décortiquer**
(enlever la partie dure).
Le poisson est un aliment très bon pour la santé,
peu gras et riche en **vitamines**. Les fruits
de mer aussi, mais ils peuvent **écœurer** (dégoûter)
certaines personnes.

LA NOURRITURE
ET LA RESTAURATION

• LES CÉRÉALES ET LES PÂTES

les **spaghettis**

les **lasagnes**

du **vermicelle**

le **blé**   le **maïs**   le **riz**   les **nouilles**

• LES ÉPICES ET L'ASSAISONNEMENT

Pour que nos plats **aient du goût**, il faut bien les **assaisonner**. Pour cela, on peut les **saler**, les **poivrer**, les **sucrer** ou choisir de bonnes **épices**. Quand un plat est **épicé**, on dit qu'il est **fort en goût**. Pour accompagner la viande, on peut ajouter de la **moutarde** ① et des **cornichons** ②. Le **vinaigre** ③ permet de faire une bonne **vinaigrette** (sauce pour la salade). On met parfois de la **vanille** ④ dans les gâteaux pour leur donner du goût.

①   ②   ③   ④

• LA PRÉPARATION DES ALIMENTS

Les Dupuis **cuisinent** très souvent. Aujourd'hui, Claudine **prépare** du poisson. Ce n'est pas du poisson **surgelé** (conservé dans le froid), c'est du poisson **frais**, **pêché** (pris dans la mer) le jour même !
C'est un **régal** (c'est très bon) : elle **maîtrise la cuisson** (manière de cuire un aliment) comme personne. Le poisson est très **bien cuit** (ni trop sec, ni trop cru).
Les Dupuis ont une alimentation **diététique** (leur nourriture est équilibrée), même s'ils **font frire** (cuire dans de l'huile à 100 degrés) des pommes de terre pour les enfants de temps en temps… Pas besoin de **faire un régime** (manger moins et mieux pour maigrir) dans cette maison. Ils essaient aussi d'acheter des **produits biologiques** (sans produits chimiques), **naturels** (pas mélangés avec des produits artificiels), **sans colorant** (produit qui donne une couleur). C'est meilleur pour la santé !

 EXPRESSION IMAGÉE

Être un vrai cordon bleu : savoir très bien cuisiner.
« Tu es un vrai cordon bleu ! »

Quand les parents n'ont pas le temps de cuisiner, ils ouvrent des **(boîtes de) conserves** pour le repas du soir.

Ce soir, après le repas, c'est le père qui **fait la vaisselle** (il lave les assiettes, les verres, etc.).

▶ Pour communiquer

– *Tu manges bio ?*
– *Oui, j'essaie d'acheter des produits issus de l'agriculture biologique.*

– *J'adore la cuisine marocaine.*
– *Alors tu aimes la cuisine épicée !*

– *Un plateau de fruits de mer, ça tente tout le monde ?*
– *Avec plaisir !*

– *C'est toi qui va cuisiner pour 20 personnes ?*
– *Non, j'ai tout commandé chez le traiteur !*

1. Associez une phrase à une image.

a. _____

b. _____

c. _____

d. _____

e. _____

f. _____

1. C'est la première fois que je mange du crabe, je ne sais pas le décortiquer.
2. Ce soir, c'est ton tour de faire la vaisselle !
3. On fait des grillades ce week-end ?
4. Oui, c'est vrai, ce traiteur propose de très bons produits.
5. Tu mets la table ? Le dîner est bientôt prêt !
6. Le poisson, je vous le vide, monsieur ?

2. Écoutez et classez les aliments dans le tableau. 62

Le pain et les viennoiseries	La viande	La charcuterie	Le poisson et les fruits de mer	Les céréales et les pâtes

3. Barrez l'intrus.

a. langouste – loup de mer – rôti – tourteau
b. entrecôte – poivre – sel – vanille
c. brioche – chausson aux pommes – pain – pain au chocolat
d. brochettes – nouilles – pâtes – vermicelle
e. crabe – huîtres – langouste – rouget
f. barbecue – boucherie – charcuterie – traiteur

4. Écoutez et écrivez les phrases. 63

a. _____
b. _____
c. _____
d. _____
e. _____
f. _____

5. Vrai ou faux ? Quand c'est faux, donnez la réponse correcte.

a. Un rôti peut se cuire au four. ☐ Vrai ☐ Faux

....

b. Un bulot est un poisson. ☐ Vrai ☐ Faux

....

c. La chair est la partie du crabe qui se mange. ☐ Vrai ☐ Faux

....

d. On fait un régime pour maigrir. ☐ Vrai ☐ Faux

....

e. La vinaigrette est une sauce sucrée. ☐ Vrai ☐ Faux

....

f. Quand un plat est épicé, il est fort en goût. ☐ Vrai ☐ Faux

....

6. Lisez et répondez aux questions.

Que mangent les Français ? ——————————————————

Une étude récente sur la consommation alimentaire en France durant les cinquante dernières années montre que les habitudes des ménages français ont beaucoup évolué pendant cette période.

Même si la viande reste la plus grande dépense alimentaire des Français, sa consommation est en baisse régulière depuis une dizaine d'années. La France est le cinquième pays au monde en consommation de poisson, mais le poisson frais est aussi en recul dans nos assiettes, alors que le poisson en conserve ou en plat cuisiné est en augmentation.

L'alimentation reste un plaisir pour 59 % des Français, mais seuls 52 % cuisinent tous les jours aujourd'hui. En effet, l'évolution du mode de vie des Français influence leur manière de s'alimenter et les pousse vers les produits transformés, faciles à préparer.

De plus, si certains produits sont toujours autant consommés car peu sensibles à la hausse des prix (les pâtes, le pain, la charcuterie), d'autres produits sont de plus en plus ignorés, car ils sont devenus trop chers. C'est le cas de la viande de bœuf ou des fruits frais, par exemple. D'autres produits en revanche ont vu leur consommation progresser entre 1960 et 2014, comme par exemple les œufs, les boissons non alcoolisées ou les produits sucrés...

a. De quelle étude parle-t-on dans le document ?

....

b. Quel produit occupe la première place dans le budget alimentaire des Français ?

....

c. Sous quelle(s) forme(s) les Français achètent-ils de plus en plus le poisson ?

....

d. À cause de l'évolution de leur mode de vie, vers quels produits se tournent les Français ? Pourquoi ?

....

e. Pour quelle autre raison les Français changent-ils d'habitudes alimentaires ?

....

7. Écoutez et répondez aux questions. 64

   a. Que veut préparer Hélène pour l'anniversaire de Tom ?

   ....

   b. Qu'est-ce qui est le plus important, selon la maman ?

   ....

   c. Que doit demander Hélène au poissonnier ?

   ....

   d. Pourquoi la mère d'Hélène lui conseille-t-elle d'ajouter un verre de vin blanc ?

   ....

   e. Que va proposer Hélène en entrée et pourquoi ?

   ....

   f. La mère pense-t-elle que le plat sera réussi ? Quelle expression utilise-t-elle ?

   ....

8. À votre avis, que faut-il manger pour avoir une alimentation saine ?
Que vaut-il mieux éviter ? Aidez-vous des images.

— **PRENEZ LA PAROLE !** —

9. Faites une enquête.

a. En groupes, échangez à propos des questions ci-dessous.

Vous faites la cuisine ou vous achetez des plats cuisinés ? Vous mangez des plats en conserve et des plats surgelés ?

Vous êtes végétarien(ne) ou vous mangez de la viande et du poisson ?

Vous êtes plutôt sucré ou salé (vous préférez les plats sucrés ou salés) ?

Vous aimez les fruits de mer ? Savez-vous les préparer ?

Vous aimez manger épicé ?

Vous mangez bio ?

Vous faites souvent des régimes ? etc.

b. Présentez les résultats de votre groupe au reste de la classe.

Ex. : Dans notre groupe, personne n'aime les fruits de mer et tout le monde mange du poisson.

LA NOURRITURE
ET LA RESTAURATION

18

L'alimentation (2)

Faites revenir les oignons !

| Document | « Comment bien choisir un melon ? », France Info, 8 août 2015 | 65 |

« Un bon melon doit sentir bon. »

Contexte : Une journaliste parle d'un fruit de saison, le melon, qu'on consomme beaucoup en été.

RÉPONDEZ

Répondez aux questions.

a. Pourquoi n'y a-t-il pas eu beaucoup de melons l'année dernière ?

....

b. Quel type de melon pousse à 98 % en France ?

....

c. Quels pays produisent le melon charentais vert ?

....

d. Combien de temps peut-on garder un melon charentais vert ?

....

e. Quels légumes sont de la même famille que le melon ?

....

f. Lorsqu'un melon est lourd, qu'est-ce que cela signifie ?

....

g. Comment appelle-t-on les tables où on expose les fruits et les légumes sur un marché ?

....

• AU MARCHÉ

En France, on aime aller au marché pour acheter des fruits, des légumes et du fromage.
Les produits frais sont présentés sur des **étals** (tables).
Les **primeurs** (les marchands de fruits et légumes) et les **maraîchers** (les professionnels qui cultivent
les fruits et légumes) sont présents pour conseiller les clients, leur faire **goûter** leurs produits (les clients
en mangent un peu pour savoir si le produit a bon goût) et les servir. Ils donnent aussi des informations :
où sont **cultivés** les produits et combien de temps on peut les **conserver** (garder).

• LES LÉGUMES

Les légumes **poussent** (grandissent) dans un **potager** (jardin réservé aux fruits et légumes).

un **panier de légumes**

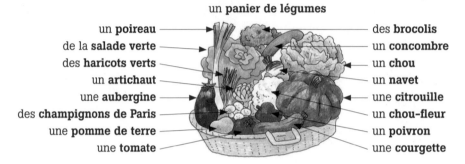

un **poireau**
de la **salade verte**
des **haricots verts**
un **artichaut**
une **aubergine**
des **champignons de Paris**
une **pomme de terre**
une **tomate**

des **brocolis**
un **concombre**
un **chou**
un **navet**
une **citrouille**
un **chou-fleur**
un **poivron**
une **courgette**

Pour cuisiner une printanière de légumes, préparez 2 oignons, 2 gousses d'ail, 3 navets, 5 carottes,
300 grammes de haricots verts **surgelés** (conservés par le froid), 300 grammes de petits pois frais,
1 cube de bouillon de légumes.

Pelez (épluchez) et coupez les navets en dés et les carottes en rondelles. Dans une casserole, mettez
un peu d'huile d'olive et **faites revenir** les oignons (mettez-les dans de l'huile ou du beurre très chaud
pour les dorer) ainsi que l'ail coupé en petits morceaux. Ajoutez les navets, les carottes et les haricots verts.
Salez (mettez du sel), **poivrez** (mettez du poivre), mettez un peu de thym, **couvrez d'eau** (l'eau doit être
à la hauteur des légumes) et ajoutez le cube de bouillon. **Couvrez** (mettez le couvercle) et **faites bouillir** (l'eau
doit atteindre 100 degrés). Ensuite, laissez **cuire** à feu doux pendant 20 minutes. Ajoutez les petits pois lavés,
faites cuire encore pendant 5 minutes sans le couvercle. **Servez** (mettez dans les assiettes) chaud.

• LES FRUITS

une **corbeille de fruits**

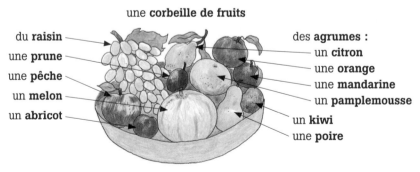

du **raisin**
une **prune**
une **pêche**
un **melon**
un **abricot**

des **agrumes :**
un **citron**
une **orange**
une **mandarine**
un **pamplemousse**
un **kiwi**
une **poire**

Pour bien commencer la journée et avoir sa dose journalière en vitamines, on boit un **jus de fruits frais
pressés** (le liquide du fruit) : le plus souvent, un jus d'orange. Le jus de citron est bon aussi, mais il faut
ajouter un peu de sucre pour qu'il ne soit pas trop **acide**. On met également du sucre dans le jus
de pamplemousse car celui-ci est **amer**.

Avec certains fruits, on peut faire de la **confiture** (fruits coupés en morceaux cuits dans une grosse quantité de sucre, que l'on peut étaler sur du pain au petit déjeuner) ou de la **compote** (morceaux de fruits cuits et écrasés en purée qu'on mange en dessert).

Pour préparer une compote, achetez des fruits bien **mûrs** (complètement développés). Lavez 3 ou 4 pêches, **pelez**-les, enlevez les **noyaux** (parties dures au centre des fruits) et coupez-les en petits dés. Mettez-les dans une petite casserole avec un demi-verre d'eau. Ajoutez une cuillère de sucre vanillé et faites cuire à feu doux jusqu'à ce que les fruits soient cuits. **Laissez refroidir** (attendez que la préparation soit froide) et servez.

— **FRANCOPHONIE** —

Se sucrer le bec : manger quelque chose de sucré.

« Hum, je me suis bien sucré le bec, j'ai mangé plein de petits gâteaux. »

Québec

• LE FROMAGE

En France, on mange beaucoup de fromage et les rayons « **crèmerie** » (le rayon des **produits laitiers**) des magasins en proposent une gamme importante. On peut aussi acheter du bon fromage chez le **fromager** (le commerçant qui vend le fromage). Pendant les repas de fête, on aime bien présenter un joli **plateau de fromage** à ses invités.

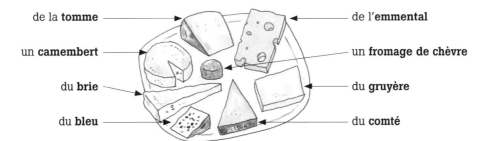

de la **tomme** ————▶ ◀———— de l'**emmental**

un **camembert** ————▶ ◀———— un **fromage de chèvre**

du **brie** ————▶ ◀———— du **gruyère**

du **bleu** ————▶ ◀———— du **comté**

📷 **EXPRESSION IMAGÉE** ————

Manger sur le pouce : manger rapidement.
« Je n'aurai pas le temps de déjeuner avec vous : j'ai trop de travail, je vais manger sur le pouce ! »

▶ **Pour communiquer**

– À nous, mademoiselle. Qu'est-ce que je vous sers ? / Qu'est-ce qu'il vous faut ?
– Un kilo de poireaux, s'il vous plaît.
– Ce sera tout ?
– Oui, merci.

– Prenez des abricots, ils sont bien mûrs, c'est l'idéal pour faire de la confiture !
– Ah oui, merci. Mettez-m'en 2 kilos, s'il vous plaît !

– Allez, goûtez ce raisin !
– Merci. Hum, il est très sucré ! J'en prends 1 kilo !

– Je te mets un peu de citron ?
– Non, je n'aime pas tout ce qui est acide !

– Quel beau plateau de fromage !
– Oui, j'ai un très bon fromager juste à côté de chez moi.

1. Écoutez et complétez les phrases. 🎧 66

    a. La _____ d' _____, c'est ma préférée.

    b. Pour préparer une _____, choisissez des fruits
       bien _____.

    c. Mon _____ m'a préparé un bon _____.

    d. Les enfants n'aiment pas le _____, c'est trop _____.

    e. Laissez _____ avant de _____.

    f. N'oubliez pas de bien laver les _____ avant de
       les _____.

2. Barrez l'intrus.

    a. brie – gruyère – concombre – comté

    b. maraîcher – primeur – fromager – étal

    c. produits laitiers – corbeille de fruits – plateau de fromage – crèmerie

    d. haricots verts – melon – navet – poireau

    e. mandarine – citron – orange – pêche

    f. poire – raisin – pamplemousse – chou

3. Classez les éléments dans la colonne qui convient.

[un camembert – un artichaut – un poivron – un agrume – une courgette – du comté – une citrouille – un melon – un kiwi – du bleu – du chèvre – de l'emmental – un chou-fleur – une prune]

Les fruits	Les légumes	Le fromage

4. Vrai ou faux ? Quand c'est faux, donnez la réponse correcte.

    a. Le maraîcher cultive ses légumes.
       ☐ Vrai   ☐ Faux : _____

    b. Le pamplemousse est un fruit très sucré.
       ☐ Vrai   ☐ Faux : _____

    c. Il faut faire cuire des fruits pour préparer une compote.
       ☐ Vrai   ☐ Faux : _____

    d. Quand on mange sur le pouce, on prend son temps pour manger.
       ☐ Vrai   ☐ Faux : _____

    e. Le citron est amer.
       ☐ Vrai   ☐ Faux : _____

    f. Les légumes poussent dans un potager.
       ☐ Vrai   ☐ Faux : _____

5. Écoutez et mettez dans l'ordre les étapes de la recette. 67

a. ....

d. ....

b. ....

e. ....

c. ....

f. ....

6. Écoutez et répondez aux questions. 68

a. Quels légumes Diane a-t-elle mis dans sa soupe ?

....

b. Quand elle prépare de la ratatouille, que fait-elle avant d'ajouter les tomates ?

....

c. Où Diane achète-t-elle ses fruits et légumes ?

....

d. Où achète-t-elle le fromage ?

....

e. Quels fromages se trouvaient sur son plateau de fromage ?

....

f. Quel fromage Marion a-t-elle préféré ?

....

g. Quels fruits Diane a-t-elle utilisés pour préparer sa salade de fruits ?

....

LA NOURRITURE ET LA RESTAURATION

7. Lisez le texte et répondez aux questions.

Vous êtes fatigué(e) ? Besoin de faire un plein de vitamines ?
Voici quelques conseils.

La vitamine C est présente dans la majorité des fruits et légumes frais, mais est particulièrement concentrée dans la fraise, le kiwi et les agrumes (orange, pamplemousse, clémentine…). Vous en trouverez également beaucoup dans le poivron, le brocoli, le chou, le chou-fleur…

La préparation et la cuisson des fruits et légumes pouvant provoquer la perte de vitamines, voici quelques bons réflexes : lavez les fruits et les légumes rapidement, ne les laissez pas tremper dans un grand volume d'eau ; lorsque cela est possible, consommez-les avec leur peau et ne les faites pas cuire trop longtemps.

Pour avoir votre dose journalière de vitamine C, voilà un exemple de menu : au petit déjeuner, un jus d'oranges pressées avec un kiwi. À midi, de la salade verte en entrée, puis des brocolis pour accompagner votre plat et un demi-pamplemousse en dessert. Le soir, une bonne soupe de chou-fleur / carottes, et en dessert, deux clémentines. Rien de tel pour rester en forme !

a. Dans quels fruits et légumes trouve-t-on beaucoup de vitamine C ?

Fruits : ....

Légumes : ....

b. Est-il préférable d'éplucher les fruits pour garder le maximum de vitamines ?

....

c. Quels sont les autres conseils de préparation pour ne pas perdre de vitamines ?

....
....

d. Doit-on manger des fruits à chaque repas pour garder la forme ? Justifiez.

....

8. Écrivez une recette en vous aidant des éléments proposés.

[ajouter - couper - couvrir - éplucher / peler - faire bouillir - faire cuire - faire revenir - saler et poivrer - servir]

 PRENEZ LA PAROLE !

9. **Vous allez au marché pour faire vos courses, vous êtes le / la client(e), votre voisin(e) est primeur ou fromager(-ère). Par deux, jouez la scène.**

Ex. : – Bonjour madame, qu'est-ce que je vous sers ?
    – Je voudrais…

La cuisine et la gastronomie

On passe à table ?

ÉCOUTEZ

Document 69

1 – Les légumes sont cuits ?
– Oui, c'est fait, chef ! Et j'ai mis l'eau à bouillir pour le riz !
– Très bien. Maintenant, il me faut une personne qui s'occupe de faire revenir les oignons, et une autre qui fait griller les amandes. Qui veut le faire ? Amandine pour les oignons ? Coralie pour les amandes ?
– Oui, pourquoi pas !
– Suivez bien les indications que je vous ai données au début du cours !
– Oui, on va essayer ! Juste une précision, Cyril : le sucre, à quel moment je l'ajoute aux amandes ?
– Quand les amandes commencent à dorer !
– D'accord !
– Cyril ! Vous pouvez venir m'aider ? Je suis en train de faire cuire la viande mais j'ai l'impression qu'elle est déjà trop cuite...
– Ah ! Il faut faire très attention à la cuisson ! Là, la viande est à point. J'espère que vous ne la vouliez pas saignante ?
– Non, à point c'est parfait.

2 – Très bien... si vous n'avez plus de questions, on va passer à table ! Qui veut bien servir les assiettes ?
– Moi, je m'en occupe !
– Merci Gaspard, c'est gentil. Ça y est, tout le monde est servi ?
– Oui. Bon appétit !
– Humm... c'est délicieux !
– Oui ! C'est excellent !

RÉPONDEZ

Répondez aux questions.

a. Où sont ces personnes ? Que font-elles ?

....

b. Que doivent faire Amandine et Coralie ?

....

c. Quelle est la cuisson de la viande ?

....

d. Que fait Gaspard ?

....

e. Qu'est-ce que les cuisiniers pensent du repas qu'ils ont préparé ?

....

LA NOURRITURE ET LA RESTAURATION

• SE RESTAURER

Pour faire un **repas copieux** (avec des assiettes bien remplies) en France, on peut aller dans un **restaurant** ou dans une **brasserie** (lieu où on peut boire de la bière et également manger des plats froids ou chauds rapidement préparés). Pour un repas plus rapide, on peut aller dans une **cafétéria** (dans un centre commercial ou à l'université, souvent en **self-service** : on se sert seul et on paie à la caisse), ou encore dans un **fast-food** (lieu de restauration rapide).

Le **chef cuisinier** ou la **chef cuisinière** fait la cuisine dans les grands restaurants. Le **maître** ou la **maîtresse d'hôtel** est responsable du service et de l'accueil des clients. Le **serveur** ou la **serveuse** apporte les plats et les boissons aux clients : il / elle les **sert**.
Quand le **client** est **satisfait** (content du service), il peut laisser un **pourboire** (un peu d'argent en plus) au serveur.

Pour être sûr d'**avoir de la place** au restaurant, il vaut mieux **réserver**.

• FAIRE LA CUISINE

Pour **faire la cuisine / cuisiner**, on utilise des **ustensiles**, comme un **fouet**.
On utilise également de **gros appareils électroménagers** pour cuire les aliments, comme un **four**.
On utilise également de **petits appareils électroménagers**, comme une **bouilloire** (pour faire bouillir l'eau à 100 degrés).

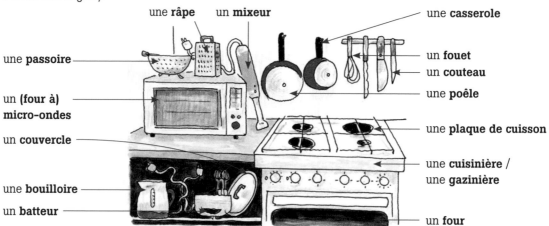

une **râpe**   un **mixeur**   une **casserole**
une **passoire**   un **fouet**
un **couteau**
un **(four à) micro-ondes**   une **poêle**
un **couvercle**   une **plaque de cuisson**
une **cuisinière** / une **gazinière**
une **bouilloire**
un **batteur**   un **four**

Vous allez préparer un **délicieux / excellent** repas. Vérifiez que vous avez tous les **ingrédients** (produits) !
D'abord, **faites revenir** des oignons : **faites-les dorer** dans un peu de **matière grasse** : huile ou beurre, **à feu vif** (feu très fort). Ajoutez des légumes **coupés en morceaux**.
Faites bouillir de l'eau / **Mettez** l'eau à **bouillir** pour **faire cuire** du riz.
Faites griller un steak à la poêle (mettez-le dans une poêle à feu vif). Selon votre goût, choisissez la **cuisson** : **bleu** (la viande n'est pas cuite au milieu : elle est **crue**) ; **saignant** (la viande est rouge au milieu) ; **à point** (la viande n'est pas trop cuite, mais elle n'est pas saignante non plus) ; **bien cuit**.
Si vous n'avez pas mangé tous les légumes ou le riz, vous pourrez les **réchauffer** le lendemain.

Mettez le couvert / mettez la table (les assiettes, les verres, etc.), mangez… vous allez **vous régaler** (avoir beaucoup de plaisir à manger) !

 EXPRESSION IMAGÉE

En avoir l'eau à la bouche : penser à un plat et en avoir très envie.
« Hum ! J'en ai l'eau à la bouche… »

• LES DESSERTS

Pour acheter des gâteaux, on va dans une **pâtisserie** / chez le **pâtissier**.

un **éclair au chocolat**
(ou à la vanille
ou au café) ①

des **macarons** ⑤

une **tartelette
au citron** ②

un **gâteau
au chocolat** /
un **succès** ⑥

une **tartelette
aux fraises** ③

un **mille-feuille** ⑦

un **flan** ⑧

une **tartelette
aux pommes** ④

On y trouve aussi des **spécialités** régionales, comme les **cannelés** (Bordeaux).

Au dessert, on peut aussi manger des **glaces** (à base de crème)
ou des **sorbets** (à base de fruits).

• LES BOISSONS

Avant le repas, les Français aiment parfois prendre un **apéritif** (une boisson alcoolisée).
On peut boire une **bière**, du **vin blanc**, du **vin rouge** ou du **rosé**, un **alcool fort**
(du **whisky**, par exemple)… On peut aussi prendre une boisson non-alcoolisée : un **jus
de tomate**, un **soda** (boisson gazeuse sucrée) ou encore une **limonade** (soda à base
de citron).
Au quotidien, les Français boivent de l'**eau plate / minérale** ou un verre de vin pendant
leur repas. L'eau est servie dans une **carafe** ⑨. On peut aussi boire de l'**eau gazeuse** (eau
minérale avec du gaz).

Quand ils reçoivent des invités, les Français ouvrent différentes **bouteilles** : du vin blanc pour
accompagner le poisson, du vin rouge pour accompagner la viande et le fromage, et parfois
du **champagne** au moment du dessert. C'est
l'occasion de **goûter** (découvrir) des vins.
Après les grands repas, on peut prendre un
digestif pour aider la digestion : ce sont des
alcools forts à base de plantes ou de fruits.

— **FRANCOPHONIE** ——————
déjeuner : petit-déjeuner – **dîner** :
déjeuner – **souper** : dîner.
« À midi, il dîne à la cafétéria. »   Belgique

▶ **Pour communiquer**

– *On passe à table ?*

– *Humm ! C'est un régal / un délice !*

– *Tu peux m'aider à mettre la table /
le couvert ?*

– *Je fais un apéro dînatoire samedi soir,
ça vous dit ?*
– *Avec plaisir ! Qu'est-ce qu'on amène ?*
– *Une bouteille de vin, ce sera parfait !*

– *Qu'est-ce que tu prends pour l'apéro ?
Du rouge, du blanc, ou autre chose ?*

– *Pour le canard, ce sera quelle cuisson ?*
– *À point pour moi, merci.*

– *On va boire un coup, tu viens avec nous ?*
– *Vous allez où ?*
– *Au café des arts.*
– *Ok, mais je vous rejoins dans une heure.*

1. Associez un ustensile à une image.

[une casserole – un couteau – un couvercle – un fouet – une passoire – une râpe]

a. _____ b. _____ c. _____ d. _____ e. _____ f. _____

2. Écoutez et complétez les phrases avec les mots ou groupes de mots entendus. 70

a. Tu as mis l'eau à _____ ?

b. Je déménage, j'ai trouvé un appartement avec une grande cuisine ! Mais je vais devoir racheter tous les gros _____.

c. Tu as un _____ ? Ce sera plus rapide que de réchauffer les légumes à la _____ !

d. On voit que tu cuisines beaucoup, tu as tous les _____ nécessaires !

e. Je n'ai pas l'habitude des _____, j'ai une _____ chez moi.

f. À chaque fois qu'on mange chez vous, on _____ !

3. Vrai ou faux ? Quand c'est faux, donnez la réponse correcte.

a. Les digestifs sont des boissons non-alcoolisées.
☐ Vrai   ☐ Faux

b. On accompagne le poisson de vin rouge.
☐ Vrai   ☐ Faux

c. L'apéritif se prend avant de passer à table.
☐ Vrai   ☐ Faux

d. Le vin blanc n'est pas un alcool fort.
☐ Vrai   ☐ Faux

e. À table, les Français ont l'habitude de boire de l'eau gazeuse.
☐ Vrai   ☐ Faux

f. Goûter un vin, c'est le découvrir.
☐ Vrai   ☐ Faux

4. Choisissez la réponse correcte.

a. Une tartelette, c'est :
☐ un gâteau pour une personne.
☐ un gâteau pour 6 personnes.

b. Une glace est à base de :
☐ crème.
☐ fruits.

c. Un succès, c'est :
☐ un gâteau au chocolat.
☐ un gâteau aux pommes.

d. La personne dont le métier est de faire des gâteaux est un :
☐ boulanger.
☐ pâtissier.

e. Une glace à base de fruits est :
☐ un flan.
☐ un sorbet.

f. Les gâteaux qui ont des couleurs différentes selon leur parfum sont :
☐ les macarons.
☐ les mille-feuilles.

5. Complétez la grille.

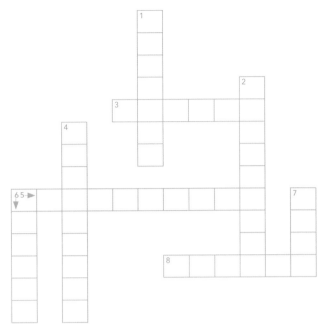

Vertical ↓

1. Le repas l'est quand les assiettes sont bien pleines.

2. Lieu où on peut se restaurer et / ou boire une bière.

4. Professionnel qui cuisine des gâteaux.

6. On l'utilise pour mettre l'eau sur la table.

7. Gros appareil électroménager qui sert à cuire des gâteaux, par exemple.

Horizontal →

3. Faire le service.

5. Elle est composée d'un four et d'une plaque de cuisson.

8. Petit appareil électroménager qui sert à mélanger des ingrédients.

6. Écoutez et répondez aux questions. 71

a. Élodie et Marc ont commandé de la viande. Quelle cuisson ont-ils demandé ?

Élodie : .... Marc : ....

b. Quel alcool boivent-ils pendant leur repas ?

....

c. Boivent-ils seulement de l'alcool ? Justifiez.

....

d. Est-ce que Marc était intéressé par les plats sur la carte ? Justifiez.

....

e. Pensent-ils que les assiettes sont assez remplies ? Justifiez.

....

f. Quel dessert le serveur conseille-t-il ? Pourquoi ?

....

g. Quel dessert prend Élodie ?

....

LA NOURRITURE ET LA RESTAURATION

7. Lisez le texte et répondez aux questions.

Le pourboire

Le mot « pourboire » est apparu au milieu du XVIIIe siècle et désigne la petite somme donnée par le client à l'employé d'un restaurant ou d'un bar.

En France, le pourboire est laissé à l'appréciation du client. En effet, au restaurant, les prix incluent déjà les taxes et le service (15 % environ du prix total). Mais quand le client est satisfait, il peut laisser 5 % environ du montant de l'addition en plus.

Qu'en est-il dans les autres pays ?
Les Canadiens et les Américains ont l'habitude de laisser systématiquement un pourboire en plus du montant de l'addition car le service n'est pas compris dans les prix. En général, le pourboire varie entre 10 % et 15 % du montant total. En Europe, l'Irlande et l'Angleterre fonctionnent sur ce même principe. Nos voisins belges, hollandais et luxembourgeois sont proches de nous sur ce point : le client est libre de laisser un pourboire ou pas. Mais dans plusieurs pays, cette coutume n'existe pas. C'est le cas des pays scandinaves, par exemple. Les Danois, les Suédois, les Finlandais et les Norvégiens ne laissent jamais de pourboire. Et en Chine ou au Japon, le pourboire est mal vu et pourrait même offenser le personnel de l'institution. Les attentes en matière de pourboire varient donc d'un pays à l'autre et il vaut mieux bien se renseigner avant de partir en voyage.

a. Qu'est-ce qu'un pourboire ?

b. En France, qu'est-ce qui est compris dans l'addition ?

c. À combien correspond le montant du pourboire en France ?

d. Dans quels pays a-t-on pour habitude de laisser un pourboire ?

e. À quoi est due cette habitude ?

f. Faut-il laisser un pourboire en Chine ? Pourquoi ?

8. Racontez ou imaginez une soirée passée dans un grand restaurant.
  a. Précisez à quelle occasion et avec qui vous êtes allé(e) au restaurant.
  b. Qui a réservé ? Combien de temps à l'avance ?
  c. Avez-vous été satisfait(e) du service du maître d'hôtel ? Pourquoi ?
  d. Qu'avez-vous pensé de la cuisine, des plats de ce restaurant ?
  e. Avez-vous laissé un pourboire ? Combien ?
  f. Est-ce que l'expérience vous a plu ? Pourquoi ?

 PRENEZ LA PAROLE !

9. Par deux, discutez des habitudes culinaires dans votre pays : que boit-on et que mange-t-on ? À quelle occasion ? Comment se déroulent les repas ?
Ex. : – Est-ce qu'on invite ses amis à prendre un apéritif dans ton pays ?
– Non, dans mon pays, on invite ses amis à dîner et quand ils arrivent, on passe directement à table. L'apéritif n'existe pas. Et dans ton pays ?

20

Les courses et les commerces

Tu as vraiment fait une bonne affaire !

ÉCOUTEZ

Document 72

❶ – *Dis Alice, ça te dirait un ciné ? Pour une fois qu'on ne finit pas trop tard !*
– *C'est gentil de proposer, Juliette. J'aurais bien aimé mais là, je dois aller faire mes courses en grande surface !*
– *Il va y avoir plein de monde ! Pourquoi tu n'irais pas au drive ?*
– *Mais comment ça marche, le drive ?*
– *Tu vas sur le site Internet du supermarché, tu remplis ton panier, tu payes et tu vas chercher tes courses.*
– *Oui, mais est-ce que tu peux bénéficier des mêmes promotions qu'en magasin ?*
– *Non seulement tu as les mêmes promotions, mais l'avantage, c'est que tu vois combien tu dépenses au fur et à mesure que tu remplis ton panier. Le calcul se fait automatiquement et à la fin, le total s'affiche !*
– *C'est pas mal ! Et en plus, je n'aurai plus à pousser un chariot trop lourd ni à surveiller les enfants au milieu de la foule et du bruit ! Tu m'as convaincue ! Je vais essayer !*

❷ – *Allô Juliette !*
– *Salut Alice, ça va ?*
– *Oui ! Je reviens du drive et franchement, j'ai vu la différence ! Merci pour l'info !*
– *Je t'en prie ! Tu as eu ta commande complète ?*
– *Oui, oui, aucun problème pour retirer ma commande. En plus, il y avait une offre spéciale sur les produits pour bébé !*

RÉPONDEZ

Répondez aux questions.

a. Quel est le sujet de la discussion entre Alice et Juliette ?

....

b. Pourquoi Alice ne peut-elle pas aller au cinéma avec Juliette ?

....

c. Que lui déconseille Juliette ? Pourquoi ?

....

d. Quelle solution Juliette propose-t-elle à Alice ?

....

e. En ligne, qu'est-ce qu'on remplit ?

....

f. Pourquoi Alice a–t–elle pu acheter des produits pour bébé à un prix avantageux ?

....

• ACHETER EN GRANDE SURFACE

Les supermarchés et les **hypermarchés** (les gros supermarchés)
sont des **grandes surfaces**, c'est-à-dire des commerces
de grande taille où on peut acheter de la nourriture, mais aussi
des produits d'hygiène, des produits pour la maison, etc.

On peut faire les **courses en ligne** : sur le site Internet de ces magasins, on remplit son **panier** (on choisit
des produits) et on effectue le **paiement** par carte bancaire. Les employés **préparent** la **commande**
(les produits achetés à distance) que l'acheteur va **retirer** (chercher) s'il a choisi l'option **drive**. Certaines
grandes surfaces **livrent à domicile / font des livraisons à domicile** (apportent les courses chez le client).
Beaucoup de clients continuent à faire leurs courses directement **en magasin**. Pour porter les produits,
ils prennent un **panier** (pour de petites courses) ou un **chariot** / un **caddie** (pour de grosses courses).
Ensuite, ils passent dans les différents **rayons** pour choisir leurs produits : par exemple, le fromage
au rayon frais, le gel douche au rayon des produits d'hygiène.

Pour aller plus vite, le client qui n'a pas beaucoup d'**articles** (les produits vendus par le magasin) peut
payer ses achats aux **caisses automatiques** : il scanne lui-même les codes-barres des produits.
La machine **calcule** le montant à payer et lui **rend la monnaie** (la différence) s'il paye en liquide.

Pour savoir si les grandes surfaces proposent des produits **en promotion** (une baisse des prix), des **offres
spéciales** (des avantages, comme « 1 produit acheté = 1 offert »), les clients consultent le **catalogue**
(petit livre, prospectus) du magasin.

• ACHETER DANS LES COMMERCES DE PROXIMITÉ

Les grandes surfaces se trouvent en périphérie des villes et permettent de faire de grosses courses.
Quand un produit leur manque, les gens peuvent se rendre dans une **épicerie** de leur quartier (un petit
magasin d'**alimentation** / de nourriture).
L'épicier(-ère) est un **commerçant** qui ouvre son magasin tard le soir et souvent le dimanche,
contrairement aux autres commerces en France.
Il existe aussi des épiceries **bio**, qui proposent des produits naturels issus de l'agriculture biologique.
La **clientèle** (les clients) de ces épiceries est de plus en plus nombreuse.

Il existe d'autres commerces alimentaires **de proximité** (dans le quartier où on habite) : boucherie,
boulangerie, pâtisserie, poissonnerie, etc., mais également des commerces qui vendent d'autres produits.
• Le **bureau de tabac** vend des magazines, des bonbons et du tabac : bien que **fumer** soit **dangereux**
(mauvais) pour la santé, les Français fument beaucoup. En France, le prix du paquet de cigarettes est élevé
et augmente régulièrement de plusieurs dizaines de **centimes** d'euros (+ 0,30 € en moyenne par an).
Pour ceux qui souhaitent limiter leur consommation ou arrêter de fumer, il existe des **cigarettes
électroniques / e-cigarettes**.
• La **mercerie** vend des articles et des **tissus** pour faire de la **couture** (créer une jupe, par exemple)
et du **tricot** (faire un pull en laine ou en coton, par exemple).

| du **coton** | du **cuir** | de la **dentelle** | de la **laine** | du **lin** |

• Le **cordonnier** / la **cordonnière** répare les chaussures et les objets en cuir (un sac, par exemple). Il vend
aussi du **cirage** (pour nourrir le cuir et faire briller les chaussures).
• La **papeterie** vend du papier et tous les **articles de bureau** (stylo, cahier, gomme, etc.).
• La **droguerie** vend des **produits d'entretien** (des produits pour nettoyer) et de bricolage.
Dans ces commerces, les vendeurs conseillent et **servent** les clients.

• FAIRE LES MAGASINS

Les **grands magasins** (comme Les Galeries Lafayette) réunissent dans un grand espace plusieurs types de produits de différentes marques. On y trouve des vêtements et des accessoires (classiques ou **tendance** / à la mode), de la **lingerie** (des sous-vêtements et vêtements de nuit), des parfums, de la décoration, de la vaisselle, etc.

─ **FRANCOPHONIE** ─────────────

Magasiner : faire les magasins, faire du shopping.
« Elle adore magasiner avec ses copines. »

QUÉBEC

| une **robe** | une **chemise** | un **top** | une **veste** | un **pyjama** | des **bas** | des **bottes** |

À l'étage des vêtements, on peut **se déshabiller** et essayer les articles dans les **cabines d'essayage**. Les vendeurs disent aux clients si les vêtements leur **vont bien** ou **mal** : si la taille et le modèle conviennent.

Les Français **dépensent** beaucoup d'argent dans les grands magasins pour acheter des cadeaux de Noël.

📷 **EXPRESSION IMAGÉE**

Faire du lèche-vitrine :
se promener en regardant les vitrines des magasins sans y entrer, sans rien acheter.
« Faire du lèche-vitrine sans rien dépenser, c'est très agréable. »

| un **foulard** | des **bijoux** | un **portefeuille** |

Pour acheter des **vêtements de sport** et des **baskets** (chaussures pour faire du sport), il faut aller dans un magasin spécialisé.

Pour les produits qui coûtent cher (les produits de luxe), les **réductions** (– 40 % / pour cent, par exemple) en période de soldes sont intéressantes. Après les soldes, les magasins **mettent en rayon** (installent) la **nouvelle collection** (les articles des saisons à venir : printemps / été ou automne / hiver).

▶ **Pour communiquer**

– *Nous informons notre aimable clientèle que le magasin va fermer ses portes dans 10 minutes. Merci de vous diriger vers les caisses.*

– *Tu n'as pas un jeton pour le chariot ?*
– *Non, mais j'ai un euro. Tiens !*

– *J'ai trouvé un sac en cuir à 50 %.*
– *Tu as vraiment fait une bonne affaire !*

– *C'est pour offrir ? Vous souhaitez un paquet cadeau ?*
– *Oui, s'il vous plaît. ΦNon merci, c'est pour moi.*

EXERCICES

1. Écoutez et entourez dans la grille les 7 vêtements ou accessoires entendus. 73

B	L	Z	E	T	T	A	M	G	F	D	O
O	P	I	P	E	T	K	A	O	O	I	P
T	I	H	N	V	N	A	J	U	U	E	M
T	R	T	E	G	P	R	E	I	L	M	Q
E	C	O	E	R	E	T	Y	L	A	L	X
S	A	F	P	I	S	R	I	U	R	T	W
P	Y	J	A	M	A	D	I	V	D	O	A
I	R	R	T	I	O	I	Y	E	C	M	E
M	I	A	I	Q	C	U	U	S	V	G	D
T	Q	A	G	H	G	D	Z	T	I	H	I
E	K	C	H	E	M	I	S	E	L	F	U
D	C	R	U	O	M	D	E	Y	R	S	L
P	O	R	T	E	F	E	U	I	L	L	E

2. Vrai ou faux ? Quand c'est faux, donnez la réponse correcte.

a. Faire ses courses en ligne, c'est faire ses courses sur Internet.
☐ Vrai   ☐ Faux

....

b. Dans une mercerie, on peut acheter de la laine.
☐ Vrai   ☐ Faux

....

c. Sur le site Internet d'un supermarché, on remplit son caddie.
☐ Vrai   ☐ Faux

....

d. Un pull est en cuir.
☐ Vrai   ☐ Faux

....

e. Les vêtements tendance sont à la mode.
☐ Vrai   ☐ Faux

....

f. À la caisse automatique, il y a une caissière.
☐ Vrai   ☐ Faux

....

EXERCICES

3. Associez un commerce ou un commerçant à une image.

[un bureau de tabac – un cordonnier – une droguerie – une épicerie – une mercerie – une papeterie]

a. _____ b. _____ c. _____

d. _____ e. _____ f. _____

4. Complétez les phrases.

a. Quand on a l'intention de faire de grosses courses, on prend un _____ avant d'entrer dans le magasin.

b. Les clients essaient les vêtements dans les _____ .

c. Quand on fait ses courses sur Internet, le _____ s'effectue par carte bancaire.

d. Aux caisses automatiques, si le client introduit un billet de 50 euros pour régler 27 euros, la machine _____ (23 euros).

e. Il existe des caisses pour les personnes qui achètent moins de 10 _____ .

f. Pour nettoyer sa maison, on a besoin d'acheter des _____ .

5. Écoutez les définitions et écrivez les mots qui correspondent. 74

a. _____ c. _____ e. _____

b. _____ d. _____ f. _____

6. Écoutez et répondez aux questions. 75

a. Que vont faire ces deux amies ?

b. Aurélie a-t-elle fait des achats ces deux derniers mois ? Justifiez.

c. Où Aurélie veut-elle aller en premier ? Pourquoi ?

d. De quoi Aurélie a-t-elle besoin ?

e. Qu'est-ce qu'elles s'interdisent ? Pourquoi ?

EXERCICES

7. Lisez le texte et répondez aux questions.

Les Français réalisent 75 % de leurs dépenses alimentaires dans les grandes surfaces et seulement 15 % dans les commerces de proximité.

Depuis quelques années, la manière de faire ses courses en grande surface a changé : ce sont les courses en ligne qui ont gagné du terrain, en particulier les « drive ». Ce sont des points de livraison proposés par les grandes surfaces pour les commandes de produits effectuées sur Internet.

L'âge et le profil des acheteurs ont évolué depuis la création de ce service en 2004. Au départ, il attirait surtout les consommateurs âgés de 25 à 40 ans, et principalement des femmes. Aujourd'hui, on constate que les 40-50 ans sont de plus en plus représentés. La clientèle reste cependant très féminine (70 %).

Chaque mois, un foyer sur 10 fait ses courses de cette façon. Le panier moyen du drive s'élève à 67 euros par semaine,

contre 40 euros en magasin. En effet, la croissance des drives se fonde sur les courses de plein (l'équivalent des gros caddies hebdomadaires).

Fini les achats épisodiques : le drive s'est fait une place au cœur des habitudes de consommation.

a. Les Français font-ils tous leurs courses dans les grandes surfaces ?

b. Qui propose le service du drive ?

c. Que faut-il faire avant d'aller chercher ses courses ?

d. Ce service est-il utilisé principalement par les femmes ou par les hommes ? Justifiez.

e. Est-ce que la majorité des foyers fait ses courses ainsi ? Justifiez.

f. Les Français font-ils de plus grosses courses quand ils utilisent le service du drive ?

8. Écrivez un mail à votre sœur pour lui dire les cadeaux de Noël que vous avez repérés pour le reste de la famille. Précisez quel article, pour qui, pourquoi et dans quel type de magasin.

 PRENEZ LA PAROLE !

9. Vous essayez de convaincre un(e) ami(e) des avantages des courses en ligne et du drive. Votre ami(e) vous explique pourquoi il / elle préfère aller faire ses courses en grande surface.

Ex. : – Je préfère faire mes courses en grande surface. J'aime voir les produits que j'achète !
– Mais sur Internet tu les vois, et surtout, tu gagnes du temps ! Les grandes surfaces sont immenses !

21

La ville, la campagne et l'écologie

Tu as déjà visité l'aquarium de Saint-Malo ?

OBSERVEZ

Document « Objectif zéro plastique ! », www.fondation-nicolas-hulot.org, 29 juin 2016

17 milliards. C'est le nombre de sacs plastique utilisés chaque année en France. Responsable de la dégradation des paysages terrestres et des fonds marins, le sac à usage unique met des centaines d'années avant de disparaître. Son utilité et sa durée de vie avaient besoin d'être sérieusement remises en question. Dans le cadre de la loi vers la transition énergétique, les sacs distribués en caisse seront interdits à partir du 1er juillet dans tous les commerces alimentaires. Les sacs pour les fruits et légumes le seront au 1er janvier 2017. L'objectif de ces deux mesures est de diminuer fortement le gaspillage et de changer les comportements individuels.

Un danger constant pour les espèces marines

75 % des déchets retrouvés en mer sont en plastique et d'origine terrestre. Les sacs à usage unique représentent donc une menace directe sur les écosystèmes marins. Avec les courants, les sacs plastique se déplacent dans les océans et s'amassent en surface. Le 7e continent est d'ailleurs tristement célèbre pour ses « soupes de plastique » constituées de macro-déchets. Plus de 260 espèces sont ainsi touchées par cette présence anormale dans leur milieu naturel. Poissons, tortues, oiseaux et mammifères confondent en effet le plastique avec leur alimentation (méduse, plancton) et les ingèrent, ce qui bloque leur estomac et provoque leur mort. Une fois polluées, certaines espèces issues de la pêche peuvent également se retrouver dans notre assiette.

RÉPONDEZ

Répondez aux questions.

a. De quoi parle-t-on dans ce texte et qui constitue un vrai problème pour l'environnement ?

....

b. Quelle est la durée de vie d'un sac plastique ?

....

c. Dans quel but la loi a-t-elle interdit les sacs plastique dans les commerces alimentaires ?

....

d. Quel constat a-t-on pu faire sur le plastique retrouvé en mer ?

....

e. Quels animaux confondent le plastique avec leur nourriture ?

....

f. Pourquoi l'homme est-il directement concerné par la présence de plastique dans la mer ?

☐ Parce qu'il nage dans une « soupe de plastique ».   ☐ Parce qu'il mange des poissons pollués.

L'ENVIRONNEMENT

• LA VILLE

Le paysage **urbain** (de la ville) est très varié : des bâtiments d'**architecture** ancienne cohabitent souvent avec des bâtiments d'architecture moderne.

En ville, il y a des bâtiments publics. La **mairie** / l'**hôtel de ville** / la **maison communale** (Belgique), est le bâtiment où se trouvent les services de l'administration **municipale** (de la ville). Le **commissariat** est le lieu où travaillent les policiers, qui sont fonctionnaires. La **gendarmerie** est l'endroit où travaillent les **gendarmes**, qui sont des militaires (de l'armée) et qui assurent la protection des personnes et des biens. Dans toutes les grandes villes, on trouve aussi un **centre des impôts**, où on calcule le montant des **impôts** (taxes) et où on en contrôle le paiement, ainsi qu'un hôpital public.

Enfin, on trouve en ville des bâtiments destinés à la culture, comme les musées, parfois un **zoo** (où on peut voir des animaux) et un **aquarium**, où on peut voir des poissons et des **mammifères** (la mère nourrit son petit avec du lait) **marins** (de la mer).

une **tortue**
une **baleine**
un **dauphin**
une **raie**
un **singe**
un **zèbre**
un **panda**
une **girafe**
un **crocodile**
un **lion**
un **tigre**

• LA CAMPAGNE

un **agriculteur** qui **nourrit** ses animaux
un **cochon** qui **grogne**
un **poirier**
un **pommier**
un **cerisier**
un **chien** qui **aboie**
des **arbres fruitiers**
un **champ de culture**
la **culture** du maïs
un **coq** qui **chante**
un **mouton** qui **bêle**
une vache qui **meugle**
un chat qui **miaule**

À la campagne, certains **ruraux** (les habitants de la campagne) ont une **exploitation agricole** (une entreprise qui fait de la production agricole). Un **agriculteur** / Une **agricultrice** peut, par exemple, s'occuper de la **culture** du maïs (il cultive le maïs) ou de l'**élevage** d'animaux (la multiplication des animaux pour l'usage des humains). Dans les exploitations agricoles, on trouve aussi des animaux **domestiques** : un chien ou un chat, le plus souvent.

 EXPRESSION IMAGÉE

Avoir la main verte : savoir entretenir et faire pousser les plantes.
« Vu l'état de ses plantes, on peut dire qu'elle n'a pas la main verte… »

Les ruraux ont besoin de vivre près de la nature, au milieu de la **faune** (l'ensemble des espèces animales) et de la **flore** (l'ensemble des espèces végétales).

• L'ÉCOLOGIE

L'**environnement** (la nature) est un sujet très important. Le **réchauffement climatique** (l'augmentation de la température de la planète) est au cœur des discussions concernant l'**écologie** (la préoccupation pour l'avenir et les conditions de vie sur la planète).

Le réchauffement climatique est principalement causé par les émissions de **gaz à effet de serre** (comme le CO_2) qui proviennent des activités humaines (les carburants des voitures, les rejets des usines…) et la **déforestation** (les forêts sont réduites). Les conséquences sont nombreuses : par exemple, certaines îles vont certainement **disparaître** (elles n'existeront plus) à cause de la montée des **océans** (Pacifique, Atlantique) ainsi qu'une **espèce** animale (un groupe d'animaux semblables qui vivent ensemble) sur six.

C'est pourquoi les **gestes** (les actions) qu'on peut faire au quotidien pour **protéger** (faire attention à) la planète sont essentiels : par exemple, ne pas prendre sa voiture pour éviter la **pollution** (la détérioration) de l'air, **trier** (séparer dans des poubelles différentes) ses **déchets** / ses **ordures** (ce qu'on jette à la poubelle), qui seront ensuite **recyclés** (ils auront une deuxième vie). Il faut essayer de ne pas **gaspiller** (utiliser plus que nécessaire) l'eau et l'électricité, et d'utiliser des **énergies renouvelables** (qui ont un renouvellement naturel assez rapide et sont donc inépuisables), comme par exemple l'énergie **solaire** ① ou **éolienne** ②. Enfin, il faut éviter d'utiliser des **sacs (en) plastique** ③.

Les **comportements humains** (les attitudes) doivent changer pour ne pas **dégrader** (détériorer) l'environnement : les paysages **terrestres** (de la terre), les **fonds marins** (les fonds de toutes les mers et océans de la planète), les **écosystèmes** (les systèmes formés par un environnement et par l'ensemble des espèces qui y vivent).

> ### Pour communiquer

– *Tu connais le numéro pour appeler la police ?*
– *C'est le 17 !*

– *Tu as déjà visité l'aquarium de Saint-Malo ?*
– *Non.*
– *Tu peux y voir plus de 5 000 poissons !*

– *Tu fais le tri ?*
– *Évidemment !*

– *J'ai vu une émission à la télé hier sur le réchauffement climatique.*
– *Je l'ai vue aussi, c'est inquiétant…*

1. Écoutez et complétez les phrases. 🎧 76

    a. Il faut protéger les espèces de la .... et de la ....

    b. Dans son jardin, il a un ...., un .... et un ....

    c. Le .... calcule le montant de nos impôts.

    d. Les agriculteurs s'occupent de leurs ....

    e. Les enfants ont adoré la visite de l'.. avec différents ...., poissons et animaux ....

    f. Il a fait des études d'.. et a participé à de nombreux projets ....

2. Associez un mot à une image puis à une définition.

a. un cochon	**A.**	**1.** Il nourrit ses animaux.
b. un gendarme	**B.**	**2.** Cet animal meugle.
c. des ordures	**C.**	**3.** Il veille à la sécurité des personnes et des biens.
d. une vache	**D.**	**4.** Cet animal grogne.
e. un agriculteur	**E.**	**5.** Ce sont des déchets.

3. Classez les comportements dans le tableau.

[dégrader l'environnement – gaspiller – polluer – protéger les espèces animales – recycler – trier ses déchets – utiliser des énergies renouvelables]

Comportements positifs	Comportements négatifs

4. Écoutez les définitions et écrivez les mots ou expressions qui correspondent. 🎧 77

a. ....   d. ....

b. ....   e. ....

c. ....   f. ....

5. Vrai ou faux ? Quand c'est faux, donnez la réponse correcte.

a. Quand on a la main verte, on s'occupe bien des plantes.

☐ Vrai   ☐ Faux : ....

b. Les gaz à effet de serre proviennent de l'activité naturelle de la planète.

☐ Vrai   ☐ Faux : ....

c. Les ruraux vivent en ville.

☐ Vrai   ☐ Faux : ....

d. L'énergie éolienne est l'énergie du soleil.

☐ Vrai   ☐ Faux : ....

e. Une baleine est un mammifère marin.

☐ Vrai   ☐ Faux : ....

f. Certaines espèces animales sont aujourd'hui menacées.

☐ Vrai   ☐ Faux : ....

6. Complétez le texte avec les mots proposés.

[agriculteur – cultures – écosystème – élevage – environnement – fruitiers – nourrir – protège]

Être agriculteur aujourd'hui

Un agriculteur doit être passionné de nature avant tout, mais aussi avoir de nombreuses compétences, car il doit accomplir de multiples missions : entretenir des .... végétales, des champs, des arbres ...., s'occuper de ses animaux (les soigner et les ....) et réparer des outils et des machines agricoles. Être ...., c'est bien plus que cultiver les plantes ou s'occuper de l'........................... des animaux. Un agriculteur est son propre patron. Il doit savoir adapter son travail en fonction des saisons. Il est important de prendre en compte l'........................... et tous les changements liés aux conditions météorologiques. Le principal avantage pour de nombreux agriculteurs interrogés est d'être en contact avec la nature, avec le vivant. Et l'agriculteur d'aujourd'hui .... l'équilibre de notre ....

7. Écoutez et répondez aux questions. 🎧 78

a. Où Baptiste est-il allé en sortie scolaire ?

....

b. Quels animaux a-t-il pu voir ?

....

c. La tortue est-elle en danger ?

....

d. Quels sont les deux types de tortues dont a parlé le maître ?

....

....

e. Baptiste parle d'un poisson et d'un mammifère vus dans l'aquarium. Lesquels ?
Le poisson : ....
Le mammifère : ....

f. Que faut-il faire pour protéger les océans ?

....

....

....

8. Décrivez votre ville ou votre village. Parlez de l'architecture, des lieux administratifs, des différents bâtiments publics, etc.

Ex. : Dans mon village, il n'y a pas beaucoup d'habitants. La mairie se trouve sur la place, ainsi que le commissariat…

....

....

....

....

....

....

....

....

....

....

....

💬 **PRENEZ LA PAROLE !**

9. Par petits groupes, échangez à propos de l'environnement et de l'écologie.
Quels gestes faites-vous au quotidien pour protéger l'environnement ?
Qu'aimeriez-vous changer dans votre comportement ?
Ex. : Moi, je fais le tri et je me déplace à vélo !

22

La vie économique

Tu travailles dans le public ou dans le privé ?

ÉCOUTEZ

| Document | *Carnets de campagne*, France Inter, 19 mai 2016 79 |

*« Une entreprise sociale agréée solidaire, elle a une particularité
par rapport à une entreprise classique ?* »*

Contexte : Bastien Sibille a créé le site *covoiturage-libre.fr*. Il évoque les nouvelles formes d'économie.

*ESS : entreprise sociale solidaire.
*AMAP : association pour le maintien d'une agriculture paysanne.

RÉPONDEZ

1. Répondez aux questions.

a. De quel type de document s'agit-il ?

....

b. Quels sont les thèmes de l'extrait ?

....

2. Cochez les réponses correctes.

a. Le journaliste oppose :
☐ deux types d'entreprise.
☐ trois types d'entreprise.

b. Avoir une activité d'insertion, c'est :
☐ proposer un travail aux personnes sans emploi.
☐ apporter une aide financière aux personnes sans emploi.

c. Dans « la démocratie d'entreprise », les salariés :
☐ participent aux décisions de l'entreprise.
☐ ne sont pas associés aux décisions de l'entreprise.

d. Une AMAP et une crèche peuvent être des exemples :
☐ d'économie collaborative.
☐ de plateforme numérique.

LA VIE SOCIALE ET ÉCONOMIQUE

• L'ÉCONOMIE ET LES SECTEURS D'ACTIVITÉ

L'**économie** mondiale est **capitaliste**. L'objectif des entreprises est le **progrès**, la **croissance** (l'augmentation de la production et des revenus) et de bons **résultats financiers** en fin d'année. Pour cela, elles doivent être **productives** (produire beaucoup).

Chaque **secteur** – comme l'**agriculture** ①, l'**artisanat** ②, l'**automobile** ③, la **banque** et les **assurances** ④, le **droit** ⑤, la **santé** ⑥, l'**industrie**, la **publicité**, le **tourisme**, le **transport**… – **produit** (fabrique) chaque année des **biens** (des produits) ou propose des services pour le **marché** national ou international.

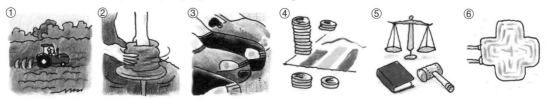

On distingue le **secteur privé** (les **entreprises**) et le **secteur public**.

En France, on parle de **grandes entreprises** ou **GE** (plus de 5 000 personnes), de **petites et moyennes entreprises** ou **PME** (entre 10 et 250 personnes) et de **micro-entreprises**, appelées aussi **très petites entreprises** ou **TPE** (moins de 10 personnes). Les Français utilisent couramment à l'oral le mot « **boîte** » pour parler de l'entreprise ou de **la société** dans laquelle ils travaillent.

Plus de 5 millions de personnes travaillent dans les services de la **fonction publique** : l'armée, l'enseignement, les finances, la gendarmerie, la police, la santé (les hôpitaux)… On appelle les employés de la fonction publique des **fonctionnaires**.

Quand l'entreprise augmente son **chiffre d'affaires** (le total de ce qu'elle vend), le ou la **chef / la cheffe d'entreprise** / le ou la **PDG** (président(e) directeur(-trice) général(e)) peut augmenter les **salaires** (l'argent gagné en échange de son travail) des **employés**. Dans les périodes de **crise économique** (l'activité économique ralentit), les entreprises **licencient** les **salariés** (les travailleurs), car il n'y a plus assez de travail : le **chômage** est **à la hausse** (il augmente) / il y a une **hausse** du nombre de **chômeurs**. Dans les entreprises, les **syndicats** sont des organisations qui défendent les intérêts des travailleurs ; ceux-ci ont le droit de **grève** (le droit d'arrêter de travailler). Les **grévistes** manifestent dans les rues des grandes villes : on parle de **rassemblements** ou de **manifestations**.

• LA MONDIALISATION

Le terme « **mondialisation** » désigne le **commerce** (la vente et l'achat de biens et de services) mondial. Certains produits sont **importés** (ils viennent de l'étranger) et d'autres sont **exportés** (ils sont expédiés et vendus à l'étranger).

Les produits ne vont pas toujours directement du producteur au **consommateur** (acheteur), il y a souvent des **intermédiaires**, ce qui augmente le prix des **marchandises** (produits).

Beaucoup de produits sont fabriqués dans les **pays industrialisés** dits « **émergents** » / « **en développement** », ce qui se traduit par une **baisse des prix** pour les consommateurs(-trices) des pays dits « développés » (plus riches). La **production** peut être aussi **délocalisée** : l'usine ferme dans son pays d'origine pour aller s'installer dans un pays où la **main d'œuvre** (les salariés) est moins chère.

Mais la mondialisation a aussi donné naissance au **commerce équitable**, qui tente d'équilibrer les relations commerciales et financières entre le producteur, le distributeur et le consommateur. Depuis la fin du xxe siècle, on parle également de **développement durable** : les hommes ont le droit de se servir des **ressources naturelles** de la Terre, mais le devoir de ne pas les endommager. Cela nous pousse à changer nos habitudes de consommation.

• LA CONSOMMATION

Nous vivons dans une **société de consommation** : elle crée tous les jours de nouveaux besoins et incite à l'achat de nouveaux produits.

Dans les **grands magasins** (situés dans le centre des grandes villes) et les **grandes surfaces** (supermarchés), on peut tout acheter au même endroit et gagner du temps.

Aujourd'hui, beaucoup de consommateurs achètent aussi **en ligne** (sur Internet) : ils vont sur des **sites marchands**, cliquent pour choisir un produit et paient avec leur **carte bancaire**.

En fin de saison, au moment des **soldes**, les produits sont vendus jusqu'à moins 50 % ou 70 %. Depuis quelques années, les **magasins** font souvent des **promotions** toute l'année : les produits sont vendus moins cher.

 **EXPRESSION IMAGÉE**

Coûter les yeux de la tête : coûter très cher.
« Je voulais acheter ce manteau, mais il coûte les yeux de la tête ! »

• L'ARGENT ET LA BANQUE

Quand on veut **faire un achat important** (moto, voiture, maison…), mais qu'on n'a pas assez d'argent, on **fait un emprunt auprès de la banque / demande un prêt à la banque** (la banque prête de l'argent) et on paie l'achat **à crédit** sur 10, 15 ou 20 ans (on rend l'argent pendant cette durée).

Si on ne veut pas avoir de **dettes** (devoir de l'argent) et ne pas devoir **rembourser** d'argent à la banque, on **paie comptant** (la totalité).

Si on dépense trop d'argent, on peut **être à découvert** (le **compte** est vide) et **être interdit bancaire** : même en rentrant le code de sa **carte de crédit** (carte bancaire) dans le **distributeur**, on ne pourra plus **retirer** d'argent !

Quand on **gagne bien sa vie** (on a un salaire élevé), on peut par exemple **dépenser de l'argent** en voyages, beaux vêtements et restaurants gastronomiques…

FRANCOPHONIE

Faire de l'argent comme de l'eau : gagner de l'argent facilement.
« Depuis qu'il a créé sa boîte, Paul fait de l'argent comme de l'eau ! Il dépense des sommes importantes tous les jours ! »

 QUÉBEC

▶ **Pour communiquer**

– *Tu travailles dans le public ou dans le privé ?*
– *Je suis fonctionnaire, je travaille à La Poste.*

– *Vous travaillez dans quel secteur ?*
– *Je travaille dans le secteur de la santé et c'est un secteur qui ne se porte pas bien en ce moment !*

– *Tu viens avec moi faire les soldes ?*
– *Tu rigoles ! Je suis fauché comme les blés : je n'ai plus un sou !*

– *Regarde ce manteau en cuir : ça ne te dit pas de l'acheter ?*
– *Mais il est hors de prix ! Je n'achète que des produits en promo, moi !*

– *Où as-tu acheté ce super canapé ?*
– *Je l'ai acheté sur Internet ; il était un peu cher, mais je peux me le permettre !*

– *Tu as demandé un prêt pour ta nouvelle voiture ?*
– *Oui, j'ai un crédit sur deux ans.*

1. Écoutez et complétez le texte. 80

Le terme « .... » désigne l'intensification du commerce à l'échelle internationale. Les .... et les .... sont nombreuses. Beaucoup de .... sont fabriqués dans les pays .... par la .... locale, parfois dans des usines .... Avec la mondialisation sont nés des mots nouveaux comme « .... » ou « .... ».

2. Écoutez et associez un audio à une image. 81

a. Audio .... **b.** Audio .... **c.** Audio .... **d.** Audio ....

3. Associez les mots de chaque colonne pour obtenir une expression.

le chef   o   o d'activité
le commerce   o   o d'entreprise
le développement   o   o de consommation
la fonction   o   o durable
le secteur   o   o équitable
la société   o   o publique

4. Écoutez, associez un dialogue à une image et nommez chaque secteur. 82

a. .... ; ....   **b.** .... ; ....   **c.** .... ; ....

d. .... ; ....   **e.** .... ; ....   **f.** .... ; ....

5. Complétez les devinettes.

a. Commerce qui se situe dans le centre des grandes villes et où l'on peut acheter une grande variété de produits : _____

b. Vente de marchandises à prix réduit à certaines périodes de l'année : _____

c. Somme d'argent prêtée par une banque ou une personne : _____

d. Somme d'argent reçue à la fin du mois en échange de son travail : _____

e. La somme des ventes effectuées par une entreprise : _____

6. Écrivez des phrases avec les éléments proposés.

a. [les bons résultats / le chef d'entreprise / augmenter / les salaires]

_____

b. [emprunter / 300 000 euros / la banque / vingt ans / Emmanuel]

_____

c. [le prix / les marchandises électroniques / 20 % / baisser]

_____

d. [beaucoup d'argent / les dettes / les amis / la banque / emprunter / Jérôme]

_____

e. [la PME / les syndicats / être d'accord / le chef d'entreprise / jamais]

_____

f. [fermer / la société / la main d'œuvre / pays / moins chère / s'installer]

_____

7. Complétez la grille.

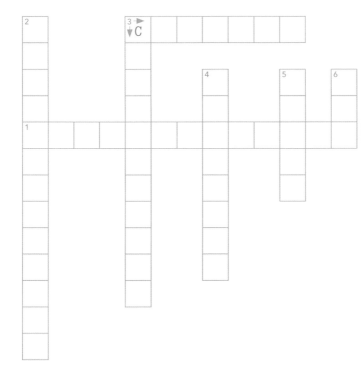

Horizontal →
1. Personne qui travaille dans la fonction publique.
3. Personne qui n'a plus de travail.

Vertical ↓
2. Rassemblement de gens dans la rue.
3. Qui qualifie l'économie mondiale.
4. Il défend les travailleurs.
5. Synonyme familier d'« entreprise ».
6. Petite et moyenne entreprise en plus court.

8. **Lisez le texte et répondez aux questions. Quand c'est faux, donnez la réponse correcte.**

OUEST MATIN • mercredi 29 juin

Les soldes, c'est parti !

La période des soldes se déroule sur six semaines. Saviez-vous que les commerçants doivent obéir à une réglementation très stricte fixée par le code du commerce ? Ils doivent par exemple afficher très clairement le prix des produits en promotion.
Selon un récent sondage, 21,7 millions d'acheteurs font les soldes dès le premier jour. En ce début d'été, la mauvaise météo du printemps a attiré les consommateurs, mais pas suffisamment pour compenser la baisse de fréquentation générale des magasins constatée depuis quelques mois. Malgré cette baisse, on sait déjà que le « panier moyen » du consommateur est en augmentation de 7 % sur un an !

a. Les soldes durent 6 semaines. ☐ Vrai ☐ Faux

b. La réglementation des soldes est fixée par les commerçants. ☐ Vrai ☐ Faux

c. Il n'est pas obligatoire d'afficher les nouveaux prix. ☐ Vrai ☐ Faux

d. 21,7 millions est le nombre de personnes qui font les soldes chaque année. ☐ Vrai ☐ Faux

e. Au printemps, la fréquentation des magasins était en baisse. ☐ Vrai ☐ Faux

f. Les consommateurs ont dépensé 7 % de plus que l'année précédente. ☐ Vrai ☐ Faux

9. **Vous décidez de faire un achat important (une moto, une voiture, une maison…) : vous écrivez à votre banquier(-ère) pour lui demander un prêt. Vous lui donnez quelques indications sur votre situation professionnelle, financière, familiale…**

 PRENEZ LA PAROLE !

10. **Demandez à votre voisin(e) de vous dire quel type de consommateur ou de consommatrice il / elle est : ce qu'il / elle achète, où il / elle fait ses achats, à quelle période de l'année, ses moyens de paiement, etc. Dites-lui ensuite si vous avez le même comportement, ou si le vôtre diffère totalement.**
Ex. : J'achète beaucoup de jeux vidéo. Je les commande en ligne sur des sites spécialisés…

23

La vie politique et citoyenne

Tu votes à droite ou à gauche ?

ÉCOUTEZ

Document « Conseil citoyen, on en est où ? », Radio Grenouille, 30 novembre 2016 83

« Alors ces conseils citoyens, qu'est-ce que c'est ? C'est faire en sorte de mettre davantage de démocratie, disons, démocratiser la politique de la ville. »

Contexte : À Marseille, de nouveaux projets de quartier se mettent en place pour associer davantage les citoyens à la politique de leur ville.

RÉPONDEZ

Répondez aux questions.

a. Où et quand peut-on entendre cette émission ?

b. De quel type d'émission s'agit-il ?
☐ une émission culturelle ☐ une émission politique ☐ une émission sportive

c. Quel est le thème de l'extrait ?
☐ la démocratie participative ☐ le quartier de Noailles ☐ la ville

d. Comment s'appelaient les conseils citoyens avant ?

e. À quoi sert la loi du 21 février 2014 ?

f. À quoi servent les conseils citoyens ?

LA VIE SOCIALE ET ÉCONOMIQUE

• LES SYSTÈMES POLITIQUES

En France, le terme de **république** est apparu après la Révolution française (1789) pour caractériser un système dans lequel le pouvoir n'est pas détenu par un seul homme.
La république s'oppose à la **monarchie**, dans laquelle le pouvoir est exercé par une seule personne, un **monarque** (souvent un roi ou une reine) qui **règne** sur son peuple.

Dans une **démocratie**, le **pouvoir** vient du peuple. La France est une république **démocratique** : les **représentants du peuple** (le Président, un maire…) sont élus par celui-ci pour une durée déterminée. Aujourd'hui, on parle de plus en plus de **démocratie participative** ou de **conseils citoyens** : de nouvelles procédures permettent d'augmenter l'implication des **citoyens** et des **citoyennes** (les habitants de la cité) dans la vie politique et de leur donner un rôle plus important dans les prises de décision. La politique de la ville est **démocratisée** (rendue accessible à tous) ; on parle de **démocratisation**.

Dans une **dictature**, le pouvoir est détenu par une personne ou un groupe de personnes qui l'exercent sans opposition possible.

La **Constitution** d'un État représente l'ensemble des **lois** (règles) fondamentales d'une **nation** (l'ensemble des hommes vivant dans un même pays).

• LE GOUVERNEMENT FRANÇAIS

Le **président de la République française** ou **chef d'État** est élu pour 5 ans ; il **dirige** la nation. Il vit et travaille au **palais de l'Élysée** à Paris. Le Président nomme le **Premier ministre** qui vit et travaille à l'hôtel Matignon.

Les membres du **gouvernement** sont les **ministres** et les **secrétaires d'État**. Ils se réunissent tous les mercredis à 10 h au **Conseil des ministres**. Ils travaillent dans différents **ministères** (ministère de l'Éducation nationale, ministère des Affaires étrangères, etc.).

L'**Assemblée nationale** est composée de **députés**, et le **Sénat** est composé de **sénateurs** et **sénatrices** : ces deux **institutions** forment le **Parlement**. Ses membres sont appelés des **parlementaires**. Le Parlement (le pouvoir **législatif**) **examine** les **projets de réforme** (de changement) et les vote. Le Président les **promulgue** (il les reconnaît officiellement) et le gouvernement les fait appliquer (le pouvoir **exécutif**).

Le **préfet** est un représentant de l'État en région ; il est chargé d'appliquer le pouvoir **administratif** central dans une **préfecture**.

• LES PARTIS POLITIQUES

Traditionnellement, on distingue la **droite conservatrice** (qui s'oppose au progrès) et **libérale** (qui défend la liberté du marché) et la **gauche socialiste** (qui défend l'intérêt général) et **réformiste** (favorable à des réformes).

En France, deux **partis politiques** dominent : Les Républicains (LR) et le Parti socialiste (PS).

Les premiers sont appelés « la droite » et les seconds « la gauche », en référence à la place qu'ils occupent dans l'**hémicycle** (salle en demi-cercle) de l'Assemblée nationale par rapport à son président, qui **préside** au milieu.

📷 💬 EXPRESSION IMAGÉE

Retourner sa veste : changer d'avis en fonction des opportunités.
« Je n'ai plus confiance en ce député, il a retourné sa veste je ne sais combien de fois et je ne sais plus quels intérêts il défend ! »

On trouve aussi :
– un parti **centriste** au centre, qui refuse les extrêmes ;
– un parti **écologiste**, qui défend la nature et les équilibres biologiques ;
– un parti **communiste**, qui défend la propriété collective ;
– un parti d'**extrême gauche**, qui milite pour l'**abolition** (la disparition) du **capitalisme** (la propriété privée) ;
– un parti d'**extrême droite**, qui s'appuie sur un **nationalisme** et un **traditionalisme** très marqués ;
– un parti **royaliste** qui réclame un monarque pour diriger le pays.
Chaque parti **défend** des **opinions** (points de vue) **politiques**.

• LES ÉLECTIONS

Les citoyens **votent** pour **élire** (choisir) leurs représentants.
Les **candidats** des différents partis ou mouvements politiques qui **se présentent** aux élections mènent une **campagne électorale** pour **gagner des voix** (des votes) : ils présentent un **programme électoral** (l'ensemble de mesures qu'ils promettent d'appliquer une fois élus) lors de meetings (grands rassemblements à caractère politique).

Un candidat de la **majorité** est un candidat dont le parti détient la majorité des sièges à l'Assemblée nationale. Un candidat de l'**opposition** est un candidat dont le programme s'oppose à celui de la majorité.

En France, les citoyens et les citoyennes de plus de 18 ans ont le **droit de vote**. Ils ont une **carte d'électeur**. Dans des **bureaux de vote**, ils mettent leur **bulletin de vote** ① dans l'**urne** ②. Ensuite, on **dépouille** les bulletins de vote (on compte les voix). Le soir, les médias annoncent les **résultats** du vote / de l'élection : le candidat **élu** est celui qui **remporte la majorité des voix**.

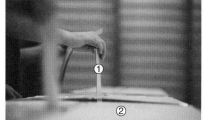

En France, les **électeurs** et les **électrices** peuvent voter aux élections **locales** (par exemple aux élections **municipales**, pour élire le maire de leur ville) ; aux élections **nationales** (l'élection **présidentielle**, pour élire le **président de la République**) ; lors d'un **référendum** (par exemple en 1992, « Pour ou contre le traité de Maastricht »).
En Suisse, on parle de **votations** : ce mot fait référence à différents types de référendums organisés trois ou quatre fois par an.

▶ **Pour communiquer**

– *Tu es de droite ou de gauche ?*
– *Je suis de gauche…*

– *Tu votes à droite ou à gauche ?*

– *Ça y est, je me suis engagé en politique : j'ai ma carte du PS !*
– *Moi aussi, je suis membre du PS !*

– *Les bureaux de vote sont ouverts jusqu'à quelle heure ?*
– *Dans les grandes villes, ils sont ouverts jusqu'à 20 h.*

– *J'espère que tu es un bon citoyen et que tu vas aller voter !*
– *Je ne crois pas, je n'ai pas reçu ma carte d'électeur…*
– *Ça ne fait rien ! Tu peux aller voter avec ta carte d'identité !*

– *Tu as vu ? La droite a été battue…*
– *Oui, mais on n'a pas encore fini de dépouiller tous les bulletins de vote…*

– *Je souhaite réviser / modifier la Constitution !*

1. Retrouvez le verbe, le nom ou l'adjectif manquant.

Verbe	Nom(s)	Adjectif
voter	....	
réformer	....	....
....	démocratisation	....
....	président	....
	république	....
	....	national
élire	....	....

2. a. Remettez les lettres dans l'ordre pour former trois noms de systèmes politiques.

    a. DEEIMTOARC → ....

    b. ATTUCRIED → ....

    c. HAMNOREIC → ....

b. Écoutez les phrases et cochez quand un de ces mots est dans la phrase. 84

    a. ☐   b. ☐   c. ☐   d. ☐   e. ☐   f. ☐

3. Que font-ils ? Décrivez les images.

a. ....

b. ....

c. ....

d. ....

4. Complétez la grille.

Horizontal →

1. La France en est une.
3. Ils sont à l'Assemblée nationale.
4. Le chef de l'État les promulgue.
6. Ses membres sont des parlementaires.
7. C'est l'ensemble des hommes et des femmes d'un même pays.

Vertical ↓

2. On y met son bulletin de vote.
5. Son programme n'est pas en accord avec celui de la majorité.
8. Dans une démocratie, il élit ses représentants.

5. Vrai ou faux ? Quand c'est faux, donnez la réponse correcte. 🎧 85

a. ☐ Vrai ☐ Faux : ....
b. ☐ Vrai ☐ Faux : ....
c. ☐ Vrai ☐ Faux : ....
d. ☐ Vrai ☐ Faux : ....
e. ☐ Vrai ☐ Faux : ....
f. ☐ Vrai ☐ Faux : ....

6. Complétez les phrases avec les mots proposés.

[Assemblée nationale – démocratie participative – droite – gauche – hémicycle – préfecture – socialiste]

a. La _____ permet d'associer encore plus les citoyens à la vie politique.

b. Le président de l'_____ est au milieu de l'_____ .

c. Le parti _____ défend l'intérêt général.

d. Le préfet travaille dans une _____ .

e. Le candidat de _____ est plus conservateur que celui de _____ .

7. Écoutez et répondez aux questions. 🎧 86

a. Que se passe-t-il le mercredi à 10 h ?

b. Qui travaille au palais de l'Élysée ?

c. Qui travaille à Matignon ?

d. Quelle institution se trouve rue de Vaugirard ?

e. Quelle institution se trouve rue de l'Université ?

8. Vous êtes le / la conseiller(-ère) en communication d'un(e) candidat(e) aux élections présidentielles. Vous devez écrire son programme électoral en huit points. Il / Elle vous demande d'utiliser les mots suivants.

[citoyen – Constitution – démocratie – droit de vote – loi – référendum – réforme – retourner sa veste]

Ex. : 1. De nouvelles lois sociales pour la protection des femmes et des enfants ; 2. …

 PRENEZ LA PAROLE !

9. Par groupes de trois ou de quatre, chacun à votre tour, expliquez comment sont organisées les élections dans votre pays : le nom des partis politiques, le jour et le lieu où l'on vote, l'annonce des résultats…

Ex. : Dans mon pays, on vote toujours le dimanche dans des mairies ou des écoles de quartier…

24

La vie associative et religieuse

Elle s'engage pour créer du lien.

ÉCOUTEZ

Document 87

— Bienvenue à tous sur notre plateau de France télévision. Aujourd'hui, dans notre émission « Tous engagés », nous recevons Marianne, qui est très active dans le milieu associatif à Chambéry et Pierre, qui fait une thèse sur les religions dans le canton de Genève, à l'université de Genève. Bonjour à vous deux. Marianne, pouvez-vous nous dire comment se passe la vie associative en Savoie ?

— Et bien les associations sportives, culturelles et sociales sont très dynamiques, grâce à l'engagement de personnes bénévoles. Elles facilitent et favorisent les échanges entre les habitants lors de rencontres, de festivals ou de fêtes locales... cela crée du lien social !

— Merci Marianne. Et vous, Pierre, pouvez-vous nous dire à quoi ressemble le paysage religieux et spirituel à Genève ?

— Alors on trouve dans le canton de Genève 400 communautés religieuses et environ 300 lieux de culte, que ce soit des églises, des temples, des mosquées ou des synagogues... Treize grandes familles religieuses, du christianisme à l'islam, sont représentées. 80 % des communautés sont chrétiennes. Toutes ces communautés sont très engagées dans la vie locale, et comme vient de le dire Marianne, cela crée du lien, aussi.

RÉPONDEZ

1. Répondez aux questions.

a. Quel est le sujet de l'émission ?

....

b. Qui sont les personnes qui prennent la parole ?

....

c. Que créent la vie associative et la vie religieuse ?

....

2. Relevez les éléments demandés.

a. Le nom des villes où vivent Marianne et Pierre : ....

b. Trois catégories d'associations : ....

c. Quatre lieux de culte : ....

d. Deux religions : ....

LA VIE SOCIALE
ET ÉCONOMIQUE

• LES ASSOCIATIONS

Une **association** réunit des personnes qui partagent des intérêts et des valeurs communs. On estime à 1 300 000 le nombre d'associations aujourd'hui en France.

On distingue en général trois grands types d'associations : les associations **à vocation sportive** (par exemple, un **club** de basket-ball), **à vocation culturelle** (par exemple, un club d'échecs), **à vocation sociale et humanitaire** (par exemple, les Restos du Cœur, qui viennent en aide aux plus pauvres).

Une association est représentée par un **président**, qui est entouré d'un **secrétaire** (il s'occupe de l'administration) et d'un **trésorier** (il s'occupe des finances) : ensemble, ils forment le **Conseil d'administration**.

L'association fonctionne également grâce à l'engagement des **bénévoles** (ils travaillent gratuitement) qui s'investissent en donnant de leur temps et en transmettant leur savoir-faire pour aider les autres : ils créent ainsi du lien social. Au moins une fois par an, les associations rassemblent tous leurs **membres** dans une **assemblée générale** (AG) : ils font un **bilan** (des finances, des actions réalisées, etc.) et fixent ensemble les objectifs de l'association.

Les associations peuvent vivre grâce aux **cotisations** des **adhérents** (ou **adhésions**), qui paient une certaine somme chaque année pour pouvoir avoir accès aux activités proposées par l'association.

En France, les associations sont des associations dites « **Loi 1901** », **à but non lucratif** : elles peuvent avoir des activités commerciales ou lucratives (elles peuvent gagner de l'argent), mais les bénéfices servent à développer l'association.

• LES RELIGIONS ET LES CROYANCES

Chaque **communauté religieuse** (ou communauté **spirituelle**) a un **représentant religieux** qui célèbre le **rite** / la **cérémonie religieuse** dans un **lieu de culte** spécifique.
Par exemple :
– chez les **catholiques** / dans le **catholicisme**, les **curés** ou **prêtres** célèbrent la **messe** dans une **église** ① ou une **cathédrale** ② ;
– chez les **juifs** / dans le **judaïsme**, les **rabbins** célèbrent l'**office** dans une **synagogue** ③ ;
– chez les **musulmans** / dans l'**islam**, les **imams** dirigent la **prière** dans une **mosquée** ④ ;
– chez les **protestants** / dans le **protestantisme**, les **pasteurs** pratiquent le **service** dans un **temple** ⑤.
Les lieux de culte sont **sacrés** (on doit les respecter).

Les catholiques, les orthodoxes et les protestants sont des **chrétiens** : ensemble, ils forment le **christianisme**.

Ceux qui sont **bouddhistes**, **catholiques**, **hindouistes**, **juifs**, **musulmans**, **orthodoxes**, **protestants**, etc. sont **croyants**.

Les personnes qui assistent régulièrement aux cultes sont **pratiquantes**.

On dit des personnes qui ne **croient** pas **en** un Dieu, qu'elles sont **athées** ou **non-croyantes**.

• LA LAÏCITÉ

La **laïcité** est un principe qui est énoncé en 1789 dans la Déclaration des droits de l'homme et du citoyen. Elle institue la liberté religieuse : « Nul ne doit être inquiété pour ses opinions, même religieuses. » (article 10)

Elle garantit aux croyants et non-croyants le même droit à la **liberté d'expression** de leurs **convictions** (leurs certitudes).

Elle repose sur trois principes : la **liberté de conscience**, la **liberté de culte** et la séparation des institutions publiques et des organisations religieuses.

Cette séparation, voulue par la **République**, garantit l'**égalité des citoyens** face aux services publics, que sont par exemple les écoles, les hôpitaux, les musées…

En France, les **écoles publiques** sont **laïques** depuis les lois du 28 mars 1882. Il existe aussi des **écoles privées** qui sont payantes.

▶ Pour communiquer

– *Le forum des associations a lieu samedi à partir de 9 h, tu m'accompagnes ?*
– *Oui, je voudrais adhérer à une association qui organise des randonnées.*

– *Je me suis décidée et j'ai cotisé au club de bridge, cette année !*
– *Super ! La cotisation est toujours à 20 euros ?*

– *Tu t'inscris à quoi cette année ?*
– *Je vais m'inscrire au tennis, j'ai envie de bouger !*

– *Tu as des précisions sur le mariage de Mariamé et Paul ?*
– *Oui, je sais que la cérémonie a lieu à l'église des Chartreux à 16 h et la fête, dans le resto préféré de Paul, au bord de mer.*

– *Tu crois en Dieu ? Tu pries ?*
– *Non, car je suis athée, mais les membres de ma famille sont tous cathos pratiquants.*

– *Dans quelle école as-tu inscrit tes enfants ?*
– *À l'école publique près de la mairie.*

1. Écoutez et écrivez les mots entendus. 🎧 88

a. ....

b. ....

c. ....

d. ....

e. ....

f. ....

g. ....

h. ....

2. a. Nommez ces lieux de culte.

a. ....
....

b. ....
....

c. ....
....

d. ....
....

b. Écoutez les phrases et écrivez les noms des croyants entendus sous le lieu de culte qui correspond. 🎧 89

3. Écrivez quatre mots dans chaque colonne pour compléter le tableau.

Religion	Associations	Laïcité
prier		

4. a. Reliez chaque association à un objectif.

a. L'Aventure en photos   o
b. Aéro-club de Manosque o
c. Les Amis de la nature   o
d. Chorale des p'tits loups o
e. Les Restos du Cœur   o

o 1. Faire chanter les enfants.
o 2. Distribuer de la nourriture aux plus pauvres.
o 3. Organiser des activités de plein air.
o 4. Photographier des exploits sportifs.
o 5. Piloter des avions.

b. Classez ces associations dans le tableau.

Santé, humanitaire et social	Culture	Sport
....	....	....

5. Entourez dans la grille les mots qui permettent de compléter les phrases.

A	H	L	A	I	C	I	T	E	T	X	R
S	A	C	A	C	D	D	L	D	B	C	S
S	B	U	T	S	U	T	A	A	E	E	T
O	C	L	A	D	H	E	R	E	N	T	S
C	A	T	H	O	L	I	Q	U	E	S	A
I	D	U	R	R	X	A	I	L	V	I	E
A	E	A	T	H	E	E	T	I	O	R	V
T	F	E	E	I	H	E	E	R	L	M	A
I	G	L	G	F	R	O	Q	U	E	V	M
F	R	E	L	I	G	I	O	N	U	H	T

a. En France, le principe de .... garantit la liberté d'opinion de tous les citoyens.
b. Les églises sont fréquentées par les ....
c. Bernadette est .... dans le réseau .... : elle donne beaucoup de son temps pour aider les autres.
d. Pierre ne pratique aucune religion : il est ....
e. Les .... de mon association ont tous entre 20 et 30 ans !

6. a. Trouvez les verbes qui correspondent à ces noms.

a. une adhésion : ....
b. une célébration : ....
c. une cotisation : ....

d. une croyance : ....
e. une pratique : ....
f. une prière : ....

b. Écrivez trois phrases avec trois de ces verbes.

....
....
....

7. **Écoutez et répondez par vrai ou faux. Quand c'est faux, donnez la réponse correcte.** 🎧 90

a. La messe du samedi soir est à 18 h 30.   ☐ Vrai   ☐ Faux

b. La messe du dimanche est à 11 h.   ☐ Vrai   ☐ Faux

c. Le prix de la cotisation au club de sport est de 35 euros.   ☐ Vrai   ☐ Faux

d. Les inscriptions au club de sport débutent le 1er octobre.   ☐ Vrai   ☐ Faux

e. Le lycée Jules Ferry est un lycée privé.   ☐ Vrai   ☐ Faux

f. Florence travaille dans une association.   ☐ Vrai   ☐ Faux

g. Florence est bénévole.   ☐ Vrai   ☐ Faux

8. **Complétez les textes avec les mots proposés.**

[activités – adhérer – association – bénévolat – bénévoles – laïque – rencontres – volontaires]

a. L' _____ « Solidarité _____ » a pour objectif d'éveiller les consciences et montrer que chacun peut agir : _____ à un club, faire du _____, participer à des _____ lors de _____ pour créer du lien social, etc.

b. La réserve citoyenne de l'Éducation nationale, lancée le 12 mai 2015, est un ensemble de personnes _____ et _____ qui souhaitent apporter leur soutien au partage des valeurs de la République.

9. **Vous avez du temps libre et envie de vous sentir utile auprès d'une association sportive, culturelle ou d'entraide sociale. Vous écrivez une lettre au / à la président(e) de l'association pour lui proposer vos services.**

....

....

....

....

....

....

....

....

💬 **PRENEZ LA PAROLE !**

10. **Avez-vous déjà participé aux activités d'une association en tant que bénévole ou adhérent(e) ? Racontez votre expérience à vos camarades. Sinon, expliquez comment fonctionnent les associations dans votre pays.**

Ex : Dans mon pays, il y a de nombreuses associations. L'État les finance un peu…

25

Les médias

Le film de ce soir est sur quelle chaîne ?

| Document | Philippe Delerm, *Les eaux troubles du mojito et autres belles raisons d'habiter sur terre*, Éditions du Seuil, août 2015 |

On a surtout entendu cette annonce le soir. « Il est vingt heures. » Ou vingt-deux, ou vingt-trois heures. « Les actualités : Gilbert Denoyan. » Le nom de ce journaliste reste associé à un bulletin d'informations concis, quelques minutes où la vie se trouve canalisée, hiérarchisée d'une manière qu'on ne remet pas mentalement en cause. Souvent, pour commencer, un fait de politique intérieure, ou internationale. Parfois une catastrophe écologique, ou ferroviaire. Du sensationnel évoqué d'une voix posée, évidemment pas insensible, mais tempérée par la situation : je suis en train de vous livrer un concentré de nouvelles, il y a ce qui va vous émouvoir, mais suivront aussi les événements sportifs, la météo, les cours de la Bourse... Ces actualités, on les reçoit dans le désordre chaud d'une cuisine, ou durant un trajet automobile nocturne. Elles accompagnent le cours de la vie, et s'y marient sans effort, accentuant un sentiment de sécurité, de protection, parce qu'après tout, les fêlures du monde sont suivies par une autre émission que l'on attend, du jazz, du cinéma, un entretien avec un écrivain. Et pendant des années, Gilbert Denoyan est là entre le réel et nous. [...] On ne l'a jamais vu en photo, ni entendu émettre une opinion personnelle.

> Philippe Delerm
>
> Les eaux troubles du mojito
> et autres belles raisons
> d'habiter sur terre
>
> Seuil

Répondez aux questions.

a. Sur quel média le journaliste présente-t-il les actualités ?
☐ à la télévision   ☐ à la radio   ☐ sur Internet

b. À quelle heure peut-on écouter les actualités ?

....

c. De quoi peut parler le journaliste dans les actualités ?

....

d. Que présente Gilbert Denoyan ?
☐ les actualités   ☐ une émission de cuisine   ☐ le programme de cinéma

e. Que sont les actualités ? *(2 réponses)*
☐ des entretiens   ☐ des informations   ☐ des nouvelles   ☐ de la publicité

f. Que peut-on écouter après les actualités ? *(3 réponses)*
☐ la météo   ☐ une émission de jazz   ☐ une émission de cinéma
☐ les cours de la Bourse   ☐ un entretien avec un écrivain

On **suit** l'**actualité** (les informations / les nouvelles) à travers les **médias** : on lit la presse écrite, on regarde la télévision, on écoute la radio, on se connecte à Internet.

• LA PRESSE ÉCRITE

Les journaux qui paraissent tous les jours sont des **quotidiens**. Les magazines et les revues (spécialisées dans un domaine donné : musique, cuisine, automobile, etc.) peuvent être **hebdomadaires** (leur **parution** / sortie se fait une fois par semaine), **mensuels** (une fois par mois) ou **trimestriels** (une fois par trimestre).

FRANCOPHONIE

Une gazette : un quotidien.
« J'aime bien lire ma gazette en buvant mon café chaque matin. »

BELGIQUE

Les journaux qu'on peut acheter dans tout le pays sont **nationaux** : *Le Monde* en France, *Le Soleil* au Sénégal, *Le Temps* en Suisse francophone, etc. Les journaux peuvent aussi être **régionaux** : *La Provence* dans le Sud de la France ; **locaux** (leur diffusion est moins étendue) : *Le Devoir* à Montréal, *Le Courrier* dans le canton de Genève.

Dans les magazines, le **sommaire**, situé au début ou à la fin, présente les différentes **rubriques** (parties) dans lesquelles sont classés les **articles** (les textes écrits par les journalistes) : mode, sport, culture, météo…

Les journaux, les magazines et les revues **éditent** et **publient** :
– des **dossiers** autour d'un thème (exemple : *le bonheur au travail*) ;
– des **enquêtes** (exemple : *Que pensent les Français de la crise ?*) ;
– des **entretiens** (un journaliste échange avec une personnalité) ;
– des **interviews** (un journaliste pose des questions à une personnalité) ;
– des **débats** (des discussions organisées autour d'un thème d'actualité) ;
– des **sondages** (la réponse à une question posée à un certain nombre de personnes est donnée en pourcentages, schémas ou chiffres).

Certaines personnes (des hommes et femmes politiques, des acteurs et actrices…) sont très **médiatiques** : les **journalistes** parlent souvent d'elles dans les médias, par exemple en première page d'un journal (la **une**).

Avec leur appareil photo, les **paparazzis** (les journalistes spécialisés dans la **presse à scandale** / la **presse à sensation** / la **presse people**) recherchent des **scoops** : des informations importantes et secrètes qu'ils publieront **en exclusivité** (en premier).

 EXPRESSION IMAGÉE

Un canard : un journal (*familier*).
« Mon canard préféré, c'est Le Monde, *qui paraît le soir. »*

• LA TÉLÉVISION

La télévision permet de **capter** (recevoir) des **chaînes**. Certaines sont nationales, **publiques** et gratuites (les chaînes gérées par la société France Télévisions : France 2, Arte…) ; certaines sont **privées** et gratuites (TF1, M6, BFM TV en France) ; enfin, d'autres sont privées et **payantes** par **abonnement** (le client signe un contrat), comme Canal+ en France.
Il existe aussi des chaînes locales / régionales : TV7 à Bordeaux ou BX1 dans la région de Bruxelles-Capitale, par exemple.

Le **journal télévisé** (ou JT) présente l'actualité, mais aussi des **faits divers** (des événements de la vie quotidienne, sans portée générale). Le **téléspectateur** ou la **téléspectatrice** (celui ou celle qui regarde la télévision) peut regarder des films en **version originale** (ou VO) dans la langue d'origine et **sous-titrés** (la traduction dans la langue demandée s'affiche sur l'écran), en **HD** (haute définition). Sur toutes les chaînes, on peut regarder des **documentaires** (des reportages culturels), des **séries** (des feuilletons en plusieurs épisodes) ou des **jeux**.
Les **programmes** (l'ensemble des émissions) de télévision sont aujourd'hui diffusés par **satellite**.

• LA RADIO

La radio permet de capter des **stations** nationales ou locales, publiques ou privées.

Sur toutes les stations, les actualités sont **communiquées** (données) toutes les heures.
Les **animateurs** ou **animatrices radio** présentent aussi des jeux : par exemple sur France Inter, du lundi au vendredi à 12 h 45 depuis 1958, on peut écouter *Le Jeu des mille euros*.
Les émissions spéciales sont **annoncées** à l'avance pour rassembler le plus grand nombre possible d'**auditeurs** ou **auditrices** (les personnes qui écoutent la radio).

Le Conseil supérieur de l'**audiovisuel** (CSA) contrôle les chaînes de télévision et les stations de radio.

• INTERNET

Les personnes qui utilisent Internet sont les **internautes**. Presque tous les journaux et magazines proposent aujourd'hui une **version numérique** que l'on peut consulter sur leur **site Internet** : on parle de **presse en ligne**. C'est très pratique pour lire la **presse internationale**.
Sur les sites Internet des radios, on peut écouter la radio (ou la **webradio**) **en direct** (en temps réel), **réécouter** ou encore **podcaster** (télécharger) une **émission**.
On peut aussi se connecter sur les sites Internet des chaînes de télévision pour regarder un match de tennis ou les infos **en replay** (rediffusion pour une durée limitée) !
En ligne, on peut aussi s'**informer** sur la météo, regarder la **bande-annonce** (les extraits) d'un film, profiter du **streaming** (lecture de contenus en direct)...

▶ **Pour communiquer**

– *Tu regardes quoi ?*
– *Le JT de 20 h de France 2. J'adore le présentateur / la présentatrice !*

– *Mesdames, messieurs, bonjour et bienvenue dans cette édition du 13 h. Voici les titres de l'actualité de ce jeudi... À la une de l'actualité...*

– *Je voudrais lire les infos en ligne, tu aurais un site à me conseiller, s'il te plaît ?*
– *Tu vas sur www.lapressedefrance.fr et tu choisis ton journal !*

– *Le film de ce soir est sur quelle chaîne ?*
– *Il est en VO sous-titré sur Arte !*

1. Associez.

a. Une bande-annonce

b. Un fait divers

c. Un satellite

d. Un paparazzi

1. permet de voir des photos de personnes connues dans les médias.

2. est un événement de la vie quotidienne sans grande influence sur la vie publique.

3. permet de capter des émissions à la télévision.

4. permet de savoir si on a envie d'aller voir un film ou pas.

2. Remettez les lettres dans l'ordre pour former quatre adjectifs liés aux médias.

a. MEEIATQDUI → ....

b. ALUEDUOSIVI → ....

c. ERMIUQUNE → ....

d. ESIVELET → ....

3. Écoutez et cochez. Les titres évoqués sont-ils des titres de quotidien national, régional ou d'un hebdomadaire ? 91

	Quotidien national	Quotidien régional	Hebdomadaire
Nice-Matin			
La Marseillaise			
Le Figaro			
Le Soir			
Elle			
Paris Match			

4. Complétez la grille.

Horizontal →

1. Il regarde la télévision.
4. Il s'informe en ligne.
5. Il fait des enquêtes pour informer les gens.

Vertical ↓

2. Il lit le journal.
3. Il écoute la radio.

5. Correct ou pas ? Quand c'est incorrect, donnez la bonne réponse. 🎧 92

a. ☐ Correct ☐ Incorrect : ....

b. ☐ Correct ☐ Incorrect : ....

c. ☐ Correct ☐ Incorrect : ....

d. ☐ Correct ☐ Incorrect : ....

e. ☐ Correct ☐ Incorrect : ....

f. ☐ Correct ☐ Incorrect : ....

6. Complétez les rubriques avec les titres proposés.

[culture – économie – international – météo – sport – tourisme]

a. ....

Finlande : découvrir le pays du Père Noël
Venise : et si vous partiez en amoureux ?
Gastronomie : dégustez les saveurs du Périgord !

b. ....

Le président péruvien convoque ses ministres dans l'urgence
La visite d'Angela Merkel en France reportée
Le paysage des manifestations en Espagne

c. ....

Les meilleurs films du Festival de Cannes
Où sortir ce week-end ? Que voir, que lire, qu'écouter ?
Une nouvelle mise en scène pour *La Traviata*

d. ....

Le travail du dimanche en débat
Les bus électriques dans Paris
La vente de voitures en baisse

e. ....

Les meilleures équipes de basket féminines
Match PSG-OM : les révélations des entraîneurs
Tennis : quand Roland Garros joue de malchance

f. ....

7. Associez un extrait radiophonique à un nom. 93

a. Enquête	b. Entretien	c. Interview	d. Débat	e. Sondage
....	....	....	....	....

8. Classez les mots dans le tableau (plusieurs possibilités).

[actualités – animateur – canard – capter – chaîne – en direct – émission – en ligne –
mensuel – podcaster – présentateur – presse à scandale – quotidien – station – une]

Presse écrite	TV	Radio	Internet
....	....	....	....
....	....	....	....

9. Complétez le texte.

J'ai été .... des résultats des élections en écoutant la radio. Le journaliste
n'a pas .... les pourcentages exacts, mais il a .... une interview
du futur président de Région ce soir. Je pense que les résultats définitifs vont être
.... dès demain matin dans la presse.

**10. Vous êtes rédacteur / rédactrice en chef d'un magazine féminin, politique ou sportif.
Imaginez le(s) titre(s) à la une, un sommaire avec différentes rubriques, la forme
(enquête, sondage…) et le titre de chaque article.**

Ex. : Magazine féminin *Pour elle*
La une : *Enfin en vacances !*
Rubriques : Lecture : *Que lire sur la plage ou à la montagne pour se détendre ?*
People : *Quand les acteurs de notre série préférée partent en Corse…*

....
....
....
....
....
....
....

 PRENEZ LA PAROLE !

**11. Interviewez votre voisin(e). Demandez-lui : s'il / elle écoute la radio, regarde la télé,
lit la presse numérique ; quels journaux, chaînes ou stations françaises ou francophones
il / elle connaît ; ce qu'il / elle regarde, écoute ou lit dans la presse de son pays.
Puis il / elle vous interviewe et vous comparez vos expériences.**

Ex. : – Tu préfères écouter la radio ou regarder la télé ?
– Moi, maintenant, je vais sur Internet…

26

Le numérique

On fait un selfie ?

OBSERVEZ

Document   *Le Figaro magazine*, Guyonne de Montjou, 13 mai 2016

Presque tous les 18-39 ans possèdent un téléphone mobile (98 % selon les chiffres du CRÉDOC). Dans une majorité des cas, il s'agit d'un smartphone sur lequel ils passent en moyenne 3 heures et 12 minutes chaque jour (TNS Sofres). L'usage de la fonction vocale disparaît au profit des tweets, chats, posts, likes, tags sur les réseaux sociaux ou des jeux en ligne. Rares sont les usagers qui établissent un protocole pour réguler ou limiter leur consommation. C'est le cas de Pénélope Winkel, 16 ans, élève en première S à Paris, qui possède un smartphone depuis cinq ans,  *toujours éteint au fond de son sac : « Je me suis rendu compte que, naturellement, j'avais choisi des amis comme moi, un peu débranchés, dont le téléphone ne sonne pas au milieu des conversations », note cette jeune fille au regard droit, peu enclin à l'hypnose. Un sondage Opinion Way rapporte que, chez les 18-24 ans, les hyperconnectés sont largement majoritaires (62 %). À l'heure où les écrans provoquent d'incessantes tensions dans les familles, les parents de Pénélope n'ont jamais eu besoin de lui interdire ou de réguler son accès à la tablette. Comment a-t-elle échappé au raz-de-marée technologique ? Par goût de l'effort. « Lorsqu'on a une passion à côté, c'est plus facile d'être détaché des écrans. Moi, je pratique l'escrime, j'aime la lecture et le théâtre. Je me sens assez différente des jeunes de ma génération. »*

LES MÉDIAS ET LE NUMÉRIQUE

RÉPONDEZ

Répondez aux questions.

a. Quel titre pourriez-vous donner au texte ?
☐ Internet et les Français.
☐ L'utilisation des nouvelles technologies chez les 16-39 ans.
☐ L'utilisation du smartphone au lycée.

b. Que représentent les chiffres suivants : 98 % ? 3 heures et 12 minutes ?
....

c. Quel est l'autre nom du téléphone portable ?
....

d. Quels sont les usages principaux que les 18-39 ans font de cet appareil ?
....

e. Pourquoi Pénélope est-elle différente de la plupart des jeunes de son âge ?
....

f. Selon vous, que veut dire « être hyperconnecté » ?
☐ Posséder un smartphone.
☐ Ne plus pouvoir vivre sans Internet.
☐ Ne jamais aller sur Internet.

• LES NOUVELLES TECHNOLOGIES

La **révolution numérique** s'est faite avec l'arrivée des téléphones portables, des ordinateurs (**PC** ou **Mac**), puis des **smartphones** et des **tablettes**. Ce sont des **innovations** (des nouveautés).
Les **satellites**, les **réseaux sans fil** / le **Wifi**, le **câble** et la **fibre optique** sont de nouveaux **moyens de télécommunication** capables de gérer le traitement d'informations rapides.

un **satellite**

le **Wifi**

le **câble**

la **fibre optique**

Les **NTIC** (Nouvelles Technologies de l'Information et de la Communication) ou **TIC**, désignent les technologies de l'**audiovisuel**, de l'**informatique**, du **multimédia**, d'**Internet**, qui permettent aux utilisateurs d'avoir accès à de l'information à distance, puis de la communiquer, de l'**échanger** avec d'autres utilisateurs sous différentes formes (texte, son, image, vidéo...) et de la **stocker**.
Les **espaces de stockage** peuvent être **locaux** (un **disque dur** d'ordinateur, une **clé USB** ou un **serveur**) ou exister via un réseau (un *cloud*).

Ces outils se définissent entre autres par :
• la **nanotechnologie** (leurs **composants** sont de plus en plus petits) ;
• la **dématérialisation** (ils fonctionnent **en réseau** ; les documents sont dématérialisés : on ne les imprime plus) ;
• la **géolocalisation** (ils donnent la possibilité de se repérer n'importe où).

• INTERNET, LE WEB 2.0 ET LES APPLICATIONS

Pour rechercher de l'information, l'**internaute** va sur Internet / la **« toile »** ou **googlise** (il fait une recherche sur le **moteur de recherche** Google).

Le **web 2.0** permet à ses utilisateurs d'**interagir** (d'échanger).
Certains sites mettent en relation les internautes, comme Twitter, Facebook, Instagram, Snapchat... : ce sont des **réseaux sociaux**.

Sur ces sites, on peut **chatter** (discuter). On peut aussi **poster** (partager), **liker** (aimer), **taguer** (marquer) et commenter (avec des **émoticônes** 😊 😃) des contenus (photos, **selfies**, **tags**, **liens** et vidéos).
Sur Twitter / la **twittosphère**, on **(re)tweete** : **un tweet** est un message de 140 signes maximum signalé par des **hashtags** / **mots dièse** (#), utilisé pour donner une information en temps réel.
Sur Facebook, on **publie** (on met en ligne) son **profil** (photo, CV, informations personnelles, goûts...), puis on « poste » régulièrement pour développer sa présence.

Un **blog** est un site web personnel composé de **billets** / **notes** / **posts** (des articles).
Un **wiki** est un système de gestion qui permet à tout internaute de réaliser et de modifier des pages Web librement, comme sur Wikipédia.

Grâce au web 2.0, on peut également se former gratuitement par l'intermédiaire d'un **MOOC** (Massive Open Online Courses ou Cours en Ligne Ouvert et Massif) : cette **formation en ligne** ouverte à tous utilise des ressources éducatives libres. Il existe aussi des **plateformes collaboratives** sur lesquelles les étudiants peuvent travailler en interaction.

Une **application** ou « **appli** » est un logiciel qui se **télécharge** et s'**installe** sur un smartphone ou une tablette à partir d'une **connexion Internet** : on procède à un **téléchargement** et à une **installation**. Les applications **connectées** se connectent à Internet, comme le carnet d'adresses qui **se connecte** à un **webmail** / une **messagerie** afin d'échanger de nouveaux contacts.
Beaucoup de sites Internet existent aujourd'hui sous forme d'applications.

Quand un ordinateur a un problème technique, on dit qu'il **bugge** (il y a un **bug**). Cela peut être dû à un **virus**.

• L'IDENTITÉ NUMÉRIQUE

Réputation
Ce que l'on dit sur moi

Expression
Ce que je dis

Audience
Qui je connais

Publications
Ce que je partage

Achats
Ce que j'achète

Opinions
Ce que j'aime

Connaissance
Ce que je sais

Passions
Mes loisirs

Coordonnées
Comment et où me joindre

Avatars
Mon apparence

Profession
Mon métier et où je travaille

D'après Fred Cavazza (www.fredcavazza.net).

Aujourd'hui, chaque internaute laisse régulièrement des **traces** (renseignements) sur Internet (lors de recherches, de commentaires, d'achats / d'**e-consommation**…) : des éléments d'**authentification**, comme son **adresse IP** ou ses codes / **mots de passe**).
Pour avoir une bonne **identité numérique** / **e-réputation**, il faut contrôler les informations que l'on laisse sur le **web**. En France, la **CNIL** (Commission Nationale de l'Informatique et des Libertés) permet aux internautes de protéger leurs **données personnelles**.

• LES OBJETS CONNECTÉS

Ces objets connectés à un réseau font de plus en plus appel à l'**intelligence artificielle** (qui simule l'intelligence humaine).
• La **montre connectée** : son **écran tactile** (qui réagit au toucher) permet de lire l'heure. Elle est **équipée d'un GPS** (Global Positioning System) autonome pour des sorties sportives **géolocalisées**.
• Le **bracelet connecté** avec écran, puce GPS et **capteurs intégrés** (à l'intérieur) : il mesure la qualité du sommeil, sert de coach sportif, mesure le débit d'oxygène…
• Les **lunettes connectées** : grâce à un GPS intégré dans la branche des lunettes, des capteurs et une **connexion Bluetooth**, on peut par exemple géolocaliser la zone où elles se situent si on les perd.

▶ Pour communiquer

– Tu bosses sur Mac ou sur PC ?

– Tu es sur Facebook ? Je peux t'ajouter comme ami ?

– Tu sais par où on passe pour aller au resto ?
– Non, mets le GPS.

– Allez ! On fait un selfie et on le met / on le poste sur Facebook ?

– Je ne peux plus travailler ! Mon ordi est bloqué et mon portable a buggé aussi…
– Ah ! Vive l'informatique !

– Je peux emprunter ta clé USB pour enregistrer mes dossiers ?
– Oui, mais j'espère qu'elle n'est pas pleine de virus !
– Pourquoi ? Tu n'as pas d'antivirus ?

– Tu t'es déjà connecté au nouveau site interactif du musée des sciences ?
– Oui, c'est génial ! Moi qui déteste les sciences, j'adore les activités proposées en ligne !

1. Remettez les lettres dans l'ordre pour former des mots.

    a. GILOLCIE → ....

    b. IENTTUEARN → ....

    c. UNMCOMUTEA → ....

    d. NAOPIPTLAIC → ....

    e. NAEONGIOTLECOLNH → ....

    f. ETACLIT → ....

2. Associez un mot à une image.

[bracelet connecté – câble – messagerie – satellite]

    a. ....

    b. ....

    c. ....

    d. ....

3. Écoutez les noms et écrivez les verbes correspondants. 🎧 94

    a. ....

    b. ....

    c. ....

    d. ....

    e. ....

    f. ....

4. a. Regardez la publicité et trouvez les mots qui correspondent aux trois premiers verbes.

© Ville d'Issy-les-Moulineaux

    a. ....

    b. ....

    c. ....

b. **Associez ces verbes à une définition.**

tweeter o   o signaler qu'on aime un contenu

liker   o   o publier une idée, une pensée, une photo…

poster   o   o délivrer en peu de mots une information en temps réel

5. **Écoutez et complétez le texte avec les mots entendus.** 🎧 95

M. Maurot est directeur commercial. Il a compris que le ...., notamment

le ...., joue un rôle essentiel dans le comportement des clients. Il est

conscient qu'Internet favorise les .... entre particuliers : 27 % des

Européens pensent que les avis .... sur les .... auront plus

d'influence sur les consommateurs que les conseils des vendeurs (11 %) ou les publicités

des marques (8 %). Il sait que l'........................ est en plein développement : 33 % des

personnes interrogées pensent qu'elles utiliseront en priorité leur .... ou

leur .... pour faire leurs achats.

6. **Complétez les documents avec les mots proposés.**

[application – bracelet connecté – connexion – en ligne – géolocaliser – GPS – interactives – montre connectée – smartphone – télécharger]

a.

EXAMEN – Règlement

L'utilisation du téléphone portable, d'un .... ou encore
d'une .... est strictement interdite. Ces objets doivent
être déposés dans un coin de la salle avec les effets personnels des candidats.

b.

Musée des sciences et techniques

Pour les jeunes visiteurs, nous proposons aussi :
• une exposition .... avec des
ressources innovantes et .... ;
• une .... à ....
gratuitement sur l'Apple Store ou Google Play.

c.

Forêt de Chevreuse – note aux randonneurs

Nous conseillons aux randonneurs de se munir
d'un .... : grâce à son ....
intégré et sa .... Bluetooth, les secours
pourront vous .... en cas d'accident.

LES MÉDIAS ET LE NUMÉRIQUE

7. Complétez la grille.

Horizontal →

1. Situe précisément un endroit ou un objet.

3. Formation en ligne à distance (mot anglais).

5. Réseau mondial très consulté, qui relie des ordinateurs.

7. Elle est artificielle, mais de plus en plus proche de celle de l'homme.

Vertical ↓

2. Permet d'envoyer, de recevoir et d'écrire des mails.

4. Petit signe permettant d'illustrer un mail ou un SMS.

6. Organisme français qui protège les internautes et préserve leur liberté.

8. Connexion sans fil qui permet de relier des appareils numériques.

8. Associez un mot à un dialogue. 96

[bracelet connecté – e-réputation – Facebook – Twitter – wiki]

Dialogue 1	Dialogue 2	Dialogue 3	Dialogue 4	Dialogue 5
....	....	....	....	....

9. Quelle(s) application(s) utilisez-vous ? Expliquez quand et comment.

10. Vous avez perdu votre smartphone. Vous écrivez un mail à un(e) ami(e) pour l'informer et vous lui décrivez votre vie sans cet appareil...

 PRENEZ LA PAROLE !

11. Faites une enquête auprès de trois personnes : demandez-leur quelle utilisation ils font d'Internet, les sites qu'ils visitent le plus et pourquoi. Puis, faites un bref rapport au reste de la classe.

LES MÉDIAS ET LE NUMÉRIQUE

27

La pensée et l'argumentation

Qu'est-ce que tu en penses ?

OBSERVEZ

Document

MANIFESTE
APPEL POUR UN PACTE SOLIDAIRE

- Nous, associations environnementales, de solidarité, syndicats, groupements de jeunes travailleurs ou de retraités, toutes forces confondues, constatons et refusons d'une seule voix l'affaiblissement démocratique d'aujourd'hui.
- Nous protestons contre une Europe faible et sans légitimité auprès de ses citoyens.
- Nous déclarons notre foi en un avenir démocratique et nous allons y apporter toutes nos forces.
- Nous souhaitons que tous les Européens se donnent la main pour œuvrer ensemble à un avenir meilleur.
- Nous sommes fermement convaincus qu'il est de notre responsabilité d'éclairer les débats et d'apporter des réponses concrètes.
- Nous sommes résolus à argumenter et à lutter pour atteindre nos objectifs.
- Nous exigeons que la priorité soit donnée à la recherche et à l'innovation pour créer de nouveaux emplois.
- Nous affirmons à toutes les générations que les négociations avec les différents partenaires sont déjà engagées.
- Nous ne nous tairons pas et prouverons que notre démarche est la bonne !

RETROUVONS-NOUS DÈS AUJOURD'HUI PLACE DE LA LIBERTÉ À 18 HEURES POUR RÉFLÉCHIR À NOTRE AVENIR !

LA COMMUNICATION

RÉPONDEZ

Répondez aux questions.

a. Quel est le type de document ?

☐ un article de presse   ☐ une lettre   ☐ un manifeste

b. À qui s'adresse-t-il ?

☐ aux associations   ☐ aux jeunes   ☐ à tous

c. Contre quoi les auteurs du manifeste protestent-ils ?

....

d. De quoi les auteurs sont-ils convaincus ?

....

e. Pourquoi doit-on se retrouver à 18 h place de la Liberté ?

☐ pour écrire le manifeste   ☐ pour manifester   ☐ pour réfléchir ensemble

f. D'après vous, qu'est-ce qu'un manifeste ?

☐ une déclaration   ☐ un poème   ☐ une publicité

• PENSER, RAISONNER

L'équipe de chercheurs a **observé** (regardé attentivement) cet enfant jouer et a **réfléchi à** sa manière de faire. Elle **constate** (remarque) qu'il prend les cubes carrés de couleur rouge et les met dans la forme correspondante. La **conclusion** de l'équipe (le résultat de l'analyse) est / L'équipe **pense** que cet enfant mène une **réflexion logique** : son **raisonnement** est **cohérent**. Tous ont **félicité / complimenté** l'enfant : « Bravo Julien ! Félicitations ! »

Cette sportive **émet** (fait) toujours des **hypothèses** sur ses adversaires avant les matchs (ils seront peut-être mal entraînés, fatigués, blessés…). Mais son entraîneur **juge** (trouve) que cette attitude est **irrationnelle** : elle n'a aucun sens, car on ne peut pas vérifier les faits. Il préfère qu'elle travaille sa **pratique** (elle connaît déjà la **théorie / les enseignements théoriques**) et fasse des **expérimentations** (des tests) / **expérimente** sur le terrain de nouvelles stratégies. On peut en **déduire** (conclure) qu'il est beaucoup plus **rationnel** qu'elle !

• DONNER SON OPINION / SON POINT DE VUE

L'expert a **fait un résumé** (une synthèse) des **faits** avant d'**exposer ses arguments** et d'**affirmer** (dire avec certitude) que la voiture était de bonne qualité avant l'accident. Puis, il a fait une **déclaration** à la radio pour informer la population de cette **affirmation**. Il a **démontré** qu'il **avait raison** avec des **preuves concrètes** (qui existent, qui sont réelles) : l'état des pièces de la voiture, sa tenue de route… tout correspondait aux normes en vigueur.

Cette semaine, la machine à café de l'entreprise a été changée. Certaines personnes ne sont pas contentes et **protestent** (expriment leur opposition) contre cette décision, car le café est plus cher. D'autres **se plaignent** car le café est trop chaud : ils râlent et expriment leur mécontentement. Tout le monde pense que c'est **illogique** (absurde) de changer la machine à café sans **demander l'avis** des utilisateurs. Une **plainte / réclamation écrite** a été **rédigée** et envoyée à la direction pour **contester** et **négocier** (trouver un accord ou un compromis). Celle-ci a **promis** de répondre mais pour l'instant, elle est restée **silencieuse** : elle n'a rien dit.

• DÉBATTRE

Ce soir, il y a un **débat / une discussion** télévisé(e) entre deux hommes politiques : ils vont **confronter** leurs **opinions / points de vue** sur le thème du travail. La journaliste doit les **interroger / questionner**. Chacun doit **respecter** le temps de parole de l'autre, mais il est fort probable qu'ils s'interrompent, car ils sont tous les deux **bavards** (ils parlent beaucoup). De plus, les Français ne seront

---

📷 **EXPRESSION IMAGÉE**

Pratiquer la langue de bois : s'exprimer de manière convenue ou abstraite, afin d'éviter d'aborder le fond d'un sujet délicat.
« *Encore le même discours flou sur le chômage !*
Il pratique vraiment la langue de bois… »

pas **étonnés** / **surpris** si les deux hommes **se disputent**, car ils ne sont jamais d'accord ! La journaliste espère qu'ils ne vont pas **crier** (parler fort), ni **s'insulter** (se dire des mots grossiers / des **insultes**) ; si c'est le cas, elle **réclamera** (demandera très fermement) le retour au calme.

Chaque homme va tenter de **convaincre** les téléspectateurs qu'il **a raison** et **accuser** son adversaire de **mentir** / dire des **mensonges** (ne pas dire la vérité). Il va **exagérer** ses **propos** (les rendre plus importants que la réalité) et **se moquer** (rire de l'autre). À l'issue du débat, les téléspectateurs pourront **juger** / avoir un **jugement** sur les **promesses** (les engagements) des deux hommes.

• EXPRIMER DES RÈGLES

Règlement intérieur de la résidence :
• Il est formellement **interdit** de faire du bruit après 22 heures, de monter les vélos dans les appartements et de fumer dans l'ascenseur. Merci de respecter ces **interdictions** (ce qu'on ne peut pas faire).
• Il est **permis** (autorisé) d'organiser des fêtes les vendredis et samedis soir dans la salle du rez-de-chaussée. Une **permission** (autorisation) doit être demandée 48 heures à l'avance à l'accueil.

• STRUCTURER SON PROPOS POUR CONVAINCRE SON INTERLOCUTEUR

L'association lance un **appel** (une invitation) à la rejoindre, car elle recherche des bénévoles. Elle a **articulé** (organisé) son discours en trois **points** :
– **premièrement** : aimer aider les autres ;
– **deuxièmement** : aimer offrir de son temps libre ;
– **troisièmement** : aimer partager ses compétences.

À l'**oral** comme à l'**écrit**, les devoirs bien structurés sont toujours bien notés et appréciés des professeurs. Ces devoirs présentent :
– une **introduction** qui annonce le thème et le **plan** *(Le sujet que je vais vous présenter… Nous allons voir que…)* ;
– un **développement** articulé en plusieurs **parties** avec des mots comme *d'abord, puis, ensuite, enfin…* ;
– une **conclusion** *(Pour terminer, Pour résumer, En définitive, Pour conclure…).*

▶ **Pour communiquer**

– Qu'est-ce que tu en penses ?
– Je partage ton opinion, je pense vraiment que c'est une bonne idée.

– À ton avis / D'après toi, que compte faire Paul ?
– À mon avis / D'après moi, il compte partir en vacances et oublier cette affaire !

– Pourquoi es-tu en colère ?
– Tu exagères ! Encore une fois, je constate que tu n'as pas mis d'essence dans la voiture !

– Arrête de discuter ! Tu mens !
– Mais non, je t'assure, c'est la vérité !

– Tu es pénible : j'en ai assez d'écouter tes plaintes et tes protestations…
– Tu me connais depuis 20 ans ! Tu ne devrais pas être étonnée !

– Tu as vu ce qu'a écrit ton prof de maths ?
« Trop de bavardages. » Et le prof de français ?
« Bavarde trop souvent. Plaisante en classe. »
Tu ne peux pas te taire un peu ?!

1. Écoutez et écrivez le nom qui correspond à chaque verbe. 🎧 97

a. ....   c. ....   e. ....

b. ....   d. ....   f. ....

2. Associez un verbe à une phrase.

a. crier   ○   ○ 1. Je suis tellement fatiguée…

b. se plaindre ○   ○ 2. Non ! Je ne me lèverai pas à 6 heures !

c. protester   ○   ○ 3. Aïe ! Tu m'as fait mal !

d. plaisanter   ○   ○ 4. Je t'assure, je viendrai à ton anniversaire.

e. réclamer   ○   ○ 5. Tu m'emmènes sur Mars ? Non ! Je rigole !

f. promettre   ○   ○ 6. Cet appareil ne fonctionne pas ! Remboursez-moi !

**3. Écoutez les dialogues. De quel type de discours s'agit-il ?
Cochez les réponses correctes.** 🎧 98

	a.	b.	c.	d.	e.	f.
Une affirmation						
Une déclaration						
Une demande						
Des félicitations						
Une hésitation						
Une insulte						

4. a. Complétez les mots avec les terminaisons proposées.

[-age / -erie / -ion / -ment / -ssion / -tion]

a. discu.................................

b. argumenta.................................

c. plaisant.................................

d. bavard.................................

e. juge.................................

f. réflex.................................

b. Complétez les phrases avec trois de ces mots.

a. Le .... du professeur sur son travail a été très sévère !

b. Après une longue ...., ils ont décidé de partir à Québec pour travailler.

c. On a passé trop de temps en .... inutiles et aucune décision n'a été prise.

5. Complétez la grille avec le contraire des adjectifs proposés.

Horizontal →
2. silencieux.
3. logique.
4. abstrait.
6. écrit.

Vertical ↓
1. rationnel.
5. théorique.

6. Écoutez les définitions et écrivez dans le tableau les mots auxquels elles correspondent. 99

[une hypothèse – interdire – une négociation – un résumé – se disputer]

a.	b.	c.	d.	e.

7. Complétez les phrases.

a. Souvent, pour pouvoir sortir le soir, les adolescents racontent des _____ à leurs parents.

b. Quand un enfant jette un verre par terre pour voir ce que cela produit, on peut dire qu'il fait une _____ !

c. Pour mettre un individu en prison, les policiers ont besoin de _____ .

d. La rue est souvent choisie par les peuples pour faire entendre leurs _____ .

e. Si A est égal à B, B est égal à A, est-ce que vous suivez mon _____ ?

8. Par deux, décrivez et expliquez les scènes à votre voisin(e). Il / Elle vous écoute,
puis propose d'autres versions.

a.

b.

c.

9. Un(e) de vos ami(e)s vient d'obtenir un poste important et vous êtes chargé(e) d'écrire
un discours pour le / la féliciter. Structurez votre propos en trois points.

Ex. : Chère Cécile,
Nous sommes très heureux d'être avec toi aujourd'hui pour te féliciter !

....

....

....

....

....

....

....

....

....

....

 PRENEZ LA PAROLE !

10. Votre supérieur(e) hiérarchique vous demande de venir travailler samedi prochain.
Vous n'êtes pas d'accord. Par deux, jouez la scène.

Ex. : – Jean, nous avons une urgence et j'ai absolument besoin de vous samedi à 8 h.
– Comment ?! Mais, monsieur, j'ai promis à mon fils de…
– Écoutez, c'est inutile de protester…

Bilans

L'ÊTRE HUMAIN

1. Écrivez l'adjectif masculin correspondant au nom. ... / 5

a. l'égoïsme : ....

b. la tolérance : ....

c. l'indifférence : ....

d. la timidité : ....

e. la fierté : ....

2. Écrivez le nom correspondant à l'adjectif. ... / 5

a. généreux : ....

b. compréhensif : ....

c. gentil : ....

d. triste : ....

e. curieux : ....

3. Barrez l'intrus. ... / 5

a. le contact – les doigts – grave – la main – le toucher

b. anxieux – aveugle – les lentilles – le regard – les yeux

c. la discrétion – malentendant – les oreilles – l'ouïe – sourd

d. un aliment – la bouche – le goût – la langue – respirer

e. le cœur – une odeur – l'odorat – le nez – sentir

4. Écrivez le contraire. ... / 5

a. le pessimisme ≠ ....

b. simple ≠ ....

c. ordonné ≠ ....

d. de bonne humeur ≠ ....

e. satisfait ≠ ....

5. Écrivez ce que ces personnes ressentent. ... / 5

a. Il n'est pas touché par cette scène romantique. Il ressent de ....

b. Elle n'est pas contente parce que son amie a eu une meilleure note qu'elle.

....

....

c. Son cœur bat plus vite quand il la voit.

....

....

d. Elle est si contente que son fils ait gagné le match !

....

....

e. Il le déteste.

....

....

6. Associez les deux parties des phrases. ... / 5

a. Quand on est vieux, ...

b. Les adolescents sont facilement...

c. Quand on naît, ...

d. Certains enfants ressentent souvent...

e. Quand on est adulte, ...

1. ... jaloux de ce que les autres possèdent.

2. ... de la timidité quand il y a du monde.

3. ... on ne s'étonne plus de grand-chose !

4. ... on a peu de poils sur la peau.

5. ... on regrette parfois sa jeunesse.

7. Classez les mots dans le tableau. ... / 10

[apercevoir – le contact – goûter – la langue – malentendant – non-voyant – l'odorat – respirer – sonore – le toucher]

Les yeux	Les oreilles	Le nez	La bouche	Les mains

TOTAL

.... / 40

LES RELATIONS FAMILIALES ET SOCIALES

1. Classez les mots et expressions dans le tableau. ... / 10

[aîné – cadette – collaborateur – collègue – compagnon – couple – équipe – fiancée – jumelle – meilleure amie]

Relations professionnelles	
Relations amicales	
Relations amoureuses	
Relations familiales	

2. Associez. ... / 6

a. un mari   1. un foyer
b. une famille   2. faire connaissance
c. éduquer   3. un époux
d. se rencontrer   4. décéder
e. mourir   5. se séparer
f. se quitter   6. élever

3. Soulignez la réponse correcte. ... / 5

a. Lili a décidé de ne pas travailler pour s'occuper de ses enfants, elle est [la mère biologique / mère au foyer].

b. Mathieu et Lana se sont réconciliés [avant / après] leur dispute.

c. George est en couple avec François, il est [hétérosexuel / homosexuel].

d. Anna a perdu son mari, elle va déclarer son décès [à la CAF / à la mairie].

e. Véronique a le plus haut poste dans l'entreprise, elle est [chef d'équipe / PDG].

4. Vrai ou faux ? Quand c'est faux, donnez la réponse correcte. ... / 6

a. Le mariage à l'église est un mariage civil.
☐ Vrai   ☐ Faux : _____

b. On apprécie ses ennemis.
☐ Vrai   ☐ Faux : _____

c. Une famille nucléaire est une famille traditionnelle.
☐ Vrai   ☐ Faux : _____

d. On fête les fiançailles après le mariage.
☐ Vrai   ☐ Faux : _____

e. Les parents de mon épouse sont mes beaux-parents.
☐ Vrai   ☐ Faux : _____

f. Les jumeaux qui se ressemblent sont de vrais jumeaux.
☐ Vrai   ☐ Faux : _____

5. Choisissez la réponse correcte. ... / 5

a. À la naissance d'un enfant, la mairie donne à la famille :
☐ des allocations.   ☐ un livret de famille.
☐ un PACS.

b. Une femme qui attend un enfant :
☐ a accouché.   ☐ est enceinte.
☐ tombe enceinte.

c. Les personnes qui ont un poste plus important que le nôtre dans l'entreprise sont nos :
☐ collaborateurs.   ☐ collègues.   ☐ supérieurs hiérarchiques.

d. Les personnes qu'on connaît un peu mais qu'on ne fréquente pas sont :
☐ des connaissances.   ☐ des copains.
☐ des ennemis.

e. Quand on critique le comportement d'une personne, on :
☐ l'estime.   ☐ lui fait des reproches.
☐ se confie à elle.

6. Complétez les phrases. ... / 8

a. Un seul parent et ses enfants forment une famille _____.

b. Quand on tombe amoureux dès la première rencontre, c'est un _____.

c. On organise un _____ pour un collègue qui part à la retraite.

d. Quand on veut adopter un enfant, on dépose un dossier auprès du _____.

e. Une équipe qui fonctionne bien est une équipe _____.

f. Les cousins de nos cousines sont des parents _____.

g. Quand on décide d'habiter ensemble, on décide de _____ ensemble.

h. Un enfant qui a perdu ses parents est _____.

TOTAL

.... / 40

LA SANTÉ

1. Barrez l'intrus. ... / 5

a. faire une radio – opérer – examiner –
être hospitalisé – un congé maladie
b. se faire une entorse – une garde à vue –
une brûlure – une fracture – une blessure
c. porter plainte – un contrôle d'identité –
arrêter quelqu'un – un patient – un commissaire
d. un malaise – l'Assurance Maladie – la carte vitale –
une mutuelle – une feuille de soins
e. des courbatures - la nausée - une piqûre –
le nez qui coule - des frissons

2. Écrivez le nom qui correspond. ... / 5

a. se couper : _____
b. hospitaliser : _____
c. se brûler : _____
d. opérer : _____
e. guérir : _____

3. Lisez la définition et écrivez le mot qui correspond. ... / 5

a. C'est une maladie qu'on attrape quand il fait froid.
On a le nez qui coule et mal à la gorge.
→ _____

b. C'est le document qu'on doit donner à
la pharmacie pour obtenir des médicaments.
→ _____

c. Ce sont des exercices physiques qu'il faut faire
après un accident ou une opération.
→ _____

d. C'est un problème de santé qu'ont certaines
personnes lorsqu'elles font des efforts physiques :
elles ont du mal à respirer.
→ _____

e. C'est un médecin qui soigne les enfants.
→ _____

4. Associez un problème à une solution. ... / 5

Le problème	La solution
a. Elle s'est coupée profondé-ment à la main en cuisinant.	Il faut…
	1. faire une radio.
b. Il s'est fait mal à la jambe en skiant.	2. le vacciner.
	3. aller aux urgences.
c. Mon bébé tousse beaucoup.	4. prendre des anti-inflammatoires.
d. Je ne veux pas que mon enfant attrape les oreillons.	
	5. consulter un pédiatre.
e. J'ai de la température et des courbatures.	

5. Répondez par vrai ou faux. ... / 5

	Vrai	Faux
a. La grippe est une maladie contagieuse.	☐	☐
b. Actuellement, on peut se faire vacciner contre le sida.	☐	☐
c. On utilise un fauteuil roulant pour se mettre debout.	☐	☐
d. Les policiers peuvent contrôler l'identité des gens dans la rue.	☐	☐
e. On a besoin d'une ordonnance pour acheter des anti-inflammatoires.	☐	☐

6. Cochez le problème ou la maladie qui correspond aux symptômes décrits. ... / 5

a. J'ai du mal à respirer… J'ai besoin de faire
une pause…
☐ de l'asthme ☐ une blessure ☐ un rhume
b. Impossible de sortir avec ce vent : je n'arrête pas
d'éternuer et j'ai les yeux qui piquent.
☐ une allergie ☐ la grippe ☐ la varicelle
c. Je n'arrive pas à marcher depuis que je suis
tombée de vélo…
☐ une brûlure ☐ une entorse ☐ un rhume
d. Depuis que je suis sorti sous la pluie, j'ai
des frissons et j'ai le nez qui coule.
☐ de l'asthme ☐ une blessure ☐ un rhume
e. J'ai mal à la gorge et je suis fiévreuse. J'ai mal
aux oreilles.
☐ une allergie ☐ une coupure ☐ les oreillons

7. Répondez aux questions. ... / 10

a. À l'hôpital, quel est le service qui s'occupe de faire
des scanners ou des radios ?
....

b. Quand on fait un malaise, quel service d'urgence
faut-il appeler ?
....

c. Qu'est-ce qu'il ne faut surtout pas faire quand
on a la varicelle ?
....

d. Qu'est-ce que le médecin demande au patient
à la fin d'une consultation ?
....

e. Que faut-il faire si on est victime d'un vol dans
la rue ?
....

TOTAL

.... / 40

LE LOGEMENT

1. Écrivez le contraire. ... / 5
a. (un appartement) vide : _____
b. sombre : _____
c. bruyant : _____
d. cher : _____
e. emménager : _____

2. Vrai ou faux ? Quand c'est faux, donnez la réponse correcte. ... / 5
a. Pour entrer dans un immeuble, on a souvent besoin d'un code.
☐ Vrai   ☐ Faux : _____
b. Le papier peint se met sur les murs.
☐ Vrai   ☐ Faux : _____
c. On marche sur le plafond.
☐ Vrai   ☐ Faux : _____
d. Les appartements exposés au nord sont plus sombres.
☐ Vrai   ☐ Faux : _____
e. Au Québec, un chambreur est un propriétaire qui loue une chambre.
☐ Vrai   ☐ Faux : _____

3. Associez les étiquettes pour former cinq mots. ... / 5

SUPER   COM   LOCA   HABI

FICIE   REDE   VANCE   PRISE

TATION   TAIRE

4. Barrez l'intrus. ... / 5
a. coton – cuir – laine – mou
b. carré – dur – mou – rugueux
c. ovale – petit – rectangulaire – rond
d. fer – grand – large – moyen
e. blanc – bleu – gris – (en) terre

5. Trouvez un mot de la même famille. ... / 5
a. locataire : _____
b. soleil : _____
c. meubles : _____
d. confort : _____
e. lumière : _____

6. Lisez la définition et écrivez le mot qui correspond. ... / 5
a. Elle est haute et étroite, avec de nombreux étages.
→ _____
b. C'est ce qu'on paie tous les mois quand on est locataire.
→ _____
c. Dans certains logements, c'est un endroit où on peut manger, boire, prendre le soleil.
→ _____
d. Si on ne veut pas monter les escaliers, on le prend.
→ _____
e. C'est un appareil électrique qui sert à enlever la poussière.
→ _____

7. Mettez les mots dans l'ordre pour former des phrases. ... / 10
a. [Depuis / a gagné / mène / elle / de château / qu'elle / au loto, / une vie / !]
_____
_____

b. [à 90°C / en laine / a mis / dans / Il / la machine / à laver / ses pulls / !]
_____
_____

c. [de payer / Ils / leur / redevance / ont oublié / télé / .]
_____
_____

d. [plus grande / a acheté / une couette / cet hiver / Elle / pour / .]
_____
_____

e. [Quand / sous l'oreiller / trop / il y a / mets / la tête / de bruit, / je / .]
_____
_____

TOTAL

.... / 40

L'ÉDUCATION ET LE MONDE PROFESSIONNEL

1. Classez les mots dans le tableau. ... / 10

[bac – démissionner – diplôme – enseignement secondaire – licence – licencié – Pôle Emploi – réviser – salarié – SMIC]

Études et formation	Le monde du travail

2. Associez. ... / 5

a. Un étudiant

b. Un déménageur

c. Un professeur

d. Un syndicat

e. Un apprenti

1. démonte des meubles.

2. fait cours.

3. suit une formation en alternance.

4. suit des cours.

5. appelle à la grève.

3. Soulignez la réponse correcte. ... / 5

a. En France, quand on travaille 35 heures par semaine, on travaille [à mi-temps / à plein temps].

b. [Un maçon / Un plombier] répare les sanitaires.

c. Un artisan travaille dans [un atelier / une usine].

d. Les manifestants distribuent [des slogans / des tracts].

e. L'année avant le lycée, on est [en 6e / en 3e].

4. Vrai ou faux ? Quand c'est faux, donnez la réponse correcte. ... / 5

a. Un enseignant travaille dans l'éducation.
☐ Vrai   ☐ Faux : ....

b. Un CDI est un contrat de travail temporaire.
☐ Vrai   ☐ Faux : ....

c. Quand on veut faire des études longues, on s'inscrit en IUT.
☐ Vrai   ☐ Faux : ....

d. Quand on démissionne, on a droit aux allocations chômage.
☐ Vrai   ☐ Faux : ....

e. Pour intégrer une grande école, il faut préparer un concours.
☐ Vrai   ☐ Faux : ....

5. Choisissez la réponse correcte. ... / 5

a. Le CM1 est une année d'enseignement :
☐ à l'école maternelle.   ☐ à l'école primaire.
☐ au collège.

b. Une personne au chômage regarde :
☐ des lettres de motivation.   ☐ des demandes d'emploi.   ☐ des offres d'emploi.

c. Quand on est son propre employeur, on est :
☐ employé.   ☐ indépendant.   ☐ salarié.

d. Les personnes qui travaillent sur un chantier travaillent dans :
☐ l'administration.   ☐ l'agriculture.
☐ le bâtiment.

e. Un homme qui arrête de travailler à la fin de sa carrière est :
☐ inactif.   ☐ ouvrier.   ☐ retraité.

6. Lisez la définition et écrivez le mot qui correspond. ... / 5

a. C'est une personne qui travaille dans le cinéma et qui dirige des acteurs.
→ ....

b. C'est une réunion entre les professeurs et les représentants des élèves.
→ ....

c. C'est l'argent gagné en échange de son travail.
→ ....

d. C'est l'examen que les élèves passent à la fin du collège.
→ ....

e. C'est le document qu'on doit remplir pour dire combien on a gagné pendant l'année.
→ ....

7. Complétez les phrases. ... / 5

a. Les élèves font du sport dans un ....

b. Quand une personne commence à travailler, elle doit signer un ....

c. Quand on trouve qu'on ne gagne pas assez d'argent, on peut faire une ....

d. Un conseiller bancaire travaille dans la ....

e. Quand une personne a des responsabilités dans son travail, elle occupe un ....

TOTAL

.... / 40

LES LOISIRS

1. Associez. ... / 5

a. assister à
b. battre
c. collectionner
d. réaliser
e. réserver

1. un adversaire
2. un film
3. une place
4. un spectacle
5. des timbres

2. Barrez l'intrus. ... / 5

a. camping – concert – festival – foire – salon
b. jeu – match – partie – pièce de théâtre – rencontre
c. bien réalisé – drôle – exceptionnel – raté – réussi
d. actrice – comédiens – metteure en scène – réalisateur – spectateurs
e. cartes – dames – dominos – échecs – terrain

3. Écrivez le nom correspondant au verbe. ... / 5

a. réaliser : un ....
b. faire du camping : une ....
c. perdre : un ....
d. réserver : une ....
e. faire du sport : des ....

4. Lisez la définition et écrivez le mot qui correspond. ... / 5

a. C'est une compétition sportive internationale qui a lieu tous les quatre ans. → ....
b. C'est un sport pratiqué à cheval. → ....
c. C'est un verbe qui signifie « s'amuser » ou « se détendre ». → ....
d. C'est une personne qui regarde la télévision. → ....
e. C'est une personne qui dirige une pièce de théâtre. → ....

5. Où pratique-t-on ces activités ? Complétez les phrases. ... / 5

a. On fait du football sur un ....
b. On emprunte un DVD dans une ....
c. On court le 400 mètres sur une ....
d. On assiste à un concert dans une .... de ....
e. On visite une exposition dans un ....

6. Répondez aux questions. ... / 5

a. Qu'est-ce qu'on doit réserver si on veut voir un spectacle ? ....
b. Qu'est-ce qu'on peut faire dans son jardin ?
....
c. Qu'est-ce qu'il faut mettre aux pieds pour faire de la randonnée ? ....
d. Qu'est-ce qu'il faut faire avant un match important ? ....
e. Où marche-t-on lorsqu'on fait des balades ? Sur ....

7. Complétez les phrases avec les verbes qui conviennent. ... / 4

a. Cette actrice .... son rôle avec beaucoup de passion.
b. En été, il est possible d' .... à des spectacles de rue.
c. Les amateurs d'activités manuelles .... pour le bricolage.
d. Quand il fait chaud, il est agréable de .... dans un parc.

8. Complétez le mail avec les mots proposés. ... / 6

[balades – camping – chemins – concerts – programmation culturelle – spectacles]

Salut Véra,
Comment ça va ? Moi, ça va.
Je suis en vacances à la Rochelle avec des copains.
On fait du .... près de la mer.
Il y a pas mal d'activités : le matin, on fait des .... sur des .... de campagne et l'après-midi, on va en ville.
La .... est riche : on peut assister à des .... (tu connais le festival des Francofolies ?), mais aussi à des .... de rue. J'adore ! Bon, je te laisse. Donne-moi de tes nouvelles !
Bises,
Marc

TOTAL

.... / 40

LES TRANSPORTS ET LES VOYAGES

1. Complétez les phrases avec les mots proposés. ... / 6

[une assurance auto – un casque – en déplacement – s'évader – une station-service – le voiturier]

a. Je n'ai plus d'essence, je dois m'arrêter dans _____

b. Pour ta sécurité, tu devrais porter _____ quand tu te déplaces à vélo.

c. Il est _____ professionnel, il ne sera pas de retour avant la semaine prochaine.

d. Il avait besoin de _____, de quitter son quotidien et de découvrir d'autres choses !

e. En arrivant à l'hôtel, _____ s'est occupé de ma voiture. C'est un service bien agréable !

f. Maintenant que tu as une voiture, il va falloir que tu prennes _____

2. Soulignez la réponse correcte. ... / 6

a. Il est très content ! Il a [raté / réussi] son permis de conduire !

b. À la mer, il adore s'assoir sur [les coquillages / les rochers] et regarder l'horizon.

c. Dans les pays où le climat est [équatorial / tropical], il y a deux saisons.

d. Le réceptionniste donne au client [une carte magnétique / un code] pour ouvrir sa chambre.

e. Il fait un temps magnifique, c'est très [ensoleillé / nuageux].

f. Quand on fait un voyage d'une semaine sur un bateau, on fait [une croisière / une excursion].

3. Vrai ou faux ? Quand c'est faux, donnez la réponse correcte. ... / 6

a. Quand il y a une priorité à droite, on doit laisser passer la voiture qui arrive à gauche.
☐ Vrai ☐ Faux : _____

b. Dans une rue à sens unique, les voitures ne peuvent pas se croiser.
☐ Vrai ☐ Faux : _____

c. En montagne, on peut voir des lacs.
☐ Vrai ☐ Faux : _____

d. Pour aller plus vite en voiture, on ralentit.
☐ Vrai ☐ Faux : _____

e. À l'hôtel, on dort dans un duvet.
☐ Vrai ☐ Faux : _____

f. En France, c'est le label « Gîte du Pays » qui garantit la qualité d'un gîte.
☐ Vrai ☐ Faux : _____

4. Barrez l'intrus. ... / 6

a. bagagiste – client – réceptionniste – voiturier

b. demi-pension – glacière – réchaud – sac de couchage

c. clandestins – demandeurs d'asile – migrants – pays d'accueil

d. autochtones – croisière – voyage d'affaires – voyage organisé

e. air marin – sable – sommet – vagues

f. amende – excès de vitesse – infraction – tomber en panne

5. Lisez la définition et écrivez le mot qui correspond. ... / 6

a. C'est un objet utilisé pour vérifier si un automobiliste a bu de l'alcool. → _____

b. C'est un autre terme pour parler de la pluie. → _____

c. C'est la saison où les prix sont les plus hauts pour les touristes. → _____

d. C'est le lieu où on trouve des informations sur les sites à visiter. → _____

e. On peut l'être quand on est dans un pays très différent du sien. → _____

f. On l'utilise en voiture, pour signaler qu'on va tourner. → _____

6. Remettez dans l'ordre le récit de vacances de la famille Baudoin (1 à 6). ... / 10

a. ☐ Ça a été en effet plus rapide par l'autoroute, mais la famille est malgré tout arrivée très tard au camping.

b. ☐ Au début, la circulation était assez fluide sur la route nationale, mais rapidement, des embouteillages se sont formés.

c. ☐ Cet été-là, la famille Baudoin est partie en vacances en Espagne.

d. ☐ Pour éviter les bouchons, ils ont décidé de prendre l'autoroute : ça coûte plus cher, mais c'est plus rapide.

e. ☐ Ils se sont levés très tôt, ils ont tous attaché leur ceinture et ils ont pris la route.

TOTAL

.... / 40

LA NOURRITURE ET LA RESTAURATION

1. Classez les mots dans le tableau. ... / 9

[un abricot – une aubergine – du brie – de la compote – un digestif – un flan – un jus de tomates – une limonade – de la tomme]

À boire	
À manger : sucré	
À manger : salé	

2. Lisez la définition et écrivez le mot qui correspond. ... / 5

a. La pêche en a un. Il faut y faire attention quand on la mange.

→

b. C'est un synonyme de « mettre la table ».

→

c. C'est une sauce que l'on met dans la salade.

→

d. C'est un jardin où on cultive des légumes.

→

e. C'est avoir beaucoup de plaisir à manger quelque chose de très bon.

→

3. Soulignez la réponse correcte. ... / 5

a. Il adore le citron et tout ce qui est [acide / amer].

b. [Le maraîcher / Le primeur] est un professionnel qui cultive des fruits et des légumes.

c. [Un mille-feuille / Un succès] contient du chocolat.

d. J'aime manger la viande avec un peu de [moutarde / vinaigre].

e. [Un micro-ondes / Une gazinière], c'est pratique pour réchauffer un plat rapidement.

4. Vrai ou faux ? Quand c'est faux, donnez la réponse correcte. ... / 6

a. Pour faire cuire des pâtes, il faut d'abord faire bouillir de l'eau.

☐ Vrai ☐ Faux : _____

b. Pour mixer des aliments, on utilise un fouet.

☐ Vrai ☐ Faux : _____

c. Le comté et l'emmental sont des fromages.

☐ Vrai ☐ Faux : _____

d. On peut faire cuire du poisson dans une poêle.

☐ Vrai ☐ Faux : _____

e. Quand on cuit un aliment à feu vif, la température est très basse.

☐ Vrai ☐ Faux : _____

f. On peut découper un rôti en tranches.

☐ Vrai ☐ Faux : _____

5. Complétez le texte avec les éléments proposés. ... / 5

[copieux – gruyère – macarons – poireaux – surgelés]

Luc m'a invitée à dîner hier soir. Il cuisine divinement bien ! Il m'a préparé en entrée une belle salade, puis en plat principal, du poisson accompagné de _____ qu'il avait fait cuire dans un peu de beurre. Ils étaient frais bien sûr, Luc n'utilise jamais de légumes _____. On a bu un verre de vin blanc avec le poisson. Ensuite, il m'a proposé du fromage, alors par gourmandise, j'ai pris un morceau de _____. Et en dessert, il m'a servi de la glace avec des _____. Un régal ! C'était un repas _____, et tellement bon !

6. Barrez l'intrus. ... / 5

a. brocolis – fruits de mer – prune – raisin

b. chou-fleur – concombre – navet – pamplemousse

c. bouilloire – passoire – râpe à fromage – ustensile

d. faire dorer – faire griller – faire revenir – réchauffer

e. du bleu – cultiver – potager – pousser

7. Soulignez la réponse correcte. ... / 5

a. Le chou, l'artichaut et la citrouille sont des [fruits / légumes].

b. Pour faire monter le blanc des œufs, j'utilise [un batteur / un mixeur].

c. Une plaque de cuisson est un [petit / gros] appareil électroménager.

d. Le client se sert lui-même dans [une brasserie / une cafétéria].

e. La personne qui est responsable de l'accueil des clients dans un restaurant est [le maître d'hôtel / le serveur].

TOTAL

.... / 40

LES COMMERCES

1. Barrez l'intrus. ... / 5

a. cordonnerie – droguerie – papeterie – supermarché

b. lingerie – mercerie – tissu – tricot

c. bureau de tabac – cahier – e-cigarettes – tabac

d. cirage – cuir – dentelle – lin

e. bas – bottes – portefeuille – veste

2. Qui fait quoi ? Associez. ... / 6

a. Il remplit son panier.

b. Il fait ses courses en ligne.

c. Il prépare la commande.   1. le client

d. Il effectue la livraison.

e. Il retire sa commande.   2. le commerçant

f. Il effectue le paiement.

3. Soulignez la réponse correcte. ... / 5

a. En général, si un vêtement nous [va bien / va mal], on l'achète.

b. On achète des produits d'entretien dans [une droguerie / une mercerie].

c. On met [un pyjama / un top] pour dormir.

d. Quand on n'a pas beaucoup de choses à acheter, on prend [un chariot / un panier].

e. Pendant les soldes, les magasins mettent en rayon les vêtements [de la nouvelle collection / en promotion].

4. Associez. ... / 5

a. une épicerie

b. un article

c. une grande surface

d. un commerce de proximité

e. faire du lèche-vitrine

1. Un produit vendu dans un magasin.

2. Un commerce de quartier.

3. Regarder les produits des magasins sans entrer à l'intérieur, sans rien acheter.

4. Un petit magasin d'alimentation.

5. Un grand commerce où on trouve de la nourriture, des produits pour la maison, des produits d'hygiène, etc.

5. Vrai ou faux ? Quand c'est faux, donnez la réponse correcte. ... / 6

a. Fumer est dangereux pour la santé.

☐ Vrai ☐ Faux : _____

b. Une épicerie est une grande surface.

☐ Vrai ☐ Faux : _____

c. Un commerçant sert sa clientèle.

☐ Vrai ☐ Faux : _____

d. Le caissier rend la monnaie à la caisse automatique.

☐ Vrai ☐ Faux : _____

e. Un produit bio est un produit naturel.

☐ Vrai ☐ Faux : _____

f. Les grandes surfaces se trouvent dans le centre-ville.

☐ Vrai ☐ Faux : _____

6. Complétez les phrases. ... / 6

a. On peut acheter des articles de bureau dans une _____.

b. Pour connaître les offres spéciales d'un magasin, les clients peuvent consulter son _____.

c. Pour essayer des vêtements, on va dans une _____.

d. Un vêtement à la mode est un vêtement _____.

e. Pour faire du tricot, il faut acheter de la _____.

f. Pour faire réparer ses chaussures, on va chez le _____.

7. Complétez le texte avec les mots proposés. ... / 7

[courses en ligne – livraison à domicile – paiement – panier – produits – promotions – retirer]

Connectez-vous sur notre site et faites vos _____ ! Choisissez vos _____ et remplissez votre _____ ! Prenez votre temps pour regarder toutes nos _____ ! Une fois votre _____ effectué, nos employés préparent votre commande et vous pouvez venir la _____ directement en magasin. Vous pouvez aussi profiter de notre service de _____ qui est gratuit à partir de 50 euros d'achat.

TOTAL

.... / 40

L'ENVIRONNEMENT

1. Classez les éléments dans le tableau. ... / 6

[la déforestation – l'énergie éolienne – l'énergie solaire – les énergies renouvelables – les gaz à effet de serre – la pollution]

Positif pour la planète	Négatif pour la planète

2. Soulignez la réponse correcte. ... / 6

a. [Le gendarme / Le policier] est un militaire.

b. [La baleine / La raie] est un mammifère.

c. [Un dauphin / Un mouton] est un animal marin.

d. Un agriculteur s'occupe [de la culture / de l'élevage] du maïs.

e. [La faune / La flore] représente l'ensemble des espèces végétales.

f. Le cochon [grogne / miaule].

3. Barrez l'intrus. ... / 6

a. centre des impôts – hôtel de ville – mairie

b. dégrader – recycler – trier

c. chat – girafe – tigre

d. pollution – protéger – réchauffement climatique

e. déchets – gestes – ordures

f. champ de culture – ruraux – urbain

4. Classez les animaux dans le tableau. ... / 5

[un coq – une raie – un singe – une tortue – un zèbre]

Dans un zoo	
Dans un aquarium	
À la ferme	

5. Vrai ou faux ? Quand c'est faux, donnez la réponse correcte. ... / 6

a. En Belgique, on appelle la mairie la maison communale.

☐ Vrai ☐ Faux : _____

b. Les gendarmes travaillent dans un commissariat.

☐ Vrai ☐ Faux : _____

c. Un chien aboie et un mouton bêle.

☐ Vrai ☐ Faux : _____

d. Le mot « environnement » est synonyme d' « écologie ».

☐ Vrai ☐ Faux : _____

e. Les gestes sont les actions que l'on fait pour protéger la planète.

☐ Vrai ☐ Faux : _____

f. L'architecture d'une ville peut être dite moderne ou vieille.

☐ Vrai ☐ Faux : _____

6. Complétez les phrases. ... / 6

a. J'adore les poires, j'ai donc planté un _____ dans mon jardin.

b. Il est essentiel que les gens trient leurs _____ pour que certains puissent être _____.

c. À cause de la montée des _____, certaines îles vont peut-être _____.

d. L'augmentation de la température de la Terre est un grand problème. C'est pourquoi il faut lutter au quotidien contre le _____.

e. Les _____ humains doivent changer si nous ne voulons pas que l'état de la Terre continue de se dégrader.

f. Il existe des animaux sauvages, et des animaux _____ qui vivent avec nous.

7. Lisez la définition et écrivez le mot qui correspond. ... / 5

a. C'est l'arbre qui donne des cerises.

→ _____

b. C'est l'ensemble des arbres qui donnent des fruits.

→ _____

c. C'est une entreprise qui fait de la production agricole.

→ _____

d. C'est le style (ancien ou moderne) des constructions, des bâtiments.

→ _____

e. C'est le lieu où on calcule le montant des impôts.

→ _____

TOTAL

.... / 40

LA VIE SOCIALE ET ÉCONOMIQUE

1. Associez. ... / 6

a. un pays   1. de vote
b. la société   2. d'État
c. un chef   3. de culte
d. un secrétaire   4. de consommation
e. la liberté   5. d'entreprise
f. un bureau   6. en développement

2. Associez trois étiquettes pour former cinq mots. ... / 5

COLLA   LISTE   TIVE   YEN   PROTES

TIVE   BORA   TO   DUC   CAPI   TA

TISME   TAN   PRO   CI

3. Vrai ou faux ? Quand c'est faux, donnez la réponse correcte. ... / 5

a. Une personne qui ne trouve pas de travail est au chômage.
☐ Vrai ☐ Faux :
b. Pendant les soldes, les produits sont vendus moins cher.
☐ Vrai ☐ Faux :
c. L'Assemblée nationale est composée de sénateurs.
☐ Vrai ☐ Faux :
d. Les écoles publiques françaises sont laïques.
☐ Vrai ☐ Faux :
e. On met son bulletin dans une urne pour gagner des voix.
☐ Vrai ☐ Faux :

4. Barrez l'intrus. ... / 5

a. commerce – consommateur – marchandise – temple
b. association – crédit – distributeur – emprunt
c. centriste – découvert – gauche – parti
d. assemblée – cotisation – ministre – préfet
e. athée – chrétien – croyant – Élysée

5. Avec les lettres proposées, écrivez cinq sigles liés à la vie sociale et économique (exemple : PS → parti socialiste). ... / 5
[A / D / E / G / M / P / T]

a.
b.
c.
d.
e.

6. Remplacez les mots soulignés par les mots qui conviennent. ... / 5

a. Paulette est allée dans une manifestation
_____ et a acheté des produits
en ligne _____ : elle a fait des économies.
b. Jeanne est allée payer son emprunt
_____ à l'association pour devenir députée.
c. Demain, Géraud n'ira pas travailler : il fera opposition

7. Mettez les mots dans l'ordre pour former des phrases. ... / 4

a. [Cette / tête / coûte / les yeux / de la / voiture / !]

b. [fait / de l'eau / comme / de l'argent / Il / .]

c. [Cette / grenouille / est / femme / une / véritable / de bénitier / !]

d. [sa veste / a retourné / Ce député / plusieurs fois / .]

8. Complétez les listes avec les mots proposés. ... / 5
[biens – Constitution – exporté – liberté – musulman]

a. économie – marché – produit –
b. délocalisé – industrialisé – importé –
c. judaïsme – église – catholicisme –
d. réforme – projet – loi –
e. école publique – égalité – la République –

TOTAL

.... / 40

LES MÉDIAS ET LE NUMÉRIQUE

1. Associez. ... / 4

a. hebdomadaire
b. mensuel
c. quotidien
d. trimestriel

1. journée
2. semaine
3. décembre
4. janvier-mars

2. Trouvez la fin des mots. ... / 5

a. satel
b. média
c. abo
d. en exc
e. émot

3. Vrai ou faux ? Quand c'est faux, donnez la réponse correcte. ... / 5

a. Un canard est un journal.
☐ Vrai ☐ Faux :
b. Il y a des JT tous les jours à la radio.
☐ Vrai ☐ Faux :
c. La presse écrite emploie des animateurs.
☐ Vrai ☐ Faux :
d. Une clé USB sert à ouvrir une porte.
☐ Vrai ☐ Faux :
e. En Suisse, un natel est un cellulaire.
☐ Vrai ☐ Faux :

4. Classez les mots dans le tableau. ... / 5

[avatar – bande-annonce – bug – connecté – profil – rubrique – sommaire – sous-titré – streaming – virus]

Magazine	
Film	
Ordinateur	
Internet	
Réseau social	

5. Donnez la signification de ces sigles. ... / 6

a. GPS :
b. MOOC :
c. CNIL :
d. CSA :
e. NTIC :
f. VO :

6. Barrez l'intrus. ... / 5

a. avatar – e-réputation – identité – scoop
b. adresse IP – lecteur – mot de passe – web
c. appli – interagir – téléspectateur – wiki
d. auditeur – chaîne – radio – station
e. *Le Devoir* – *Le Monde* – *La Pluie* – *Le Soleil* – *Le Temps*

7. Formez cinq expressions. ... / 5

PRESSE | LIGNE | COLLABORATIVE | À

NUMÉRIQUE | SCANDALE | FORMATION

VERSION | PLATEFORME | EN

PERSONNELLES | DONNÉES

8. Complétez le texte avec les mots proposés. ... / 5

[artificielle – connectée – géolocalisées – intégrés – tactile]

Avec l'intelligence _____, de nouveaux objets apparaissent : par exemple, la montre _____ avec écran _____ et capteurs _____. Elle peut aussi être équipée d'un GPS, pour des sorties _____.

TOTAL

.... /40

LA COMMUNICATION

1. Écrivez le contraire. ... / 5
a. logique : _____
b. rationnel : _____
c. pratique : _____
d. écrit : _____
e. mensonge : _____

**2. Vrai ou faux ? Quand c'est faux,
donnez la réponse correcte.** ... / 5
a. Quand deux personnes ne sont pas d'accord
et crient, on dit qu'elles se disputent.
☐ Vrai ☐ Faux : _____
b. Les gens bavards n'arrêtent pas de parler.
☐ Vrai ☐ Faux : _____
c. Insulter quelqu'un, c'est lui dire des mots gentils.
☐ Vrai ☐ Faux : _____
d. Quand on interdit quelque chose à quelqu'un,
on lui donne une permission.
☐ Vrai ☐ Faux : _____
e. « Être sur le balan » veut dire « hésiter ».
☐ Vrai ☐ Faux : _____

3. Associez les synonymes. ... / 5
a. penser   1. complimenter
b. questionner   2. s'engager à
c. opinion   3. demander
d. féliciter   4. réfléchir
e. promettre   5. point de vue

4. Complétez les phrases. ... / 5
a. Comme je voulais savoir ce que Pierre pensait,
je lui ai demandé son _____.
b. Cette histoire est vraiment trop longue, alors je vais
en faire un _____.
c. Certains clients ne sont pas contents du produit, ils
ont fait une _____.
d. La conférencière a _____ son discours
en trois points.
e. Il n'a vraiment pas fait ce qu'il avait dit ! Il n'a tenu
aucune de ses _____.

**5. Mettez les mots dans l'ordre pour former
des phrases.** ... / 5
a. [utilise / le début / Ce publicitaire / de bois /
depuis / la langue / .]

b. [le voleur / a besoin / concrètes / avant / d'arrêter /
La police / de preuves / .]

c. [peuvent / Les expérimentations / permettre / de /
une théorie / démontrer / .]

d. [devons / cohérent, / Son raisonnement /
n'est pas / nous / le questionner / continuer à / .]

e. [l'association / a lancé / un appel / à ses /
adhérents / La présidente / de / .]

**6. Associez deux étiquettes à la terminaison –er
pour former cinq verbes.** ... / 5

NE   PECT   ULT

CONT   CUS   AC   GOCI   + -ER

EST   RES   INS

**7. Associez une partie de plan
à chaque phrase.** ... / 10
[conclusion – introduction – 1re partie – 2e partie –
3e partie]
a. Pour terminer, je dirais que nous pouvons être
optimistes et avoir espoir en l'avenir.
➔ _____
b. Ensuite, je continuerai en parlant de la recherche
agronomique.
➔ _____
c. Le sujet que je vais vous présenter traite du climat
au XXIe siècle.
➔ _____
d. D'abord, j'aborderai les effets climatiques sur
la population.
➔ _____
e. Enfin, je mentionnerai les recherches en cours
dans mon laboratoire.
➔ _____

TOTAL

.... / 40

Vocabulaire contrastif

Human being – *L'être humain*

1. Physical attributes

Observe.

How is it in English?	How is it in French?
adolescence, adolescent	l'adolescence, un adolescent
adult	un adulte
anatomy	l'anatomie
appearence	l'apparence
body	un corps
brown	marron
child	un enfant
description	une description
function	une fonction
grey	gris
handicapped person	un handicapé
human being	un humain
light	clair
moustache	une moustache
muscle	un muscle
pale	pâle
reproduction	la reproduction
resemblance, to resemble	une ressemblance, ressembler
respiration	la respiration
sexuality	la sexualité
skeleton	un squelette
stomac	un estomac
vital organ	un organe vital

2. Moral attributes and emotions

Observe.

How is it in English?	How is it in French?
admiration, to admire	l'admiration, admirer
anxious	anxieux(-euse)
calm	calme
chagrin	le chagrin
complicated	compliqué
courage, courageous	le courage, courageux(-euse)
curiosity, curious	la curiosité, curieux(-euse)
default	un défaut
desperate	désespéré
disagreeable	désagréable
disappointment, disappointed	la déception, déçu
discretion, dicreet	la discrétion, discret(-ète)
to doubt	douter
egoism, egoist	l'égoïsme, égoïste
ennui	l'ennui
enthousiast	enthousiaste
essential quality	une qualité essentielle
excited	excité
generosity, generous	la générosité, généreux(-euse)
honesty, honest	l'honnêteté, honnête
intelligent	intelligent
irritated	irrité
jealousy, jealous	la jalousie, jaloux(-ouse)
maladroit	maladroit
nervous	nerveux(-euse)
optimism, optimistic	l'optimisme, optimiste
pessimism, pessimistic	le pessimisme, pessimiste
reasonable	raisonnable
to regret	regretter
respect, to respect	le respect, respecter
sadness	la peine
sage	sage

sensitive	sensible
to shock	choquer
sincerity, sincere	la sincérité, sincère
sociable	sociable
to stand	supporter
suffering, to suffer	la souffrance, souffrir
surprised	surpris
timid	timide
tolerance, tolerant	la tolérance, tolérant
tranquil	tranquille

Complete:

Every word finishing with –… in English comes from a French word finishing in *-eux*: *anxieux, courageux, curieux, généreux, nerveux…*

Watch out!
• "Sensible" is a false cognate: in French, it means sensitive.
• "Deception", "pain" and "to support" are false cognates. In French, *déception* means being disapointed whereas *supporter* means to stand (« *Je ne peux pas la supporter* » → "I can't stand her") and *peine* means sadness / suffering (« *Tu me fais de la peine* » → "You are making me suffering / you make me sad").

3. Senses

Observe.

How is it in English?	How is it in French?
to communicate	communiquer
contact	un contact
odour / smell	une odeur
perception	une perception
sensation	une sensation
to touch	toucher
view	la vue

EXERCISE

Circle the correct answer.

1. Dans le salon, il y a un portrait de mon oncle avec sa grande [anatomie / moustache] et ses cheveux [gris / surpris].

2. Ma nièce est d'un caractère [curieux / handicapé]. Elle est aussi très [généreuse / pâle] et [adolescente / intelligente].

3. J'ai mal à [l'estomac / la tête]. Le plat était trop épicé et les serveurs étaient très [désagréables / désespérés].

4. [Ma déception / Mon ennui] et mon [admiration / chagrin] seront immenses si tu ne viens pas à mon anniversaire.

Family and social relationships –
Les relations familiales et sociales

1. Family

Observe.

How is it in English?	How is it in French?
to adopt	adopter
adoption	une adoption
aunt	une tante
biological parents	les parents biologiques
civil union	une union civile
couple	un couple
cousin	un(e) cousin(e)
divorce	un divorce
to divorce	divorcer
family member	un membre de la famille
grand-parents	les grands-parents
homosexual	un(e) homosexuel(le)
husband, wife	un époux / une épouse
marriage / wedding	un mariage
to marry	se marier
maternal	maternel
nephew	un neveu
niece	une nièce
parent	un parent
paternal	paternel
to separate	se séparer
separation	une séparation
uncle	un oncle

Watch out!

"Aunt" in English comes from old French *ante*. When integrated in English in 1300, it replaced old English words "faster" ("father's sister") and "moster" ("mother's sister"). In French, *ta ante* ("your ante") became *tante* over time.

2. Social interactions

Observe.

How is it in English?	How is it in French?
to admire	admirer
collaborator	un(e) collaborateur(-trice)
colleague	un collègue
concubine	un(e) concubin(e)
to detest / hate	détester
director	un(e) directeur(-trice)
enemy	un ennemi
to esteem	estimer
fiancé	un(e) fiancé(e)
fight	une dispute
to fight	se disputer
to invite (friends)	inviter (des amis)
professional relationships	les relations professionnelles
to reconcile	se réconcilier
religious	religieux
to retire	partir à la retraite
sentiment	un sentiment
superior	un supérieur
to visit	rendre visite

Watch out!

- *Dispute* is a false cognate as it means a fight in French.
- In English, "to retire" come from French verb *retirer* but *retirer* in French means to withdraw (« *Il se retire de la course* » → "He withdraws from the competition").

EXERCISE

Complete.

[adopté - collègues - couple - déteste - divorce - en couple - grands-parents - mariage - oncle - sentiments - se marier - se séparer - tante]

1. Demain, je vais au _____ de mon ami Henri. Avec Catherine, ils forment un _____ adorable.
2. Mon _____ et ma _____ ont _____ trois enfants.
3. Mes _____ ont décidé de _____ une deuxième fois après 30 ans de vie commune.
4. Je _____ mon supérieur ! Par contre, j'apprécie mes _____ et notamment, j'ai des _____ pour ma collègue Fanny…
5. Après 2 ans de vie _____, ils ont décidé de _____ La réconciliation était impossible. Cela va se finir par un _____

Health – *La santé*

1. Maladies and symptoms

Observe.

How is it in English?	How is it in French?
allergic	allergique
allergy	une allergie
asthma	l'asthme
contagion	une contagion
contagious	contagieux(-euse)
fever	la fièvre
nausea	une nausée
suffering, to suffer	la souffrance, souffrir
symptom	un symptôme
temperature	la température
virus	un virus

Complete:

Every word in English finishing by –... comes from French: *agriculture, nature, signature, température, torture...*

2. Getting health care, healing

Observe.

How is it in English?	How is it in French?
cardiology	la cardiologie
cost	un coût
hospital	un hôpital
hospitalisation	une hospitalisation
hospitalised	hospitalisé
insurance	une assurance
patient	un patient
pharmacist	un(e) pharmacien(ne)
pharmacy	une pharmacie
social security	la Sécurité sociale
specialist (Dr)	un spécialiste (Dr)
surgery	la chirurgie
treatment	un traitement
vaccine	un vaccin

Watch out!

French word *hospital* entered into English in 1250. In France, during the XVIIIth century, *hospital* was turned into *hôpital* (the internal *s* was replaced by a *ô*). The French medieval ortography was maintained intact in English. Note that the internal *s* was kept in French *hospitalisation*, *hospitalisé* and *hospitalité*.

3. Accidents and incidents

Observe.

How is it in English?	How is it in French?
accident	un accident
ambulance	une ambulance
(in) danger	(en) danger
fracture	une fracture
incident	un incident
victim	une victime

Complete:

Every word finishing with –... in English comes from a French word finishing in *-ent*: *accident, compétent, élément, incident, intelligent, moment, monument, pertinent, tempérament, testament...*

4. The police

Observe.

How is it in English?	How is it in French?
to arrest	arrêter
arrestation	une arrestation
to control	contrôler
identity	l'identité
to interrogate	interroger
interrogation	une interrogation
passport	un passeport
pickpocket	un pickpocket
police	la police

Watch out!

The English word "pickpocket" was introduced in French in 1762. Please note however that "pocket" comes from Norman *pokete*, deriving from French *pochette*.

EXERCISE

Circle the correct answer.

1. Mon cousin a été [témoin / victime] d'un terrible [accident / danger]. Il a été conduit [à l'hôpital / à la gare] en [ambulance / train]. Il souffre de plusieurs [contagions / fractures].

2. Mes grands-parents sont malades. Mon grand-père a de la [chance / fièvre] alors que ma grand-mère a des [nausées / traitements].

3. Le [pharmacien / policier] lui a dit que la [police / Sécurité sociale] lui rembourserait [le coût / l'identité] de son [téléphone / vaccin] car il est [allergique / assuré].

Accomodation – *Le logement*

1. Different types of accomodation

Observe.

How is it in English?	How is it in French?
apartment	un appartement
city	une cité
domicile	un domicile
farm	une ferme
house	une maison
residence	une résidence
suburban house	un pavillon
tower	une tour

Watch out!
• French word *cité* not only means a town in both languages but also in French a lower class people suburban building / housing complex.
• French word *résidence* crossed the Channel as is. Please note that in French, *résidence* not only designates a place where someone resides but also an apartment building or a group of houses (generally looking alike).
• "Tower" comes from the French word *tour*. In both languages, it means a tower of a fortress or a medieval castle. However, in French, it is also used to designate a high building / skyscrapper (office space or residential).

Circle the correct answer.
Every word finishing with [-t / -ty] in English comes from a French word finishing in –té (*électricité, éternité, générosité, qualité…*).

2. Describing a residence

Observe.

How is it in English?	How is it in French?
address	une adresse
calm	calme
cellar	une cave
dark	sombre
electric	électrique
floor	un étage
foyer	une entrée
garage	un garage
hall	un hall
living room	un salon
neighborhood	un quartier
room	une pièce, une chambre
terrace	une terrasse
toilets	les toilettes

Watch out!
• *Cave* in French means a cellar ("a cave": *une grotte*).
• "Piece" comes from the French word *pièce*. In both languages, it means a small part of an object but is also used in French to designate a room in a home.

Circle the correct answer:
Every word finishing with [-er / -ter] in English comes from a French word finishing in –re (*chambre, cidre, lettre, membre, ministre…*). Some exceptions exist in British English where the French ending was maintained ("centre", "fibre", "metre", "theatre", etc.).

3. Furniture / Describing an object

Observe.

How is it in English?	How is it in French?
aspect	un aspect
big	grand
blue	bleu
colour	une couleur
cotton	le coton
cupboard / closet	un placard
exterior	(l')extérieur
form	la forme
object	un objet
oval	oval
plastic	plastique
rectangle	un rectangle
round	un rond
sheet	un drap
soft	souple
towel	une serviette
wardrobe	une armoire

Watch out!
• *Drap* means a sheet in French.
• *Grand* in French means large / big.
• In French, *placard* relates to a closet.
• Like in English, *serviette* in French relates to a table napkin but it also means a towel (bath / beach) and a suitcase.
• Every word finishing with –or in English comes from a French word finishing in –eur (*acteur, extérieur, gladiateur, intérieur…*).

4. Taxes

Observe.

How is it in English?	How is it in French?
aid	une aide
beneficiary	un bénéficiaire
payroll	une paye
service	un service
tax	une taxe

Circle the correct answer.
Every word finishing with [-ar / -ary] in English comes from a French word finishing in –aire (*anniversaire, bénéficiaire, élémentaire, militaire…*).

EXERCISE

Circle the correct answer.
1. Ma nièce vient d'acheter une petite [domicile / maison] en Normandie.
2. Mon oncle habite au 25ᵉ [anniversaire / étage] d'une grande [ferme / tour] à La Défense.
3. Mes grands-parents vont chercher le lait à la [cité / ferme] tous les matins.
4. Paris est une grande [cave / cité].
5. Ma maison a une grande [cave / terrasse] car je suis un amateur de vin.

Education and work –
L'éducation et le monde professionnel

1. Professions and activity sectors

Observe.

How is it in English?	How is it in French?
administration	l'administration
agriculture	l'agriculture
artisan	un artisan
communication	la communication
culture	la culture
dentist	un dentiste
education	l'éducation
engineer	un ingénieur
finance	la finance
function	une fonction
industry	l'industrie
information	l'information
journalist	un journaliste
private sector	le secteur privé
professor	un professeur
public sector	le secteur public
responsibilities	des responsabilités

Complete:

Every word finishing with –… in English comes from a French word finishing in –ion: *administration, communication, démonstration, éducation, fonction, information, mission, rémunération, réunion…*

2. Working environment

Observe.

How is it in English?	How is it in French?
annual	annuel
art gallery	une galerie d'art
colleague	un collègue
contract	un contrat
CV (GB) / résumé (US)	un CV
to employ	employer
employee	un employé
enterprise	une entreprise
farm	une ferme
meeting	une réunion
mission	une mission
motivation letter	une lettre de motivation
(job) offer	une offre (d'emploi)
professional experience	une expérience professionnelle
remuneration	une rémunération
salary / wage	un salaire
social / cultural activities	des activités sociales / culturelles
stress	le stress
tax	une taxe

Watch out!

- *Réunion* and *travail* are false cognates. In French, *réunion* means a meeting and *travail* means work.
- "Stress" is an English word that was integrated into French in 1950. However, the English word "stress" was integrated into English in 1300 from old French *distresse* (now *détresse*).

3. Fighting for better work conditions

Observe.

How is it in English?	How is it in French?
(street) demonstration	une manifestation
handout	un tract
minimum wage	un salaire minimum
salary increase	une augmentation
slogan	un slogan
workers union	un syndicat

Watch out!

- "Manifestation" and "syndicat" are false cognates. In French, *manifestation* means a street demonstration (and is also used in the sense of showing: « *la manifestation de sa joie* » → "manifestation of his joy") whereas *syndicat* means a workers union.
- *Slogan* and *tract* are both English words that were introduced into French respectively in 1842 and 1835.

EXERCISE

Circle the correct answer.

1. Mon oncle a accepté de nouvelles [expériences / responsabilités] dans [son entreprise / sa ferme]. Il a obtenu une importante [augmentation / réduction] de son [salaire / travail].

2. Mes [artisans / collègues] veulent organiser [un contrat / une réunion] avec la direction afin d'augmenter le salaire minimum et parler de la question du [rire / stress] au travail.

3. Les [employés / syndicats] du secteur public préparent une grande [fête / manifestation] pour dénoncer les nouvelles [maladies / taxes] qui frappent les [employés / offres d'emploi].

Leisure – *Les loisirs*

1. Cultural activities

Observe.

How is it in English?	How is it in French?
actor	un(e) acteur(-trice)
centre of interests	un centre d'intérêt
collection	une collection
comedian	un(e) comédien(ne)
comedy	une comédie
concert	un concert
dance	la danse
documentary	un documentaire
DVD	un DVD
fair	une foire
film	un film
to interest	intéresser
to interpret	interpréter
jazz festival	un festival de jazz
magazine	un magazine
magic	la magie
music	la musique
musical	musical
occupation	une occupation
opera	un opéra
passion	une passion
photography	la photographie
radio	la radio
reservation	une réservation
role	un rôle
scene	une scène
spectacle	un spectacle
spectator	un(e) spectateur(-trice)
success	un succès
television	une télévision
theatre	le théâtre

Watch out!

Occupation means an activity in French (as well as a military occupation / invasion and the use of a place) but not a job.

2. Games and sports

Observe.

How is it in English?	How is it in French?
adversary	un adversaire
camper	un(e) campeur(-euse)
camping	le camping
cards	des cartes
chance	la chance
club	un club
domino	les dominos
European cup	la coupe d'Europe
football	le football
forest	une forêt
judo	le judo
match	un match
mountain	la montagne
natural parc	un parc naturel
nature	la nature
olympic	olympique
pic-nic	un pique-nique
public	un public
sportive	sportif(-ve)
supporter	un supporter
tennis	le tennis
walk	une promenade

Watch out!

"Sport" in English is the abbreviation of "disport" that comes from old French *desport* (which meant an amusement – not in existence any longer in France). The English word "sport" was then later introduced in French in 1828.

EXERCISE

Circle the correct answer.

1. Mes parents regardent beaucoup de [films / livres] à la [radio / télévision]. C'est leur [magie / occupation] préférée. C'est une vraie [chance / passion].
2. Gérard Depardieu est un grand [acteur / photographe]. Il [a interessé / a interprété] Cyrano de Bergerac avec talent.
3. Le maire de la ville organise cet été un [festival de jazz / pique-nique] avec de grands musiciens. Ce sera sûrement un [rôle / succès].
4. [L'opéra / Le tennis] est mon [club / sport] préféré. Et je n'aime pas le [foot / magazine] !
5. Tous les soirs après le dîner, mon oncle et ma tante jouent [aux dominos / au judo].
6. Je préfère aller [à la scène / au théâtre] plutôt qu'à [un documentaire / la piscine].
7. Mon cousin a une belle [collection / promenade] de [cartes / tartes] anciennes.

Means of transport and travelling – *Les transports et les voyages*

1. Public transportation

Observe.

How is it in English?	How is it in French?
air hostess	une hôtesse de l'air
airport	un aéroport
arrival, to arrive	une arrivée, arriver
baggage	un bagage
bus, (bus) line	un bus, une ligne (de bus)
(1st, 2nd) class	(première, seconde) classe
comfortable	confortable
conductor	un(e) conducteur(-trice)
control	un contrôle
departure	un départ
destination	une destination
direction	une direction
driver	un chauffeur
passenger	un(e) passager(-ère)
pilot, co-pilot	un pilote, un copilote
station	une station
steward	un steward
tariff	un tarif
terminal	un terminal
terminus	un terminus
ticket	un ticket
train	un train
tramway	un tramway

2. Private transportation

Observe.

How is it in English?	How is it in French?
to accelerate	accélérer
automobile	une automobile
battery	une batterie
diesel	diesel
distance	une distance
driver permit (GB) / license (US)	un permis (de conduire)
garage	un garage
infraction	une infraction
insurance	une assurance
motorcycle	une moto
to pass	dépasser
priority	une priorité
road	la route
scooter	un scooter
stop sign	un stop
traffic	le trafic
tunnel	un tunnel
vehicle	un véhicule

Watch out!

French *voiture* did not enter into English whereas "car" (*char* in French) and "automobile" (also *auto* today in French) both come from French.

3. Travels and migrations

Observe.

How is it in English?	How is it in French?
(travel) agency	une agence (de voyage)
brochure	une brochure
desert	un désert
destination	une destination
to discover	découvrir
to emigrate	émigrer
excursion	une excursion
lake	un lac
migrant	un migrant
nomad	un nomade
port	un port
precipitation	des précipitations
season	une saison
site	un site
summit	un sommet
tourism, tourist	le tourisme, un touriste
travel	un voyage, un(e) voyageur(-euse)
typical	typique
valley	une vallée

Watch out!

Voyage in French means any travel / journey (by car, by bus, by train…). It was integrated in English in 1300 (with a more restrictive meaning nowadays as it essentially relates to long distance traveling by boat or plane).

4. Holiday accomodation

Observe.

How is it in English?	How is it in French?
camping	un camping
comfort, comfortable	confort, confortable
hotel	un hôtel
luxuous	luxueux
quality of service	la qualité du service
reception	une réception
reservation, to reserve	une réservation, réserver

EXERCISE

Circle the correct answer.

1. La limousine est prête. Le [chauffeur / steward] vous attend dehors.

2. Pour me rendre à Grenoble, je vais prendre le [cheval / train] [en première classe / en soute]. Il y a moins de [conducteurs / passagers] qu'en seconde classe.

3. J'ai fait une [batterie / réservation] dans un petit [chemin / hôtel] très [dangereux / luxueux].

4. Ma nièce n'a pas respecté le [paiement / stop]. Elle a été arrêtée par la [police / station]. C'est une [infection / infraction] très grave.

5. Nous hésitons entre une grande [excursion / réception] dans le [désert / dessert] ou une [promenade / saison] plus tranquille en forêt.

Food and catering –
La nourriture et la restauration

1. Food

Observe.

How is it in English?	How is it in French?
acid	acide
almond	une amande
apricot	un abricot
artificial	artificiel
aubergine (GB) / eggplant (US)	une aubergine
barbecue	un barbecue
beef	du bœuf
Brie	un brie
brioche	une brioche
broccoli	un brocoli
camembert	un camembert
carott	une carotte
cereals	des céréales
chocolate	du chocolat
citrus fruit	un agrume
compote	une compote
courgette (GB) / zucchini (US)	une courgette
crab	un crabe
cucumber	un concombre
filet	un filet
fresh	frais
fruit salade	une salade de fruits
grapefruit	un pamplemousse
juice	un jus
kiwi	un kiwi
melon	un melon
mustard	de la moutarde
olive oil	de l'huile d'olive
onion	un oignon
orange	une orange
peach	une pêche
pear	une poire
raisin	un raisin (sec)
salad	une salade
sauce	une sauce
soup	une soupe
spice	une épice
steak	un steak
sugar	du sucre
tomato	une tomate
vanilla	de la vanille
vegetable	un légume
vegetarian	végétarien(ne)
vinaigrette	une vinaigrette
vinegar	du vinaigre
vitamin	une vitamine

Watch out!

• French word *cuisine* is not only used to designate the art of preparing food but also the kitchen (« *Je dois rénover ma cuisine* » → "I have to renovate my kitchen").

• In French, *légume* relates to all sorts of vegetables (including peas of course).

• In French, *raisin* relates both to the fresh fruit (grapes) and to the dry one (*raisin sec*).

2. Cuisine and gastronomy

Observe.

How is it in English?	How is it in French?
apéritif	un apéritif
beer	une bière
bottle	une bouteille
brasserie	une brasserie
cafeteria	une cafétéria
carafe / jug	une carafe
chef	un chef
copious	copieux(-euse)
cordon bleu	un cordon bleu
cream	de la crème
delicious	délicieux(-euse)
dessert	un dessert
excellent	excellent
fast food	un fast-food
ingredient	un ingrédient
lemonade	une limonade
maître d'hôtel	un maître d'hôtel
regional speciality	une spécialité régionale
soda	un soda
sorbet	un sorbet
tart	une tarte
tartlet	une tartelette

Watch out!

French *chef* not only designates the person preparing food but also the boss at work (« *Mon nouveau chef au bureau est sympa* » → "My new boss at work is nice").

> **EXERCISE**

Complete.

[agrumes - bière - carafe - excellente - maître d'hôtel - oranges - pamplemousses - spécialité régionale - tartelette]

1. J'ai acheté des .... au marché : 3 citrons, 2 .... et 4 ....

2. Cette .... aux noix est une .... : on ne la trouve qu'ici !

3. C'est un grand restaurant : la cuisine est .... et le service du .... est remarquable.

4. – Que voulez-vous boire ?

– Une .... d'eau, s'il vous plaît.

– Et pour moi, une ....

Shopping – *Les commerces*

1. Different types of shops

Observe.

How is it in English?	How is it in French?
boutique	une boutique
local shop	un commerce de proximité
shop / store	un magasin
supermarket (GB) /	un supermarché / une
shopping mall (US)	grande surface

Watch out!

French word *boutique* not only means a (small) shop in both languages (any kind of store in French whereas limited to clothes and accessories in English) but in French, it does not have the English sense of serving a sophisticated or specialized clientele ("a boutique hotel" does not translate into French).

2. Shopping

Observe.

How is it in English?	How is it in French?
article	un article
bar code	un code-barres
catalogue	un catalogue
change / currency	la monnaie
client	un client
clientele / customers	une clientèle
credit card	une carte bancaire
good deal	une (bonne) affaire
payment	un paiement
price	un prix
product	un produit
promotion	une promotion
purchase order	une commande
special offer	une offre spéciale

Watch out!

• *Affaire* is essentially used in French to designate business and commerce (*le droit des affaires*: "business law") and various stuff (« *Il va apporter ses affaires de tennis* » → "his tennis stuff"). It is not used in French in the English sense of "love affair".

• In French, *surface* means the same that in English but is also used to designate a supermarket when preceded by *grande*: *une grande surface*.

3. Aisles and products

Observe.

How is it in English?	How is it in French?
accessories	le rayon accessoires
à la mode	à la mode
candy	un bonbon
classic	classique
clothing	le rayon vêtements
decoration	le rayon décoration
dress	une robe
electronic cigarette	une cigarette électronique
food	le rayon alimentation
fresh products	le rayon des produits frais
gel	du gel
hygiene	le rayon hygiène
lingerie	le rayon lingerie
natural products	le rayon des produits naturels
organic agriculture	l'agriculture biologique
perfume / scent	du parfum
petite	une petite taille

Watch out!

• In French, *robe* means all sorts of dresses / gowns and *parfum* not only means cologne but also a flavor.

• *Petite* means small in French ("a small car": *une petite voiture*). It only means small size for women clothing in French if together with *taille* (*petite taille*).

• In French, *vêtements* means all sorts of clothes.

Circle the correct answer:

Every word finishing with [-ic / -ies] in English comes from a French word finishing in –ique (*classique, logique, magique, romantique, tragique…*). Some exceptions exist where the French ending was maintained in English (such as *boutique, critique* or *unique*).

EXERCISE

Circle the correct answer.

1. Ma nièce vient d'acheter [un catalogue / une robe] au [bureau / supermarché] pour un prix très intéressant. C'était une [clientèle / offre spéciale].

2. Mon oncle a payé les [prix / produits frais] avec sa [carte de crédit / promotion].

3. Mes grands-parents achètent seulement des produits provenant [de l'agriculture biologique / du rayon hygiène].

4. Un [code-barres / prix] est imprimé sur chaque [boutique / produit].

Environment – *L'environnement*

1. City and countryside

Observe.

How is it in English?	How is it in French?
agriculture	l'agriculture
(domestic) animal	un animal domestique
aquarium	un aquarium
architecture	l'architecture
crocodile	un crocodile
dolphin	un dauphin
forest	une forêt
fruit	un fruit
fruit tree	un arbre fruitier
giraffe	une girafe
lion	un lion
mammal	un mammifère
marine	marin
monkey	un singe
museum	un musée / un museum
nature	la nature
panda	un panda
rural	rural
sheep	un mouton
skate	une raie
species	une espèce
tiger	un tigre
turtle	une tortue
urban	urbain
whale	une baleine
zebra	un zèbre
zoo	un zoo

2. Ecology

Observe.

How is it in English?	How is it in French?
air	l'air
Atlantic ocean	l'océan Atlantique
climate	un climat
continent	un continent
deforestation	la déforestation
degradation	une dégradation
to degrade	dégrader
deterioration	une détérioration
ecosystem	un écosystème
electricity	l'électricité
environment	l'environnement
global warming	le réchauffement climatique
greenhouse gas	un gaz à effet de serre
menace / threat	une menace
Pacific ocean	l'océan Pacifique
plastic	plastique
to pollute	polluer
pollution	la pollution
to recycle	recycler
renewable energy	une énergie renouvelable
solar	solaire
temperature	une température
wind	éolien

Watch out!

• A number of animals are named in English after French: *caméléon, dauphin, éléphant, faisant, girafe, héron, léopard, lion, marmotte, mule, panda, pigeon, rat, sardine, saumon, sole, tigre, toucan, truite, viper*, etc.

• "Climate" comes from French *climat*. Most of words finishing by *-ate* in English come from French words finishing with *-at* (the *t* is silent in French): *candidat, certificat, chocolat, climat, débat, électorat, mandat*, etc.

• "Mutton" in English comes from French *mouton* but in French, *mouton* designates not only the meat in a plate but also the live animal (sheep).

• "Zoo" is an English word that was integrated into French.

EXERCISE

Complete:

[agriculture - crocodiles - déforestation - énergies - environnement - menace - musée - océans - pollution - réchauffement climatique - rurales - tigres - visiter - zoo]

1. Demain, mes parents ont décidé de _____ l'aquarium de la ville plutôt que d'aller au _____

2. Le plastique constitue une _____ pour les _____

3. Le gouvernement doit lutter contre la _____ de l'air et tout faire pour protéger l'_____ Il doit promouvoir les _____ renouvelables.

4. L'_____ urbaine est différente des cultures _____

5. Au _____, nous avons vu des _____, des _____ et des pandas.

6. Le phénomène de la _____ a pour conséquence le _____

Social and economic life –
La vie sociale et économique

1. The economy

Observe.

How is it in English?	How is it in French?
bank	une banque
capital, capitalist	le capital, capitaliste
credit	un crédit
debt	une dette
economy	l'économie
enterprise	une entreprise
industry	l'industrie
public sector	le secteur public
salary	un salaire

Watch out!

Initially, French word *dette* was introduced in English as is. It was later latinized when turned into "debt", from Latin *debitum*. This is why the *b* is not pronounced.

2. Politics ans government

Observe.

How is it in English?	How is it in French?
administration	la fonction publique (l'administration)
communism, communist	le communisme, communiste
conservative	conservateur(-trice)
democracy	une démocratie
government	un gouvernement
liberal	libéral
monarchy, monarch	une monarchie, un monarque
politics	la politique
president	un président
Prime Minister / Premier	le Premier ministre
republic	une république
revolution	une révolution
royalist	royaliste
secretary of state	un secrétaire d'État
socialism, socialist	le socialisme, socialiste

Watch out!

• Most of the English vocabulary relating to politics comes from French, with respect not only to medieval institutions but also to modern institutions.
• In American English, "administration" is a synonym to government whereas in French, it only relates to the bureaucracy.
• In American English, "liberal" is a synonym to socialist whereas in French, it means being from the right, opposed to any state intervention in the economy.

3. The elections and institutions

Observe.

How is it in English?	How is it in French?
candidate	un candidat
constitution	une constitution
electoral campaign	une campagne électorale
executive power	le pouvoir exécutif
legislative power	le pouvoir législatif
majority	la majorité

nation	une nation
opposition	l'opposition
parliament	un parlement
party	un parti
people	un peuple
referendum	un référendum
state	l'État
senate, senator	le Sénat, un(e) sénateur(-trice)
vote, to vote	un vote, voter

Watch out!

The English word "state" comes from medieval French *estat*, which turned into *État* in the XVIIIth century when its internal *s* was replaced by an *é*.

4. Religion

Observe.

How is it in English?	How is it in French?
cathedral	une cathédrale
catholic	catholique
christianism	le christianisme
islam	l'islam
jew	juif
judaism	le judaïsme
mass	une messe
mosque	une mosquée
muslim	musulman
prayer	une prière
priest	un prêtre
protestant	protestant
rite	un rite
spiritual	spirituel
synagogue	une synagogue
temple	un temple

Complete:

Every word finishing with ... or ... in English comes from a French word finishing in –*isme* or –*iste* (*artiste, communisme, christianisme, royaliste, socialiste…*).

EXERCISE

Complete:

[campagne électorale – christianisme – communistes – électeurs – élections – islam – judaïsme – majorité – parlement – république]

1. Le parti socialiste vient de perdre la .... au ....
2. La France est une ....
3. Mes grands-parents sont ....
4. La .... a commencé. Les candidats organisent de nombreuses réunions à travers les villes pour convaincre les ....
5. Les .... auront lieu en novembre.
6. Le ...., l'............ et le .... sont les trois grandes religions monothéistes.

Media and digital world –
Les médias et le numérique

1. Means of communication

Observe.

How is it in English?	How is it in French?
gazette	une gazette
Internet	Internet
magazine	un magazine
newspaper	un journal
radio	une radio
radio station	une station de radio
smartphone	un smartphone
television	la télévision

Watch out!

- "Gazette" is a good exemple of an Italian word (*gazzetta*) introduced in English *via* French.
- "Internet" was invented in the US in 1984.
- "Newspaper" is an interesting combination of a Germanic word (*new*) and a French word (*paper*, from *papier*).
- "Radio" was invented in America in 1907. It was incorporated into French a few years later, in 1915. The word *télévision* was invented in France in 1900 and was integrated into the English language in 1907.

2. The media

Observe.

How is it in English?	How is it in French?
article	un article
camera	un appareil photo, une caméra
debate	un débat
documentary	un documentaire
film	un film
information	une information
interview	une interview
journalism, journalist	le journalisme, un journaliste
local / national	local / national
news	une actualité
paparazzi	un paparazzi
press	la presse
programme	un programme
satellite	un satellite
scoop	un scoop
sensational	sensationnel
trash media	la presse people

Watch out!

- In French, *caméra* only relates to a device that records videos (and not pictures). "Camera" appeared first in English (from Latin *camera*) and then was brought into French. This is a paradoxal example of a Latin word which was integrated into French *via* England (!). Same with "media" that was invented in the US in 1923 ("mass-media"), from Latin *medium / media* which became a French word in 1960.
- "The news" translates in French by *actualité*, whereas in English, "actuality" means "reality".
- *Paparazzi* is an Italian word that was incorporated both in French and in English.

3. The digital world

Observe.

How is it in English?	How is it in French?
application	une application
artificial intelligence	l'intelligence artificielle
blog	un blog
bug	un bug
cable	le câble
cellular / mobile phone	un téléphone mobile / portable
chat	un chat
cloud	un cloud
connection	une connexion
e-mail	un (e-)mail
hashtag	un hashtag / un mot dièse
innovation	une innovation
Internet website	un site Internet
new digital technology	une nouvelle technologie numérique
optic fiber	la fibre optique
podcast	un podcast
replay	en replay
selfie	un selfie
server	un serveur
social media	les médias sociaux
streaming	en streaming
tablet	une tablette
tag	un tag
video	une vidéo
virus / anti-virus	un virus / un anti-virus
web	le web / la toile
WI-FI	la WI-FI

Watch out!

The lists above show the importance of English vocabulary in French relating to computers and the Internet.

However, some of these words originally come from France. For instance, "an interview" in English comes from French *entrevue*. "E-mail" (invented in America in 1977) is another illustration of the inextricable bounds between both languages. "Electronic" was invented in GB in 1901 and was integrated in French in 1905 whereas "mail" (used in the sense of letter since 1200) comes from French *male* (the large bin used to carry letters).

EXERCISE

Circle the correct answer.

1. J'ai un [scoop / téléphone portable] ! Aung San Suu Kyi m'a accordé une [interview / radio] exclusive.
2. On va pouvoir mettre cette interview sur [un chat / Internet].
3. Mon cousin est un [artiste / journaliste] spécialisé dans les [nouvelles technologies / satellites].
4. Il vient de réaliser [un documentaire / une tablette] sur les progrès [de l'intelligence artificielle / des réseaux sociaux].

Communication – *La communication*

1. Thinking and reasoning

Observe.

How is it in English?	How is it in French?
absurd	absurde
coherent	cohérent
conclusion	une conclusion
declaration, to declare	une déclaration, déclarer
hesitation	une hésitation
hypothesis	une hypothèse
illogical	illogique
introduction	une introduction
irrational	irrationnel
logic / logical	logique
public declaration	un manifeste
rational	rationnel
theory, theoric	la théorie, théorique

Watch out!

Most of adjectives in English finishing with –al come from French adjectives (such as *banal, normal, tropical*, etc.). English linguists liked so much the –al ending that they even added it to French adjectives that did not have it. For instance, "logical" comes from French *logique*, "practical" comes from French *pratique*, etc.

2. Arguing and debatting

Observe.

How is it in English?	How is it in French?
to accuse	accuser
to affirm	affirmer
argument, to argue	un argument, argumenter
to assure	assurer
conversation	une conversation
debate, to debate	un débat, débattre
decision	une décision
demonstration, to demonstrate	une démonstration, démontrer
to dialogue	dialoguer
discussion	une discussion
quarrel, to quarrel	une dispute, (se) disputer
evidence / proof	une preuve
to exagerate	exagérer
insult, to insult	une insulte, insulter
judgement, to judge	un jugement, juger
to mock	(se) moquer
negotiation, to negotiate	une négociation, négocier
opinion	une opinion
opposition, to oppose	une opposition, opposer
point of view	un point de vue
promise	une promesse
to propose	proposer
to protest	protester
to prove	prouver
to question	questionner
respect, to respect	le respect, respecter

Watch out!

• In French, *une démonstration* only relates to a reasoning, not to a public gathering (*une manifestation*).
• In French, *une dispute* means a fight, not an exchange of arguments.
• French word *évidence* is not used in France to designate a proof. It us used to relate to something being evident / obvious: « *Il est très malade, c'est l'évidence même.* »
• Most of insults in English come from French ! "Coward" (from *couard*), "stupid" (from *stupide*), "imbecil" (from *imbécile*), "cretin" (from *crétin*), "fool" (from *fol*), etc.

EXERCISE

Circle the correct answer.

1. J'ai reçu [sa déclaration / sa lettre]. Son raisonnement est complètement [irrationnel / respecté].
2. Il n'avance aucune [preuve / stratégie] pour étayer [sa démonstration / son raisonnement].
3. As-tu regardé le [débat / jugement] télévisé hier soir ? Ils n'ont fait que s'échanger des [insultes / promesses]. Il n'y avait aucun [argument / dialogue].
4. Je vous [accuse / assure] sans [démonstration / hésitation] que la [compétence / négociation] aboutira à une [conclusion / introduction] favorable.

El ser humano – *L'être humain*

1. La anatomía

Observa.

¿Cómo se dice en español?	¿Cómo se dice en francés?
el corazón	le cœur
discapacitado	handicapé
el estómago	l'estomac
los huesos	les os
latir	battre
la nariz	le nez
los ojos	les yeux
oler	sentir
un órgano vital	un organe vital
la sangre	le sang

Ten en cuenta que:

• El género de los sustantivos [siempre / no siempre]
coincide en las dos lenguas.
• *Os* es tanto singular como plural, pero en singular se
pronuncia la *s*, mientras que en plural es muda.
• "Un ojo": *un œil*; "los ojos": *les* ....
• "Un órgano vital": *un organe vital*; "órganos vitales":
des organes ....

¡Ojo!
• *Sentir* significa "oler" y también "sentir".
• *Battre* significa "latir" (*le* .... *bat*), "golpear" (*battre
quelqu'un*), "vencer" (*battre son ennemi*) y "batir" (*battre
des œufs*).
• "Tener dolor de estómago": *avoir mal au ventre*.

2. Las cualidades y los defectos

Observa.

¿Cómo se dice en español?	¿Cómo se dice en francés?
ansioso(a), nervioso(a) ≠	anxieux(-euse), nerveux(-euse) ≠
tranquilo	tranquille, calme
celoso(a)	jaloux(-ouse)
confiado(a) ≠ desconfiado(a)	confiant ≠ méfiant
fuerte ≠ débil	fort ≠ faible
irritado	énervé
miedoso(a) ≠ valiente	peureux(-euse) ≠ courageux(-euse)
preocupado(a)	inquiet(-ète)

Ten en cuenta que:

• Los femeninos de estos adjetivos se forman:
a) agregando .... cuando terminan con consonante *-t*
o con *-é*: *confiant* → *confiante*; *méfiant* →
.... ; *énervé*
→ .... Otros ejemplos: *méchant* → .... ; *ordonné*
→ .... ; *inquiet* → *inqu**è**te*
b) modificando la terminación *-eux* o *-oux* en ..... o ....:
anxieux → *anxieuse*; *nerveux* → .... ; *jaloux* → .... ;
peureux → ....
Es invariable cuando el adjetivo termina con ...: *optimiste*
→ *optimiste*. Otros ejemplos: ...., ...
• *Énervé* se usa para referirse a alguien alterado, ya sea
por "irritabilidad", "nerviosismo" o "enfado".
• *Jaloux* tiene el mismo origen que "celoso", ambas
palabras también significan "envidioso".

¡Ojo!
• "Inquieto" en español significa "que no se está quieto"
(*agité*) y también "preocupado", mientras que en francés
solo tiene este último significado.
• *Confiant* se refiere a alguien seguro de sí mismo o que
confía en un resultado esperado. "Confiado" en el sentido
de "crédulo", es *crédule* o *naïf*.
• *Débile* tiene la misma raíz que "débil", pero en francés
únicamente conservó el sentido de deficiencia mental.

EJERCICIO

Completa.
[anxieuses – bat – calmes – cœur – faible – inquiète –
nerveuse – os (x 2) – peureuses – sentir – yeux]

1. Julie doit prendre des calmants quand elle est très
....

2. Les médecins prescrivent des anxiolytiques aux
personnes .... Cela leur permet d'être plus ....
3. On utilise les .... pour voir, et le nez pour ....
les odeurs.
4. Quand le .... de manière irrégulière, on parle
de tachycardie.
5. Sophie est très .... parce qu'elle ne retrouve pas
les clés de sa maison.
6. Les personnes .... n'osent rien faire et ne prennent
aucun risque.
7. Certains vétérinaires recommandent de donner
les .... crus à son chien, parce que la composition
chimique de l' .... change s'il est cuit.
8. Luc est quelqu'un d'assez fragile et influençable. Il a
un caractère assez ....

Las relaciones familiares y sociales –
Les relations familiales et sociales

1. Los lazos familiares y la situación familiar

Observa.

¿Cómo se dice en español?	¿Cómo se dice en francés?
casarse con	épouser
dar a luz	accoucher
educar	éduquer, élever
embarazarse	tomber enceinte
estar en pareja	être en couple
gemelos idénticos ≠ mellizos	des vrais ≠ faux jumeaux
el / la hermano(a) mayor	le frère / la sœur aîné(e)
el / la hermano(a) menor	le / la cadet(te)
un(a) hijastro(a)	un(e) beau-fils / -fille
un padre amo / una madre ama de casa	un père / une mère au foyer
un(a) medio(a) hermano(a)	un(e) demi-frère / -sœur
un padrastro / una madrastra	un beau-père / une belle-mère
los parientes cercanos ≠ lejanos	les parents proches ≠ éloignés
los suegros	les beaux-parents

Ten en cuenta que:

* *Parents* significa tanto "padres" como "parientes".
* *Couple* es [masculino / femenino] → [un / une] *couple heureux*.
* *La sœur cadette et le frère* ....
* *Des fausses jumelles et des* ....
* "Embarazarse" → *tomber enceinte*. "Estar embarazada" → *être* ....
* La etimología de "ama (de casa)" es "dueña de casa", mientras que *femme (mère) au foyer* significa literalmente "mujer en el hogar". También se usa en masculino.
  ¡Ojo!
* En español "hermanos" puede designar un grupo mixto (hermanos y hermanas). En francés *frères* solo son hombres. Para el plural "mixto" se empleará *frères et sœurs*.
* *Fils* solo se refiere a los hijos hombres, *filles* a mujeres. Para un conjunto que incluye ambos sexos se emplea *enfants*.
* *Beau-père* y *belle-mère* también significan "suegro" y "suegra".

2. Los trámites administrativos

Observa.

¿Cómo se dice en español?	¿Cómo se dice en francés?
casado	marié
divorciado	divorcé
en unión de hecho	pacsé
una partida de nacimiento	un acte de naissance
las prestaciones	les allocations
soltero	célibataire
viudo(a)	veuf / veuve

Ten en cuenta que:

* *Démarche* es [masculino / femenino]: *des démarches administratives*.
* *Célibataire* tiene la misma raíz que "célibe".
* *Un homme marié et une femme mariée; un homme divorcé et une femme* ....; *un* .... *et une veuve*.

3. Las relaciones amistosas

Observa.

¿Cómo se dice en español?	¿Cómo se dice en francés?
un amigo	un copain / un ami
conocer a alguien	faire connaissance, rencontrer
un conocido	une connaissance
un encuentro	une rencontre
llevarse bien ≠ mal	s'entendre bien ≠ mal
visitar	rendre visite

Ten en cuenta que:

* *Rencontre* es [masculino / femenino]: [un / une] *bonne rencontre*.
* *Rencontrer* es "conocer a alguien" y también "encontrarse a alguien".
* *Ami* es el amigo cercano, mientras que *copain* es menos íntimo ("colega", "compa").
* *Copain* también es "novio". *Ma* [copain / copine] *est* [beau / belle].
  ¡Ojo!
* "Reencuentro" → *retrouvailles*.

Completa.

[accoucher - au foyer - belle-mère - demi-sœur - élever - épousé - pacsés - parents éloignés - s'entendent - vrais jumeaux]

1. Lise va se séparer de son mari. Ils ne .... pas bien.
2. Luc s'est remarié. Il a .... une femme qui a une fille. Le fils de Luc a donc une .... et une ....
3. Jeanne et son compagnon ne sont pas mariés, mais ils sont ....
4. Sophie vient d' .... de deux petits garçons identiques : des ....
5. Paul ne travaille pas pour avoir plus de temps pour .... ses enfants. Il est père ....
6. Notre famille est très grande. Nous avons beaucoup de .... que nous connaissons à peine.

La salud – *La santé*

1. Las enfermedades y sus síntomas

Observa.

¿Cómo se dice en español?	¿Cómo se dice en francés?
un catarro	un rhume
contraer varicela	attraper la varicelle
curarse	guérir
un dolor	une douleur
un dolor muscular	une courbature
gozar de buena salud	être en bonne santé
un grano	un bouton
una herida	une blessure
una inyección	une piqûre
el sufrimiento	la souffrance
tener dolor	avoir mal
una tos, toser	une toux, tousser
un tratamiento	un traitement / un soin
un vacuna	un vaccin
vacunarse	se faire vacciner

Ten en cuenta que:

• "Tener dolor de cabeza": *avoir mal **à la** tête*.
• "Catarro" y *rhume* derivan de dos palabras distintas de significado similar: líquido que fluye.
• "Vacunarse" (y las acciones que uno no hace solo: "hacerse una radiografía", etc.), en francés se construye con _____ + el verbo *vacciner, faire une radio*.
• *Piqûre* (también *injection*) significa "piquete".
• *Soin* significa "tratamiento", y también "cuidado", "asistencia médica".
• [*Un / une*] *toux sèche*; [*un / une*] *vaccin très fort*; [*un / une*] *blessure profonde*; [*un / une*] *douleur aiguë*; [*un / une*] *grande souffrance*.

¡Ojo!
• *Bouton* también significa "botón".
• El plural de *mal* ("dolor") → *maux*.
• *Rhume* y "reuma" ("*rhumatisme*") tienen la misma raíz (*rheuma*).
• "Acatarrado": *enrhumé*.

2. Los accidentes y los incidentes

Observa.

¿Cómo se dice en español?	¿Cómo se dice en francés?
cortarse	se couper
un esguince	une entorse
una fractura	une fracture
hacerse una herida	se blesser
marcar el 112	composer le 112
quemarse	se brûler
romperse	se casser (quelque chose)
sentir malestar	faire un malaise
el servicio de emergencia	les secours
torcerse	se tordre (quelque chose)

Ten en cuenta que:

• "Fracturarse" también es *se fracturer. Fracturer* → *une fracture*; _____ → *une blessure*; _____ → *une coupure*; _____ → *une brûlure*
• *Malaise* tiene el mismo origen que *aise*, usado en *à l'aise* ≠ *mal à l'aise* ("cómodo, sin dificultad" ≠ "incómodo").

¡Ojo!
• *Faire un malaise* también significa "desmayarse" (*s'évanouir*).
• El verbo *marquer* ("señalar", "poner una marca") no se emplea para marcar números.

3. La asistencia médica y los medicamentos

Observa.

¿Cómo se dice en español?	¿Cómo se dice en francés?
una cápsula	une gélule
la cirugía	la chirurgie
expedir una receta	délivrer une ordonnance
un(a) farmacéutico(a)	un(e) pharmacien(ne)
un hospital	un hôpital
pastillas / comprimidos	des cachets / comprimés
recetar medicamentos	prescrire des médicaments
un sobre de medicamento en polvo	un sachet en poudre

Ten en cuenta que:

• "Cirugía" y *chirurgie* tienen el mismo origen (*chirurgia*). El francés conservó la letra *h*.
• *Cachet* es [masculino / femenino]: *des cachets bleus*; [*du / de la*] *poudre blanche*.

¡Ojo!
• *Recette* es "receta de cocina".
• *Cachet* también significa "sello".
• *Hôpital*, pero *hospitalisation*.
• "Sobre" (para una carta) es *une enveloppe*.

EJERCICIO

Completa.

[a mal au – blessure – comprimés – entorse – ordonnance – pharmacien – tousses – toux]

1. Ces médicaments sont vendus uniquement sur _____
2. Luc s'est fait une _____ en courant. Il doit garder le repos pendant deux semaines.
3. Léa a trop mangé et maintenant elle _____ ventre.
4. Tu _____ ? Pour calmer ta _____, prends du miel et du citron.
5. Votre _____ est assez profonde, il va falloir coudre des points.
6. Le _____ m'a vendu des _____ pour faire baisser la fièvre. Ils sont en vente libre.

La vivienda – *Le logement*

1. Los tipos de vivienda

Observa.

¿Cómo se dice en español?	¿Cómo se dice en francés?
alquilar	louer
una barriada	une cité
un casero / un dueño	un propriétaire
compartir vivienda	vivre en colocation
un edificio, un inmueble	un immeuble
un inquilino	un locataire
mudarse	emménager, déménager

Ten en cuenta que:

* *Une cité* puede equivaler a "ciudad": *une cité médiévale* ("ciudad medieval"); *une cité universitaire* ("ciudad universitaria"); a menudo se refiere a un conjunto de edificios de baja calidad en los suburbios: "barriada".
* *Emménager* es mudarse dentro y *déménager* es mudarse fuera.

2. Describir una vivienda

Observa.

¿Cómo se dice en español?	¿Cómo se dice en francés?
un barrio	un quartier
la calefacción	le chauffage
un distrito	un arrondissement
un empapelado	un papier peint
los gastos	les charges
luminoso ≠ oscuro	lumineux ≠ sombre
un patio	une cour
una pieza / una habitación	une pièce
una planta baja	un rez-de-chaussée
un sótano	une cave
un techo	un plafond
un timbre	une sonnette
tranquilo ≠ ruidoso	calme ≠ bruyant
vacío ≠ amueblado	vide ≠ meublé

Ten en cuenta que:

* *Charges* es [masculino / femenino]: *Les charges sont importantes.*
* *La pièce* se refiere a los ambientes de la casa: los dormitorios y el salón.
* *La cave* puede referirse a una cava de vinos o a un sótano, donde suelen guardarse las bicicletas, entre otras cosas.
* En francés, para hablar del techo se usan dos palabras diferentes según se hable del techo en el interior de una habitación *(le plafond)* o el techo de la casa *(le toit)*. ¡Ojo!
* El término *caléfaction* se refiere al fenómeno físico y no al aparato *(le chauffage)*.
* *Le patio* (tomado del español) es un tipo particular de patio, característico de las casas mediterráneas. Para el patio de una escuela o el patio interior de un edificio se emplea *cour*.
* "Tocar el timbre": *sonner*.

3. El mobiliario

Observa.

¿Cómo se dice en español?	¿Cómo se dice en francés?
una alacena	un placard
una almohada	un oreiller
un armario	une armoire
una aspiradora	un aspirateur
un edredón	une couette
una lavadora	une machine à laver
una sábana	un drap
una toalla	une serviette

Ten en cuenta que:

* "Almohada" viene del árabe, mientras que *oreiller* deriva del sustantivo *oreille* ("oreja").
* "Servilleta" también se dice *serviette*.

4. Describir un objeto

Observa.

¿Cómo se dice en español?	¿Cómo se dice en francés?
blando ≠ duro	mou / souple ≠ dur
el color	la couleur
la madera	le bois
un objeto de plástico	un objet en plastique
suave ≠ rugoso	doux ≠ rugueux
el tamaño	la taille

Ten en cuenta que:

* *Taille* significa "tamaño", "estatura", "talla" y "cintura".
* *Bois* significa tanto "madera" como "bosque".
* Una mesa **de** madera → *une table _____ bois*.
* *Doux* puede significar "dulce", pero referido al carácter de una persona.

Completa.

[charges - chauffage - colocation - déménage - dur - logement - mou - serviette - taille]

1. Après la douche, on se sèche avec une _____ .
2. On choisit la _____ des draps en fonction des dimensions du lit.
3. En hiver, on met le _____ .
4. Quand on quitte un appartement, on _____ .
5. Si le loyer comprend l'électricité et l'eau, on dit que les _____ sont incluses.
6. Luc cherche un _____ pour vivre en _____ avec un ami.
7. Le choix du matelas est important : il ne doit être ni trop _____ ni trop _____ .

La educación y el mundo profesional – *L'éducation et le monde professionnel*

1. Las actividades profesionales

Observa.

¿Cómo se dice en español?	¿Cómo se dice en francés?
un abogado	un avocat
un albañil	un(e) maçon(ne)
un comerciante	un commerçant
un fontanero	un(e) plombier(-ère)
un oficio / una profesión	un métier
un periodista	un journaliste
un profesor	un enseignant
un(a) profesor(a) de educación básica	un(e) instituteur(-trice) / un professeur des écoles
un puesto	un poste
un(a) transportista (mudanzas)	un(e) déménageur(-euse)

Ten en cuenta que:

- Para formar los femeninos, hay diferentes modelos: suele agregarse una ...: *enseignant → enseignante; avocat* → _____ ; *commerçant →* _____
- Si la palabra termina con *–er*, se agrega además un acento grave por escrito: *plombier → plombière; ouvrier* → _____
- Si termina con *–n*, se agrega ...: *maçon → maçonne; technicien →* _____
- Cuando la terminación es *–eur*, el plural suele ser *–euse*: *déménageur → déménageuse*, excepto *ingénieur* y *professeur* cuyos femeninos se forman agregando una *–e*: _____ y _____
- Si la terminación es *–teur*, el femenino será con *–trice*: *agriculteur →* _____ ; *réalisateur →* _____ ; *instituteur →* _____ (excepto *chanteur → chanteuse*).
- Si la palabra termina en *–e*, el femenino y el masculino son iguales: *dentiste, journaliste*.

  ¡Ojo!

Avocat también es "aguacate".

2. Los diferentes campos de actividad

Observa.

¿Cómo se dice en español?	¿Cómo se dice en francés?
trabajar en el campo de...	travailler dans le domaine de...
el comercio	le commerce
la construcción	le bâtiment
las finanzas	la finance
la industria	l'industrie

Ten en cuenta que:

- *Travailler dans l'art / dans le domaine de l'art.*
- *Bâtiment* también significa "edificio".

3. La búsqueda de empleo

Observa.

¿Cómo se dice en español?	¿Cómo se dice en francés?
una carta de presentación	une lettre de motivation
un desempleado / un solicitante de empleo	un(e) chômeur(-euse) / un(e) demandeur(-euse) d'emploi
un despido, despedir dimitir, dejar su trabajo	un licenciement, licencier démissionner, quitter son travail
los estudios	les études
la formación	la formation
la oferta y la demanda	l'offre et la demande
prestaciones por desempleo	les allocations chômage

Ten en cuenta que:

- *Les études* es [masculino / femenino]: *faire des études longues.*
- *Chômage* y "desempleo" tienen raíces distintas: el sentido etimológico del francés "descansar durante el fuerte calor", sentido que evolucionó hasta el actual: "no tener trabajo".
- "Estar desempleado": *être **au** chômage.*

  ¡Ojo!

"Licenciado" y *licencié* tienen la misma raíz. En francés, el primer sentido es "despedido", pero también puede usarse en el sentido de "titulado" (*diplômé*).

EJERCICIO

Completa.

[allocations chômage - avocat - bâtiment - chômage - démissionné - enseignement - études - licencié - maçons - métier - plombier - professeure des écoles - quitté]

1. Appelle le _____ , il faut réparer les toilettes.
2. Paul et Luc sont au _____ Paul a _____ son travail, car il le trouvait ennuyeux.
3. Luc n'a pas _____ , il a été _____ suite à une réduction de personnel. Il aura des _____
4. Le _____ d' _____ exige de longues années d' _____ de droit.
5. Le _____ emploie beaucoup de personnes : des ingénieurs et des _____ , entre autres.
6. Ma voisine travaille dans l' _____ Elle est _____ dans une école primaire.

El tiempo libre – *Les loisirs*

1. Las actividades culturales

Observa.

¿Cómo se dice en español?	¿Cómo se dice en francés?
un actor, una actriz	un(e) acteur(-trice) / un(e) comédien(-ne)
un(a) director(a) de cine	un(e) réalisateur(-trice)
un director de escena	un metteur en scène
dirigir	diriger
un espectáculo	un spectacle
una obra de teatro	une pièce de théâtre
una representación,	une représentation,
representar una obra	jouer une pièce
reservar un lugar	réserver une place

Ten en cuenta que:

• El femenino de *acteur* es *actrice*. Este modelo lo siguen también *producteur* → .... ; *réalisateur* → .... ; *locuteur* → .... Contrariamente a *chanteur* → *chanteuse* y otros como *danseur* → .... ¡Ojo!

• "Pieza" u "obra de teatro": *pièce de théâtre*, pero nunca *œuvre*.

• "Dirigir (una obra o una película)", es *diriger*, pero los directores son *metteur en scène* (teatro) y *réalisateur* (cine).

• *Comédien* significa "actor", independientemente del género (trágico, cómico, etc.).

• "Actuar" se dice *jouer*; "la actuación", *le jeu*.

2. El juego y el deporte

Observa.

¿Cómo se dice en español?	¿Cómo se dice en francés?
las ajedrez	les échecs
un campeonato	un championnat
un campo (de juego)	un terrain
deportista	sportif(-ive)
un empate	un match nul
un encuentro	une rencontre
entrenar	s'entraîner
un ganador ≠ perdedor	un gagnant ≠ perdant
un(a) jugador(a)	un(e) joueur(-euse)
practicar	pratiquer
el tiempo libre	le temps libre
vencer al adversario	battre son adversaire

Ten en cuenta que:

• *Pratiquer* ha perdido la *c* que se conserva en español.

• "Ajedrez" y *échecs* tienen origen árabe. "Jaque mate": *échec et mat*.

• *Battre* y "batir" tienen la misma raíz, ambos significan "golpear" y "vencer".

• *Jouer* se emplea para los juegos (*jouer aux cartes*), para la música (*jouer de la guitare*) y para la actuación (*jouer un rôle*). Teniendo en cuenta las preposiciones y los artículos, se dice *jouer* ...... *football; jouer* ...... *pétanque; jouer* ...... *pièce de théâtre; jouer* ...... *piano*.

EJERCICIO

Completa.

[battre – championnat – comédiens – échec – échecs – gagnant – joueurs – pièce – match nul – places – pratique – réalisateur – représentation – réserver – s'entraîne]

1. Quand on lit une .... de théâtre, on ne peut pas imaginer le jeu des .... ni la mise en scène. Je préfère assister à la ....

2. Si tu veux aller voir un spectacle, c'est mieux de .... en avance pour avoir des bonnes ....

3. Pour jouer au football, il faut 11 .... dans chaque équipe.

4. Quand il n'y a aucun .... ni aucun perdant, on dit qu'il y a un ....

5. Ce merveilleux film a été dirigé par le .... qui a gagné un prix l'année dernière.

6. Mon frère va jouer dans le .... du monde d' .... Dans ce jeu, le vainqueur dit " .... et mat ".

7. Il faut beaucoup de concentration et de capacités tactiques pour .... son adversaire.

8. Mon voisin est très sportif, il .... tous les jours à la salle de sports où il .... plusieurs sports collectifs.

Los transportes y los viajes –
Les transports et les voyages

1. El avión

Observa.

¿Cómo se dice en español?	¿Cómo se dice en francés?
un equipaje	un bagage
facturado	en soute
de mano	à main
una llegada	une arrivée
una puerta de embarque	une porte d'embarquement
registrarse	s'enregistrer
una salida	un départ

Ten en cuenta que:

• *Une* _____ → *arriver* ("llegar"); *un* _____
  → *partir* ("salir", "partir")
• *Soute* y "bodega" tienen raíces diferentes. El primero
  viene del provenzal, cuyo significado era "almacén
  de un navío".
  ¡Ojo!
• La "salida" para ir al exterior de un lugar es *sortie*.
• *Équipage* significa "tripulación".

2. La conducción y el estacionamiento

Observa.

¿Cómo se dice en español?	¿Cómo se dice en francés?
acelerar	accélérer
arrancar	démarrer
una autopista	une autoroute
tomar la autopista	prendre / entrer sur…
dejar la autopista	quitter / sortir de… l'autoroute
circular, conducir	rouler
dar media vuelta	faire demi-tour
un estacionamiento prohibido	un stationnement interdit
estacionarse	se garer
frenar	freiner
un intermitente	un clignotant
un lugar	une place
una luz roja	un feu rouge
parar	s'arrêter
ponerse el cinturón de seguridad	attacher sa ceinture de sécurité
rebasar	doubler / dépasser
reducir la velocidad	ralentir
un seguro	une assurance

Ten en cuenta que:

• *Assurance* es [masculino / femenino]: [un / une]
  assurance auto très complète.
• *Clignotant* deriva de *cligner* ("parpadear").
• *Accélérer* conserva la *cc* que tenía en latín.
• "Tomar / Entrar **en** la autopista" → *Entrer **sur** l'autoroute*.
• *Garer* ("estacionar") tiene la misma raíz que *garage*.
  ¡Ojo!
• *Feu* también es "semáforo".
• *Vélocité* ("velocidad") se reserva más a la literatura.
• *Quitter* y "quitar" tienen el mismo origen, pero en francés
  tiene el sentido de "abandonar".

3. El alojamiento

Observa.

¿Cómo se dice en español?	¿Cómo se dice en francés?
el almuerzo	le déjeuner
la cena	le dîner
cómodo	confortable
el desayuno	le petit déjeuner
la media pensión	la demi-pension
una propina	un pourboire
ruidoso	bruyant
una tarjeta magnética	une carte magnétique
tranquilo	tranquille / calme

Ten en cuenta que:

• *Bruit* ("ruido") → *bruyant*.
• *Pourboire* es una palabra compuesta: *pour* ("para") +
  boire "beber".
• *Déjeuner* y *dîner* pueden ser sustantivos o verbos:
  le _____ / _____ *est copieux. Nous
  allons* _____ / _____
• *Dîner* y "cena" tienen orígenes diferentes. "Cena"
  significaba "alimento servido a las tres de la tarde";
  dîner tiene el mismo origen que *déjeuner*: "romper
  el ayuno".
  ¡Ojo!
• *Carte* también significa "mapa".
• *Déjeuner* y "desayunar" tienen el mismo origen y se
  referían al primer alimento del día. En francés, desde
  el siglo XIX, empezó a designarse como *déjeuner* a la
  comida del mediodía, y como *petit déjeuner* al primer
  alimento de la mañana.

EJERCICIO

Completa.

[bagages – bruyantes – déjeuner – dîner – garer – petit
déjeuner – place – soute – pourboire – ralentis – roules]

1. Dans cet hôtel, le _____ est servi à 8 h,
le _____ à 13 h et le _____ à 20 h.
2. L'hôtel est sur un boulevard, j'ai peur que les chambres
soient _____
3. Quand tu ne trouves pas de _____ pour
te _____, tu peux chercher un parking.
4. Vous pouvez prendre votre sac en cabine. Avez-vous
d'autres _____ à mettre en _____ ?
5. Si tu es satisfait du service, tu peux laisser
un _____
6. _____ ! Tu _____ trop vite.

La comida y la restauración – *La nourriture et la restauration*

1. El pescado y los mariscos

Observa.

¿Cómo se dice en español?	¿Cómo se dice en francés?
la carne	la chair
dar asco	dégoûter / écœurer
limpiar	nettoyer
un marisco	un fruit de mer
pelar (un marisco)	décortiquer
un pescado	un poisson
quitar la piel, pelar	éplucher

Ten en cuenta que:

- *Éplucher* se usa también para la fruta y la verdura (quitar la piel o la cáscara).
- *Décortiquer* es quitar la capa de protección que tienen los mariscos o los cereales. *On* [*décortique / épluche*] *une crevette. On* [*décortique / épluche*] *une orange.* ¡Ojo!
- No confundir *chair* y *viande. Chair* es la parte pulposa de, por ejemplo, mariscos, pescado o frutas. También se refiere a la carne del cuerpo: "carne y hueso" → *chair et os. Viande* se refiere sólo al alimento y al tejido musculoso: carne de vaca, ternera, etc.
- No confundir *poisson* con *poison* ("veneno").

2. En el mercado

Observa.

¿Cómo se dice en español?	¿Cómo se dice en francés?
un(a) horticultor(a)	un(e) maraîcher(-ère)
probar	goûter
un puesto	un étal
un vendedor de fruta y verdura	un primeur

Ten en cuenta que:

- *Primeurs* designa también las fruterías y verdulerías. Tiene la misma raíz que "primero" y se refiere a las frutas y verduras tempranas.
- *Goûter* y "gustar" tienen la misma raíz, pero en francés únicamente se refiere al hecho de probar (percibir el sabor). ¡Ojo!

Goûter no tiene el sentido de agradar ("gustar").

3. La fruta

Observa.

¿Cómo se dice en español?	¿Cómo se dice en francés?
una fruta	un fruit
un hueso	un noyau
maduro	mûr
un zumo	un jus pressé

Ten en cuenta que:

- Para distinguir los zumos industriales de los zumos naturales, éstos últimos son *jus pressés.*

- El plural de *noyau* es *noyaux. Un poireau* ("puerro")
  → *des* _____ ; *un chou* ("col")
  → *des* _____
- *Mûr* también se utiliza para las personas con el mismo sentido de "maduro(a)". ¡Ojo!

Presser significa "exprimir". *Exprimer* significa "expresar".

4. Cocinar

Observa.

¿Cómo se dice en español?	¿Cómo se dice en francés?
asar	faire griller
(el grado de / el término de) cocción	la cuisson
sellado	bleu
medio crudo	saignant
bien hecho	bien cuit
término medio	à point
cocer	faire cuire
cocinar	faire la cuisine, cuisiner
hervir	faire bouillir
sofreír	faire revenir

Ten en cuenta que:

En español se conjuga directamente el verbo relacionado con la cocina: "hervir", "cocer", "sofreír". En francés se conjuga el verbo .... que acompaña a *bouillir, cuire, revenir.* Lo mismo ocurre con "calentar": *faire chauffer.*

EJERCICIO

Completa.

[bien cuite - bleu - chair - cuisson - décortiquer - écœure - faire bouillir - goûter - mûrs - noyaux - presser - primeur]

1. Luc aime manger des biftecks presque crus, sa _____ préférée est _____
2. Son frère déteste le sang, ça l'_____ Il aime donc la viande _____, même si elle est un peu sèche.
3. Pour _____ la queue de homard, il faut utiliser des pinces. On peut ensuite préparer la _____ avec du beurre.
4. Pour faire une tarte aux cerises, il faut enlever tous les _____ des fruits.
5. Tu veux un thé ? Je vais _____ l'eau.
6. Au marché du dimanche, il y a un _____ qui propose uniquement des produits bio.
7. Mon marchand me fait toujours _____ les fruits de saison, bien _____, prêts à être mangés de suite.
8. Pour faire une citronnade, il faut _____ des citrons, ajouter de l'eau et du sucre.

Los comercios – *Les commerces*

1. Comprar en los hipermercados

Observa.

¿Cómo se dice en español?	¿Cómo se dice en francés?
une caja	une caisse
un carrito	un chariot, un caddie
una cesta	un panier
las compras en grandes cantidades	les grosses courses
dar el cambio	rendre la monnaie
un descuento	une promotion
una entrega, entregar	une livraison, livrer
hacer la compra	faire les courses
un hipermercado	une grande surface / un hypermarché
un pago en efectivo	un paiement en liquide
un pedido	une commande
una promoción: un producto gratis	une offre : un produit offert
una sección	un rayon
una tienda	un magasin

Ten en cuenta que:

• *Offrir* tiene el mismo origen que "ofrecer", pero en francés tiene también el sentido de "regalar": *un produit offert* → "un producto gratis (regalado)". ¡Ojo!

• *Faire les courses* ("hacer la compra") ≠ *faire des courses* ("ir de compras").

• *Magasin* ("tienda") ≠ *magazine* ("revista").

• "Una moneda" (física) se dice *une pièce*. *La monnaie* puede ser "el suelto", "el cambio" y "divisa".

• "En efectivo" se dice *en liquide*. *Effectif* se refiere al adjetivo con el sentido de "real, verdadero".

• *Une promotion* consiste en rebajar el precio; *une offre* es una promoción, por ejemplo, el 2x1.

2. Comprar en los comercios de vecindario

Observa.

¿Cómo se dice en español?	¿Cómo se dice en francés?
el betún	le cirage
un cigarrillo	une cigarette
la comida	la nourriture
de cuero / piel	en cuir
de encaje	en dentelle
un estanco	un bureau de tabac
lustrar	faire briller
una tela	un tissu
una tienda de comestibles (orgánicos)	une épicerie (bio)
un(a) zapatero(a)	un(e) cordonnier(-ère)
zapatillas deportivas	des baskets

Ten en cuenta que:

• *Bio* es invariable: *des produits bio*.

• "Un vestido de encaje" → *une robe … dentelle*.

• *Baskets* es [masculino / femenino]: *des baskets blanches*.

3. Ir de compras

Observa.

¿Cómo se dice en español?	¿Cómo se dice en francés?
una chaqueta	une veste
gastar	dépenser
un gran almacén	un grand magasin
joyas	des bijoux
medias	des bas
me queda bien ≠ mal	ça me va bien ≠ ça ne me va pas
un pañuelo / fular	un foulard
un probador	une cabine d'essayage
un regalo	un cadeau
una talla	une taille
una tienda	une boutique
un vestido	une robe

Ten en cuenta que:

• El pañuelo que se usa alrededor del cuello es *foulard*; el que se usa para limpiarse la nariz es *mouchoir*.

• *Bas* es [masculino / femenino]: *des bas noirs*.

• *Taille* significa "tamaño", "estatura", "talla" y "cintura".

• *Bijou* es [masculino / femenino]: *des bijoux chers*.

EJERCICIO

Completa.

[baskets - cabines d'essayage - commande - courses - en liquide - épicerie - livraison - va bien]

1. La _____ dans ce supermarché est gratuite.
2. J'ai oublié d'acheter le lait, vas à l'_____ d'à côté.
3. J'aimerais savoir si la robe me _____, où sont les _____ ?
4. Faites vos _____ sur Internet et recevez votre _____ 48 h après.
5. Pour t'entraîner il te faut des _____ légères et confortables.
6. Vous payez par carte ou _____ ?

El medio ambiente – *L'environnement*

1. La ciudad

Observa.

¿Cómo se dice en español?	¿Cómo se dice en francés?
la alcaldía	l'hôtel de ville
el ayuntamiento	la mairie
la comisaría de policía	le commissariat
la gendarmería	la gendarmerie
la hacienda	le centre des impôts
el zoológico	le zoo
un cocodrilo	un crocodile
una jirafa	une girafe

Ten en cuenta que:

• *Crocodile* conserva el sonido [r] en el mismo sitio que la palabra latina (*crocodilus*), mientras que en español se desplazó a otra sílaba.

• A menudo, palabras que en español se escriben con *j*, en francés se escriben con *g*, como *message* → "mensaje"; *passage* → "pasaje" y _____ → "jirafa".

2. El campo

Observa.

¿Cómo se dice en español?	¿Cómo se dice en francés?
un(a) agricultor(a)	un(e) agriculteur(-trice)
alimentar	nourrir
balar	bêler
el campo, campesino	la campagne, rural
un campo de cultivo	un champ de culture
la crianza, criar	l'élevage, élever
un cultivo	une culture
gruñir	grogner
un manzano	un pommier
mugir	meugler

Ten en cuenta que:

• *Rural* → los habitantes del campo; *paysan* → los campesinos que cultivan.

• *Élever* también se utiliza para hablar de la educación: *élever un enfant* ("criar / educar"), *mal élevé* ("maleducado") ≠ *bien élevé* ("educado"). De la misma raíz proviene *un élève* ("un alumno").

• En francés, los árboles frutales suelen formarse a partir del nombre de la fruta, agregando la terminación …: *poire* → *poirier* ("peral"); *cerise* → _____ ("cerezo"); *prune* → _____ ("ciruelo").

3. La ecología

Observa.

¿Cómo se dice en español?	¿Cómo se dice en francés?
una bolsa de plástico	un sac en plastique
el calentamiento global	le réchauffement climatique
la contaminación	la pollution
desperdiciar	gaspiller
un gas de efecto invernadero	un gaz à effet de serre
una energía renovable inagotable	une énergie renouvelable inépuisable
el medio ambiente	l'environnement
separar los residuos / la basura	trier les déchets / les ordures

Ten en cuenta que:

• "La basura", en general, es plural en francés: *les ordures*.

• *Sac*, según el contexto y su precisión, puede significar "bolso": *sac à main*; "mochila": *sac à dos*; "bolsa de viaje": *sac de voyage*; "saco de dormir": *sac de couchage*.

• Para la materia, en francés se emplea la preposición …: *un sac … plastique, un sac à main … cuir* ("un bolso de piel").

¡Ojo!

Existe el término *contamination* empleado para el contexto médico ("contagio") y lingüístico para referirse a la influencia de una lengua sobre otra. Para hablar del medio ambiente, es *pollution*.

EJERCICIO

Completa.

[bêlent - campagne - champ - commissariat - culture - déchets - élève - grognent - mairies - meuglent - pollution - renouvelable - sacs x2 - trier]

1. Les _____ des différentes villes françaises demandent aux citoyens de _____ les _____ pour favoriser le recyclage.

2. Les ruraux habitent à la _____

3. Pierre a un _____ de _____, avec des coqs qui chantent. Il _____ des vaches qui _____, des cochons qui _____ et des moutons qui _____

4. L'énergie éolienne a le grand avantage d'être une énergie _____

5. La _____ marine par les _____ plastique est inquiétante. Il faut donc réduire l'utilisation des bouteilles et des _____ plastique.

6. Si quelqu'un te vole ton sac à main, tu dois aller porter plainte au _____

La vida social y económica –
La vie sociale et économique

1. Los sectores de actividad

Observa.

¿Cómo se dice en español?	¿Cómo se dice en francés?
el crecimiento	la croissance
el desempleo	le chômage
despedir	licencier
una empresa	une entreprise
un director general	un PDG
la función pública	la fonction publique
una huelga	une grève
un volumen de negocios	un chiffre d'affaires

Ten en cuenta que:

• *Licencier* → *un licenciement.*
• *Fonction* conservó las letras *ct* del latín.
• "Huelga" y *grève* tienen orígenes distintos: "holgar": "estar ocioso" y *gravier* ("grava"): hace referencia al lugar donde se reunían los obreros sin empleo.
• *Affaire* significa "negocio" y también "asunto", es un sustantivo [masculino / femenino]: [un / une] *bonne affaire.*
• "Estar desempleado" → *être au chômage.*

2. El consumo

Observa.

¿Cómo se dice en español?	¿Cómo se dice en francés?
una compra	un achat
un(a) consumidor(a)	un(e) consommateur(-trice)
crear nuevas necesidades	créer des nouveaux besoins
saldos	des soldes
una temporada	une saison

Ten en cuenta que:

• *Un besoin.*
• *Saison* también es "estación del año".

3. El dinero y el banco

Observa.

¿Cómo se dice en español?	¿Cómo se dice en francés?
un cajero automático	un distributeur
una cuenta	un compte
pagar una deuda	rembourser une dette
un préstamo	un emprunt

Ten en cuenta que:

• "Pedir un préstamo al banco" → *faire un* .... *auprès* d'une banque o *demander un prêt à la banque.*
• *Rembourser* y "reembolsar" tienen el mismo origen.
• *Un distributeur* deriva del verbo *distribuer* "distribuir".
• En español es "**la** cuenta" y "**el** banco", mientras que en francés es … *compte* y … *banque.*
  ¡Ojo!
• "Retirar dinero": *retirer de l'argent au* ....
• .... ("una cuenta") ≠ *un conte* ("un cuento").

4. Las elecciones

Observa.

¿Cómo se dice en español?	¿Cómo se dice en francés?
un centro electoral	un bureau de vote
un(a) ciudadano(a)	un(e) citoyen(ne)
elegir	élire
ganar votos	gagner des voix
un voto, votar a favor ≠ en contra	un vote, voter pour ≠ contre

Ten en cuenta que:

Voix también significa "voz".
  ¡Ojo!
• "Elegir" y *élire* tienen el mismo origen, pero en francés sólo se emplea para el sufragio. En otros contextos: *choisir.*
• *Une voix* se refiere al parecer que se da en un sufragio (sentido que también tiene "voz"). *Un vote* es el voto emitido.

5. Las asociaciones

Observa.

¿Cómo se dice en español?	¿Cómo se dice en francés?
una afiliación	une adhésion
un miembro	un adhérent
un voluntario	un bénévole

Ten en cuenta que:

Adhérer también significa "adherir" (mismo origen) y "estar de acuerdo con": *adhérer à.*
  ¡Ojo!
• .... y "bénévolo" tienen el mismo origen, pero en francés designa al trabajador voluntario.
• *Volontaire* y "voluntario" tienen el mismo origen. El francés comparte con el español el sentido del acto que nace de la voluntad.

EJERCICIO

Completa.

[adhésions - bureau de vote - chômage - distributeur - saison - soldes]

1. Je n'ai plus de liquide. Je dois passer prendre de l'argent au ....
2. Le .... ne cesse d'augmenter. Il faut créer des emplois.
3. Les .... sont une source de financement pour les associations.
4. Pour voter, il faut s'inscrire au ....
5. Il y a des .... de fin de .... jusqu'à –70 % !

Los medios de comunicación
y la tecnología digital – *Les médias et le numérique*

1. La prensa escrita

Observa.

¿Cómo se dice en español?	¿Cómo se dice en francés?
un diario	un quotidien
una entrevista	un entretien, une interview
un índice	un sommaire
una investigación	une enquête
un periódico	un journal
la primera plana	la une
una revista	un magazine, une revue
una sección	une rubrique
un semanario	un hebdomadaire

Ten en cuenta que:

• *Hebdomadaire* y "semanario" tienen raíces de origen distinto, pero ambas significan "semana".

• *Entretien* también significa "mantenimiento": *l'entretien des installations.*
  ¡Ojo!

• "Salir en primera plana" → *faire la une.*

• *Magasin* ("tienda") ≠ *magazine* ("revista"): *un [magasin / magazine] trimestriel. Les principaux [magasins / magazines] sont dans la rue commerciale.*

• "Índice" y *indice* tienen el mismo origen, pero en este contexto no son equivalentes: *sommaire, index.*

• Cuando la entrevista tiene la forma de preguntas-respuestas: *interview.* Cuando consiste en una conversación con un invitado: *entretien.*

• "Encuesta" viene del francés *enquête*, pero el primer sentido en español es "sondeo" (*sondage*), mientras que en este contexto *enquête* significa "investigación". *D'après notre [enquête / sondage], le taux d'acceptation du président est de 60 %.*

2. La televisión

Observa.

¿Cómo se dice en español?	¿Cómo se dice en francés?
un avance	une bande-annonce
una cadena / un canal de pago	une chaîne payante
la crónica de sucesos	les faits divers
una suscripción	un abonnement
un telediario	un journal télévisé
una versión subtitulada	une version sous-titrée

Toma en cuenta que:

• *Chaîne* tiene el mismo origen y los mismos sentidos que "cadena". "Una cadena de televisión": .... ; "una cadena de tiendas": .... ; "una cadena de oro": ....

• "Una cadena **de** pago": *une chaîne [payant / payante].*
  ¡Ojo!
  "¿**En** qué canal?" → *Sur quelle chaîne ?*

3. Internet

Observa.

¿Cómo se dice en español?	¿Cómo se dice en francés?
un buscador	un moteur de recherche
chatear	chatter
una descarga, descargar	un téléchargement, télécharger
un fallo, fallar	un bug, bugger
googlear	googliser
interactuar	interagir
un perfil	un profil
la red	la toile
una red social	un réseau social

Ten en cuenta que:

• *Toile* significa "tela", "lienzo" y "telaraña" (*toile d'araignée*), traducción de *web*, que el español traduce como "red".

• "Descarga" está formado por el prefijo *des-* y el sustantivo "carga"; en francés el prefijo es *télé-* (que encontramos en *téléspectateur* → "telespectador") y el sustantivo [masculino / femenino] ....
  ¡Ojo!

• "Descargar" ≠ "poner en línea" → .... ≠ *mettre en ligne.*

• El plural de *réseau social* es *réseaux sociaux.*

Completa.

[abonnement - chaîne - interagir - journal télévisé - profil - réseaux sociaux - rubrique - sous-titrée - télécharger]

1. Tu peux .... de la musique si tu paies un ....

2. Mon père lit en premier la .... économie.

3. Pour suivre l'actualité, je regarde le ....

4. Les gens mettent une photo de .... qui les identifie.

5. Ce soir, on transmet un film en version .... , sur la .... 2.

6. Certaines personnes préfèrent .... sur les .... que dans la vraie vie.

La comunicación – *La communication*

1. Pensar, razonar

Observa.

¿Cómo se dice en español?	¿Cómo se dice en francés?
el análisis	l'analyse
juzgar, considerar	juger, trouver
notar	remarquer, constater
el pensamiento	la pensée
la práctica	la pratique
reflexionar	réfléchir

Ten en cuenta que:

- *Analyse* es [masculino / femenino]: *L'analyse est inquiétante.*
- "Réflexionar" → "una reflexión"; …….. → *une réflexion.*
- *Trouver* también significa "encontrar".

2. Dar su opinión, su punto de vista

Observa.

¿Cómo se dice en español?	¿Cómo se dice en francés?
una concesión	un compromis
demostrar	démontrer
pedir la opinión	demander l'avis
protestar contra una decisión	contester une décision
quejarse	se plaindre

Ten en cuenta que:

- "**En** mi opinión" → *à mon avis.*
- "Protestar contra una ley" → *contester … une loi.*
  ¡Ojo!
- *Contester* y "contestar" tienen el mismo origen, pero en francés adquirió el sentido de "impugnar, oponerse a", y en español el de "responder", inexistente en francés.
- "Compromiso" en el sentido de "obligación contraída": *un engagement.*

3. Debatir

Observa.

¿Cómo se dice en español?	¿Cómo se dice en francés?
una conversación / una discusión	une discussion
desviar la conversación	détourner la conversation
entrevistar / preguntar	interroger / questionner
exigir	réclamer / demander fermement
un insulto	une insulte
una mentira	un mensonge
palabras	des propos
reñir	se disputer

Ten en cuenta que:

- "Una palabra" → *un mot*; "la palabra" ("la expresión") → *la parole*; "palabras" ("discurso") → *des propos.*
- *Propos* también se usa en estos sentidos: *À quel propos ?* ("¿De qué se trata?"); *hors de propos* ("fuera de lugar"). En este caso es [singular / plural].
- *Mensonges* es [masculino / femenino]: *des gros mensonges.*

¡Ojo!
- "Proferir un discurso, hacer declaraciones": *tenir des propos.*
- *Discussion* significa tanto "conversación" como "discusión".
- *Demander* (*de* + infinitivo) y *demander (quelque chose)* tienen el sentido "pedir" ≠ "preguntar", respectivamente.

4. Expresar reglas

Observa.

¿Cómo se dice en español?	¿Cómo se dice en francés?
expresar	exprimer
una prohibición ≠ un permiso	interdiction ≠ permission
prohibido ≠ permitido	interdit (de) ≠ permis (de)

Ten en cuenta que:

- *Interdire* tiene el mismo origen que "interdecir", poco usado en español.
- *Interdiction* y *permission* son sustantivos [masculinos / femeninos]: *l'interdiction absolue; des permissions écrites.*
  Il est interdit / permis … fumer.
  ¡Ojo !

Exprimer y "exprimir" tienen el mismo origen, pero en español se perdió el significado antiguo de "manifestar". "Exprimir" se dice *presser* (que también significa "apretar" o "apresurar").

EJERCICIO

Completa.

[avis – demander – détournent – disputer – exprimer – interdiction – permission – se plaindre – trouve]

1. Laisse la voiture à la maison. Il y a _____ de circuler en centre-ville.
2. Avant de nous décider, nous allons _____ l'_____ des experts.
3. Vous devriez pouvoir échanger des idées sans vous _____
4. Il faut laisser les gens _____ leur opinion sans les interrompre.
5. Afin de ne pas répondre, les politiciens _____ la conversation.
6. Si un client n'aime pas le service, il peut _____ auprès de la direction.
7. Le journaliste a demandé la _____ d'enregistrer la conversation.
8. Je _____ que l'entraîneur est trop exigeant.

Corrigés

1. Les caractéristiques physiques

.... pages 11, 14 à 16

RÉPONDEZ

a. À la police / Au poste de police.
b. La dame s'est fait voler son sac.
c. Pas très bronzé, assez pâle, presque blanc.
d. Une barbe.
e. Long.
f. Non, il était un peu chauve.
g. Petit.
h. Au portrait ①.

EXERCICES

❶

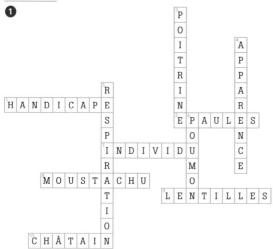

❷ **a.** 4. **b.** 1. **c.** 3. **d.** 2. **e.** 5. **f.** 6.

❸ 🎧 PISTE 3

Transcription

a. *Ils sont nombreux, sur les bras ou sur les jambes. Quand on est jeune, ils sont noirs, mais en vieillissant, ils deviennent gris. Les hommes en ont plus que les femmes.*
b. *Il bat vite quand on court. C'est aussi le symbole de l'amour.*
c. *Elle est sur toutes les parties extérieures du corps. Elle peut changer de couleur, surtout si elle reste longtemps sous le soleil.*
d. *Ils sont blancs et se trouvent à l'intérieur du corps. Les insectes n'en ont pas.*
e. *C'est une période de la vie où le corps est moins rapide et où il se fatigue plus vite.*
f. *Ce sont des parties du corps qui permettent de vivre. Grâce à eux, on peut respirer, digérer ou encore penser.*

a. les poils **b.** le cœur **c.** la peau **d.** les os **e.** la vieillesse
f. les organes vitaux

❹ **a.** les ongles (Ce n'est pas sur le visage et ce n'est pas un poil.)
b. le ventre (Les autres parties du corps sont par deux.)
c. le pouce (Ce n'est pas un organe vital.)
d. les bras (Ils n'appartiennent pas à la main.)
e. chauve
f. bronzer (Ce n'est pas une fonction vitale.)

❺ 🎧 PISTE 4

Transcription

1. Ça alors ! C'est son frère ? Je pensais que c'était Sylvain. C'est incroyable ! Ils ont le même visage. Ils se ressemblent vraiment comme deux gouttes d'eau.
2. Coupez-les jusqu'au niveau des épaules. J'aimerais aussi qu'ils soient un peu plus bouclés et qu'on fasse une coloration en châtain, s'il vous plaît.
3. On a retrouvé un adolescent qui vivait dans la forêt avec les animaux. Il avait de très longs ongles, la peau bronzée et beaucoup de poils sur le visage. On a remarqué qu'il avait une grande force physique.
4. Je vais prendre les bleues. Elles vont bien avec la couleur de mes yeux. Vous avez aussi des lentilles de contact ?

a. 3 **b.** 4 **c.** 1 **d.** 2

❻ **a.** L'homme arrête de **grandir** quand il devient adulte.
b. Un **handicapé** est une personne qui ne fonctionne pas comme tout le monde.
c. Le cœur et les poumons sont des **organes** vitaux.
d. Si on monte au sommet d'une montagne, on peut avoir du mal à **respirer**.
e. Avec l'âge, beaucoup d'hommes perdent leurs cheveux et deviennent **chauves**.
f. À notre époque, les bébés **naissent** généralement à la maternité.
g. L'**adolescent** est entre l'enfant et l'adulte.

❼ 🎧 PISTE 5

Transcription

— *Commissariat de police de Nice, je vous écoute !*
— *Bonjour monsieur.*
— *Bonjour madame. Que se passe-t-il ?*
— *Eh bien, voilà : je vous appelle parce qu'hier soir, j'ai vu quelque chose de bizarre devant chez moi, dans mon jardin.*
— *Expliquez-moi. Qu'est-ce qui était bizarre ?*
— *Il y avait un être très grand à ma fenêtre. Il avait beaucoup de poils blancs, de larges épaules et de très longs bras. Ce n'était pas un être humain.*
— *Vous êtes sûre, madame ?*
— *Oui, oui. Je l'ai bien vu : son visage était bleu et il avait un gros nez, des yeux rouges et une grande bouche… Il avait aussi une barbe blanche. Quand je suis arrivée près de la fenêtre, j'ai pu voir ses mains : il avait de longs ongles. J'ai eu très peur…*
— *Et qu'est-ce que vous avez fait ?*
— *Rien. Quand il m'a vu, il est parti vers un groupe de jeunes…*
— *Oui… Vous savez, madame, je ne suis pas surpris. Hier, c'était le carnaval. Beaucoup de personnes nous ont téléphoné pour dire qu'il y avait des personnes avec des costumes devant chez eux… Et puis, le Yéti n'existe pas, vous savez…*

a. Le commissariat de police de Nice.
b. Parce qu'hier soir, elle a vu quelque chose de bizarre devant chez elle, dans son jardin.
c. **L'apparence physique et la couleur :** il était très grand, il avait beaucoup de poils blancs, de larges épaules et de très longs bras.

Les informations sur le visage : son visage était bleu et il avait un gros nez, des yeux rouges et une grande bouche. Il avait aussi une barbe blanche.

Les mains : il avait de longs ongles.
d. Il est parti vers un groupe de jeunes.

e. C'était le carnaval : beaucoup de gens portent des costumes à cette occasion.

❽ Le squelette : il avait des os plus gros.
Pourquoi pense-t-on qu'il était plus fort ? Parce que sa poitrine était plus large et ses bras un peu plus longs.
La tête : sa tête avait l'air plus ronde que celle d'*Homo sapiens*.
Le visage : son visage était plus large, son front moins droit que celui d'*Homo sapiens* et il n'avait pas de menton.
La croissance : les Néandertaliens grandissaient plus vite que nous.
La cause de la mort des jeunes femmes : beaucoup de jeunes femmes mouraient à la naissance de leur bébé.
L'hypothèse sur leur disparition : peut-être que les *Homo sapiens* se sont reproduits avec l'homme de Néandertal et qu'ils se sont mélangés.

❾ *Proposition de corrigé*
Bonjour,
Je suis désolé, mais j'ai oublié de prendre un panneau avec votre nom. Je vous attendrai à la sortie B de l'aéroport. Comme il y aura du monde, je vous donne ma description. Vous me trouverez facilement : je suis assez jeune (j'ai 35 ans) et je suis de taille moyenne. J'ai les cheveux courts et châtains. Je porte des lunettes et j'ai une petite moustache.
À tout de suite !

2. Les caractéristiques morales
.... pages 17, 20 à 22

RÉPONDEZ
a. La réussite en général.
b. Avoir une bonne situation professionnelle ; être heureux en amour ; être célèbre (pour être admiré ou respecté) ; avoir une vie simple et discrète.
c. Il faut bien se connaître, être confiant, optimiste, ouvert et sociable.
d. Avoir peur du changement, douter de soi, être pessimiste, être timide et avoir peur des autres.

EXERCICES
❶ Qualités : affectueux, confiant, généreux, honnête, sincère, tolérant
Défauts : désagréable, insupportable, jaloux, nerveux, pessimiste, peureux

❷ 🎧 **PISTE 6**
Transcription
a. *Ça fait une semaine qu'il pleut. Je suis déprimé !*
b. *Qu'est-ce qu'il est aimable, ce garçon ! Il est souriant avec tout le monde.*
c. *Je suis très inquiète. Il est tard et il n'est toujours pas à la maison !*
d. *Elle est embêtée : elle a oublié son argent, elle ne peut pas payer.*

e. *Mon mari n'est pas très sociable : il ne supporte pas les soirées avec des inconnus.*

❸ a. optimiste b. ordonnée c. égoïste d. peureux
e. honnête f. désagréable g. faible

❹ 🎧 **PISTE 7**
Transcription
a. *Il respecte les règles et donne sa place aux personnes âgées dans le bus.*
b. *Il ne ressent rien quand il voit quelque chose de triste.*
c. *Elle veut la même maison que ses voisins.*
d. *Il a bu trop de café et du coup, il ne peut pas dormir.*
e. *Elle n'a pas envie d'aller à cette soirée, mais elle n'a pas d'excuse pour ne pas y aller.*
f. *Il croit qu'il ne réussira jamais cet examen. Il a perdu tout espoir.*

a. Il est respectueux.
b. Il est dur / indifférent / insensible.
c. Elle est jalouse.
d. Il est excité / énervé.
e. Elle est embêtée / ennuyée.
f. Il est désespéré.

❺ 🎧 **PISTE 8**
Transcription
1. – *Qu'est-ce qu'il est curieux, ce voisin ! Il m'énerve...*
– *Oui, et en plus, il n'est pas discret... il croit qu'on ne le voit pas...*
2. – *Ton professeur me dit que tu n'as pas été sage avec tes voisins en classe. Ça me surprend. Je suis déçue et fâchée, tu sais.*
– *Mais... c'est pas de ma faute, maman. Ils sont méchants avec moi, mais le professeur ne les voit pas.*
3. – *Qu'est-ce qui t'arrive ? Tu pleures ? Tu es triste ?*
– *Non, non, je suis juste ému. C'est ma fille qui chante. Je suis si fier d'elle.*
– *Ça alors, qu'est-ce que tu es sensible !*
4. – *Tu as l'air un peu anxieuse. Qu'est-ce qui ne va pas ?*
– *Eh bien, Fabien et moi, on part en week-end, mais Jennifer, notre fille, veut rester à la maison. J'ai peur qu'elle fasse une fête...*
– *Sois plus tolérante et aie confiance en elle. Tu es trop méfiante, tu sais ! Toi aussi, tu faisais des fêtes à son âge. En plus, on lui donnerait le bon Dieu sans confession.*
– *Oui, justement...*

a. a. 2 b. 4 c. 1 d. 3
b.

	Adjectifs	Verbes à l'infinitif
Dialogue 1	curieux, (pas) discret	énerver (*Il m'énerve.*)
Dialogue 2	(pas) sage, déçue, fâchée, méchant	surprendre (*Ça me surprend.*)
Dialogue 3	triste, ému, fier, sensible	pleurer (*tu pleures*)
Dialogue 4	anxieuse, tolérante, méfiante	avoir peur (*J'ai peur que…*), avoir confiance (*aie confiance*)

⑥ a. Elle est douce et souriante.

b. Elle est déprimée.

c. Parce qu'il a réussi mieux que lui et qu'il est devenu directeur de banque avant lui.

d. Elle est égoïste et compliquée.

e. Il est honnête et aimable.

f. Elle est insupportable et elle n'est jamais contente.

⑦ PISTE 9

Transcription

– Bonjour madame... Je fais une enquête sur les qualités les plus recherchées chez l'autre sexe. Vous avez une petite minute ?

– Oui, allez-y !

– Merci. Pour vous, madame, quelles sont les trois qualités les plus importantes qu'un homme doit avoir ?

– Eh bien... pour moi, il est primordial qu'un homme soit gentil. C'est vrai ! Qui a envie de vivre avec quelqu'un de méchant, hein ? En deuxième... je dirais qu'il doit aussi être souriant. Bon, il a pas besoin d'être beau, mais s'il sourit, alors, ça vous donne envie de sourire. Et tout le monde est heureux. Enfin, c'est important qu'il soit doux. C'est pas très agréable de vivre avec quelqu'un d'autoritaire.

– Bien, c'est noté. Je vous remercie, madame.

– Excusez-moi, monsieur, c'est pour une enquête.

– Oui, je vous écoute.

– Pour vous, quelles sont les trois qualités les plus importantes qu'une femme doit posséder ?

– Alors... pour moi... il est important qu'une femme soit intelligente. Oui... si on passe toute sa vie avec quelqu'un, c'est important de pouvoir discuter avec, d'échanger des idées. Ensuite... je dirais qu'elle doit aussi être belle. Je sais que c'est une réponse un peu classique, mais personnellement, j'ai le coup de foudre pour les femmes jolies et intelligentes. Et en troisième, il faut... il faut qu'elle soit raisonnable. Je ne supporte pas de vivre avec quelqu'un de trop fou.

– Très bien. Je vous remercie, monsieur.

Pour la femme

Qualités les plus recherchées chez l'autre sexe

n°1 : il est primordial qu'un homme soit gentil / n°2 : il doit aussi être souriant / n°3 : c'est important qu'il soit doux

Argument utilisé ou justification

n°1 : Qui a envie de vivre avec quelqu'un de méchant ? / n°2 : S'il sourit, alors, ça vous donne envie de sourire. Et tout le monde est heureux. / n°3 : C'est pas très agréable de vivre avec quelqu'un d'autoritaire.

Pour l'homme

Qualités les plus recherchées chez l'autre sexe

n°1 : il est important qu'une femme soit intelligente / n°2 : elle doit aussi être belle / n°3 : il faut qu'elle soit raisonnable

Argument utilisé ou justification

n°1 : Si on passe toute sa vie avec quelqu'un, c'est important de pouvoir discuter avec, d'échanger des idées. / n° 2 : J'ai le coup de foudre pour les femmes jolies et intelligentes. / n° 3 : Je ne supporte pas de vivre avec quelqu'un de trop fou.

⑧ *Proposition de corrigé*

Quand j'étais enfant, j'étais ordonné : je rangeais toujours ma chambre. Et en classe, j'étais sage et calme : j'écoutais le professeur et je ne bavardais pas. J'étais assez sociable (j'avais beaucoup d'amis) et généreux (je faisais beaucoup de cadeaux à ma famille et à mes amis). Par contre, j'étais très peureux : j'habitais à la campagne et le soir, je devais rentrer seul. Je détestais ça.

3. Les sens, les sentiments et les émotions

.... pages 23, 26 à 28

RÉPONDEZ

a. Un dossier en économie.

b. Son autorité le dérange / c'est compliqué de travailler avec elle / elle impose ses idées sans écouter celles des autres / elle l'énerve.

c. Il est déçu.

d. Non, il pense que son attitude n'est pas de la méchanceté.

e. Parce qu'il est toujours de bonne humeur, qu'il fait preuve de compréhension et qu'il ne se fâche jamais : il a toutes les qualités.

EXERCICES

① PISTE 11

Transcription

1. *Je suis touchée par sa discrétion et sa timidité.*

2. *Il a fait preuve d'une grande honnêteté.*

3. *Je ne porte pas de lunettes, je préfère mettre des lentilles.*

4. *Je ne veux plus le voir, il m'a fait trop de peine.*

5. *J'ai mal dormi et je suis de très mauvaise humeur aujourd'hui.*

6. *Cette association aide les personnes malentendantes.*

a. 4 **b.** 3 **c.** 6 **d.** 2 **e.** 1 **f.** 5

② **a.** 4. **b.** 1. **c.** 3. **d.** 5. **e.** 2.

③ Sentiments et émotions positifs : l'amabilité – l'amour – la bonne humeur – la compréhension – l'espoir – la générosité – la gentillesse – l'optimisme – la sincérité – la tolérance

Sentiments et émotions négatifs : l'anxiété – la déception – le désespoir – l'égoïsme – l'énervement – l'ennui – la haine – la jalousie – la méchanceté – le pessimisme

④ **a.** 2. **b.** 7. **c.** 3. **d.** 4. **e.** 6. **f.** 1. **g.** 8. **h.** 5.

⑤ PISTE 12

Transcription

a. *Quel est le contraire de « faire confiance à quelqu'un » ?*

b. *Que fait-on quand on n'est pas sûr de quelque chose ?*

c. *Que ressent-on quand on est anxieux ?*

d. *Comment s'appelle le sens qui communique les informations par la peau ?*

e. *De quoi fait preuve une personne qui n'est pas compliquée ?*

f. *Quelle expression imagée utilise-t-on pour dire qu'on donne des soucis à quelqu'un ?*

a. Se méfier de quelqu'un.

b. On doute.

c. De l'anxiété, de l'inquiétude.

d. Le toucher.

e. De simplicité.

f. On dit qu'on en fait voir de toutes les couleurs à quelqu'un.

6 a. 4. b. 6. c. 1. d. 2. e. 3. f. 5.

7 a. timidité b. l'odorat c. de l'ennui d. malvoyante e. de la curiosité f. sourde

8

> Cette année, avec ma classe, j'ai participé à la Semaine du Goût. C'est un événement qu'il m'a semblé intéressant de proposer à mes élèves pour les éduquer au **goût**. Je me suis aperçue que beaucoup d'entre eux mangeaient toujours la même chose et qu'ils manquaient de **curiosité** sur le plan culinaire.
> Quand je leur ai annoncé que la classe allait participer à cet événement, ils n'étaient pas très **enthousiastes**, mais au final, ils n'ont pas **regretté** d'y être allés ! Ils ont pu goûter des spécialités de différents pays et découvrir des saveurs nouvelles, comme des plats épicés ! Ils ont été **étonnés** d'aimer ça !
> Les professionnels qui ont animé les ateliers ont été géniaux. Ce sont des personnes très **dynamiques** et agréables qui savent cuisiner, mais surtout partager leur passion. On sentait qu'ils étaient fiers de parler de leur métier aux enfants et de leur faire découvrir des choses.

9 🎧 ▶ PISTE 13

Transcription

— *Tu es venue en voiture Samia ? C'est rare, d'habitude tu prends le tram, non ?*

— *D'habitude oui, mais plus depuis hier. Tu ne sais pas ce qui m'est arrivé ?*

— *Ben non. Qu'est-ce qui s'est passé ?*

— *Eh bien hier, comme d'habitude, je me suis assise dans le tram, et un homme d'une cinquantaine d'années s'est installé en face de moi. Au début, je n'y ai pas fait attention, jusqu'à ce que je sente son regard sur moi. J'ai levé les yeux et j'ai vu qu'il me fixait.*

— *Et alors ?*

— *J'ai détourné les yeux ! En me disant qu'il allait me laisser tranquille ! Mais non !*

— *Et qu'est-ce que tu as fait ?*

— *Je me suis levée pour descendre du tram à l'arrêt suivant. Mais figure-toi qu'il m'a suivie du regard ! J'étais en colère ! Alors j'ai crié : « Arrêtez de me regarder comme ça ! »*

— *Dans le tram ?*

— *Oui... Tout le monde m'a regardée bizarrement. Et tu sais ce qu'il m'a répondu ?... qu'il était désolé, mais que je ressemblais tellement à sa fille qu'il ne pouvait pas s'empêcher de me regarder ! J'ai eu tellement honte que je n'ose plus prendre le tram !*

a. Il la fixait.

b. Elle a détourné les yeux.

c. Il l'a suivie du regard.

d. Elle était en colère.

e. « Arrêtez de me regarder comme ça ! »

f. De la honte, parce que tout le monde l'a regardée bizarrement.

10 *Proposition de corrigé*

La dernière fois que j'ai été très fière, c'était quand j'ai gagné le concours de français de ma région. Ma professeur m'y avait inscrite et cela me faisait très peur. La veille de l'examen, j'étais anxieuse, j'avais vraiment peur d'y aller. Et puis finalement, tout s'est très bien passé et j'ai été classée première. Le lendemain, en entrant dans la classe, ma professeur m'a félicitée et toute la classe a applaudi. J'ai été très touchée, c'était un moment très fort que je n'oublierai jamais. Et je dois dire que depuis ce jour-là, j'ai un peu plus confiance en moi !

4. La famille

.... pages 29, 32 à 34

RÉPONDEZ 🎧 ▶ PISTE 14

Transcription

— *Le vrai-faux de l'info de la matinale avec Jean-Philippe Balasse, bonjour Jean-Philippe.*

— *Bonjour Thomas.*

— *Ce matin, un papa ou une maman...*

— *On parle des familles monoparentales avec Alexis Corbière, secrétaire national du parti de gauche. Hier matin sur Europe 1...*

« En Île-de-France, une famille sur deux est monoparentale. »

— *Eh ben voilà, c'est rapide, c'est affirmatif, une famille sur deux monoparentale en Île-de-France, c'est vrai ou c'est faux, Jean-Philippe ?*

— *C'est faux Thomas, la proportion est moindre. Notre juge de paix ici, c'est l'Insee qui nous dit qu'en 2011, 23 % des foyers en Île-de-France étaient monoparentaux. Alors, ils sont plus nombreux à Paris intra-muros, 28 %, c'est plus que la moyenne nationale, mais ce n'est pas une famille sur deux. Je vous donne un chiffre Thomas, concrètement, aujourd'hui on compte un peu plus de 78 000 foyers monoparentaux dans la capitale.*

— *Alors, intuitivement, on se dit qu'au-delà de Paris, ce nombre de foyers est en augmentation ces dernières années, on a raison ou pas ?*

— *Votre intuition est la bonne, la courbe ne cesse de monter.*

— *Bon mais elle ressemble à quoi alors cette famille monoparentale, Jean-Philippe ?*

— *Alors la plupart du temps, il y a un enfant et dans l'immense majorité des cas, c'est la mère qui est au foyer avec une vie moins facile, c'est ce que nous dit l'Insee, il faut gérer un travail à plein temps, le système de garde et des conditions de logement pas toujours évidentes pour les mamans.*

— *D'un mot, on parle des familles monoparentales, est-ce qu'il y a aussi de plus en plus de familles recomposées ?*

— *Alors la réponse est oui, même si, attention, le passage de l'un à l'autre n'est pas forcément automatique, 720 000 familles recomposées, nous dit l'Insee, Thomas, elles* sont en augmentation, elles représentent aujourd'hui 9 % des familles françaises.

a. Des familles monoparentales.

b. En 2011, 23 % des foyers en Île-de-France étaient monoparentaux.

c. Aujourd'hui, il y en a un peu plus de 78 000 dans la capitale.

d. La plupart du temps, il y a un enfant et dans l'immense majorité des cas, c'est la mère qui est au foyer.

e. Elles doivent gérer un travail à plein temps, le système de garde et des conditions de travail pas toujours évidentes.

f. Des familles recomposées.

g. Elles représentent 9 % des familles françaises.

EXERCICES

❶

❷ 🎧 PISTE 15

Transcription

1. Ma mère et moi, on vit dans le 8ᵉ arrondissement.

2. Mes parents, mes frères et moi, on va à la mer cet été.

3. Je veux connaître le pays de mon mari.

4. Des enfants ? Non. Plus tard peut-être.

5. Ma mère et son nouveau mari vont avoir un bébé.

6. Mes deux pères sont médecins.

a. 3 b. 4 c. 6 d. 1 e. 2 f. 5

❸ a. beaux-parents
b. pacsé(e)
c. membres
d. cadet
e. mère célibataire

❹ 🎧 PISTE 16

Transcription

1. – Allô, Hélène ? C'est Carlos. Je t'appelle parce que j'aimerais bien avoir les enfants ce week-end.

– Ah, mais tu ne devais les avoir que le week-end prochain... ?

– Oui, je sais bien, mais c'est l'anniversaire de mon père et il aimerait que ses petits-enfants soient là.

2. – Oh, qu'il est mignon ! Et qu'est-ce qu'il ressemble à son papa !

– Oui, tout le monde le dit ! Mais il a les yeux de sa maman !

3. – Bonjour, c'est pour quoi ?

– C'est pour une demande d'allocation.

– D'accord, asseyez-vous. Votre nom, s'il vous plaît ?

4. – Alors, vous en êtes où ?

– Ah, ben, on a déposé notre dossier au service de l'aide sociale à l'enfance et on attend la réponse.

5. – Il va me manquer, papi.

– Oui, mon chéri, je sais, à moi aussi. Mais il ne souffre plus maintenant. Il était très vieux et très malade.

6. – Bonjour, voici le certificat de naissance et le livret de famille.

– Merci monsieur. Vous êtes le père de l'enfant ?

– Oui.

a. 4 b. 3 c. 5 d. 6 e. 1 f. 2

❺ a. Vrai.
b. Vrai.
c. Faux : ils font partie de mes parents proches.
d. Vrai.
e. Faux : c'est le premier.
f. Vrai.

❻ Pierre et Marie étaient **mariés** depuis 4 ans quand ils ont décidé d'avoir un enfant. Marie est **tombée enceinte** assez rapidement. Grande surprise : elle attendait des **jumelles**. Hélène et Sandrine sont nées en 2016. Deux ans plus tard, Marie **a accouché** d'une autre petite fille. Au début, les **beaux-parents** de Marie, qui vivaient à proximité, **gardaient** les jumelles. Mais avec l'arrivée du troisième enfant, c'est devenu trop lourd pour eux. Pierre et Marie ont réfléchi au meilleur système de **garde** pour leurs enfants. Et comme Marie avait un poste très important, ils ont décidé que Pierre arrêterait de travailler pour être **père au foyer** pendant quelques années et **élever** lui-même leurs enfants.

❼ 🎧 PISTE 17

Transcription

– Chloé, il faut absolument que je te présente Charlotte, ma demi-sœur, elle aussi elle adore l'art et la peinture.

– Je ne savais pas que tu avais une demi-sœur !

– Ben si, mon père a eu un autre enfant avec Géraldine, sa seconde épouse.

– Et tu t'entends bien avec ta belle-mère ?

– Au début ce n'était pas facile, mais aujourd'hui ça va bien. C'est une femme très sympa. Et toi, tu as des frères et sœurs ?

– Moi, j'ai un frère aîné, Michaël, que mes parents ont adopté.

– Ah bon ?

– Ben, avant moi, mes parents n'arrivaient pas à avoir d'enfants, alors ils ont décidé d'adopter.

– Ce n'est pas une décision facile.

– Non. Mais ils voulaient être parents, adoptifs ou pas. Si tu savais comme ils ont été heureux quand ils ont appris qu'ils allaient accueillir un petit garçon de 6 mois ! Et comme il était orphelin, c'était encore plus évident pour eux.

– Et toi ?

– Eh bien moi, je suis arrivée juste après !

a. Ils sont demi-frère et sœur. / Charlotte est la demi-sœur de Nicolas. / Nicolas est le demi-frère de Charlotte.

b. Sa belle-mère.

c. Aujourd'hui, oui, même si au début ce n'était pas facile.

d. Il est plus âgé qu'elle, c'est son frère aîné.

e. Non, ce sont ses parents adoptifs.

f. Il était orphelin.

❽ *Proposition de corrigé*

a. Quand un enfant naît, il faut déclarer sa naissance à la mairie et demander l'acte de naissance. Les parents vont faire une demande d'allocations familiales à la CAF.

b. Quand une personne meurt, il faut déclarer son décès et demander l'acte de décès à la mairie.

c. Quand un couple veut adopter un enfant, il doit faire une demande d'adoption et déposer un dossier au service de l'aide sociale à l'enfance.

d. Quand un couple se sépare ou divorce, il doit passer devant le juge aux affaires familiales pour l'organisation de la garde des enfants.

5. Les relations sociales
.... pages 35, 38 à 40

RÉPONDEZ
a. Elles sont collègues.
b. Un départ à la retraite.
c. Il était chef.
d. Le séminaire d'entreprise.
e. Elle est soudée.

EXERCICES
1 PISTE 19

Transcription
compagnon – meilleur(e) ami(e) – chef – connaissance – concubine – petit(e) ami(e) – fiancé(e) – compagne – collègue

Relation professionnelle : chef, collègue
Relation amicale : meilleur(e) ami(e), connaissance
Relation amoureuse : compagnon, concubine, petit(e) ami(e), fiancé(e), compagne

2 PISTE20

Transcription
Marc et Diana se sont rencontrés la première fois en cours de physique à l'université. Pour Marc, ça a été le <u>coup de foudre</u>, Diana lui a tout de suite plu. Il a essayé de la <u>séduire</u> en lui offrant des fleurs, en l'invitant à dîner au restaurant... Et ça a marché ! Diana est <u>tombée amoureuse</u> de Marc et très rapidement, ils ont commencé à <u>sortir ensemble</u>. Deux mois après, ils ont décidé de <u>vivre ensemble</u>, puis six mois après, c'étaient les <u>fiançailles</u> ! Ils vont se marier l'été prochain. Quelle belle histoire !

3 a. 5. b. 3. c. 2. d. 1. e. 6. f. 4.

4 a. Une équipe soudée est une équipe qui fonctionne bien.
b. Les séminaires s'organisent en dehors du lieu de travail.
c. La rupture est un moment difficile dans une relation.
d. PDG est le plus haut poste de l'entreprise.
e. Le mariage civil se déroule à la mairie.
f. Quand on veut séduire une personne, on veut lui plaire.
g. Quand on est comme chien et chat, on se dispute souvent.

5 a. apprécier
b. collègues
c. concubin(e)
d. reproches
e. ennemi
f. estimer

6 a. Vrai.
b. Faux : on se fiance.
c. Faux : l'entreprise organise un pot de départ à la retraite.
d. Vrai.
e. Vrai.
f. Faux : on peut devenir copain ou ami.

7 PISTE 21

Transcription
— Comment vous vous êtes rencontrés, Matthieu et toi?
— Au travail.
— Ben raconte, Marion ! Comment ça s'est passé ?
— Figure-toi qu'on a travaillé deux ans dans la même entreprise, mais on ne se fréquentait pas vraiment, on se croisait dans les couloirs, rien de plus.
— Et alors, à quel moment la situation a changé ?
— Eh bien... au bout de deux ans, Matthieu a intégré mon équipe ! Et là, on a fait connaissance.
— Et vous êtes tombés amoureux tout de suite ?
— Non, mais on s'est tout de suite bien entendus.
— Et...
— Et quelques semaines plus tard, on s'est retrouvés au pot de départ d'un collègue et on a compris ce soir-là qu'il se passait quelque chose entre nous. Et un mois après, on s'installait ensemble.
— Et le mariage, c'est pour quand ?
— Je ne sais pas, pour l'instant, on pense à se pacser.

a. Non, ils ne se fréquentaient pas vraiment, ils se croisaient dans les couloirs.
b. Matthieu a intégré l'équipe de Marion.
c. Non, ils se sont tout de suite bien entendus.
d. Au pot de départ d'un collègue.
e. Ils se sont installés ensemble.
f. Non, ils veulent se pacser.

8 a. Renforcer la cohésion des équipes et développer l'esprit d'entreprise.
b. D'une journée à un week-end.
c. En dehors du cadre habituel de l'entreprise, souvent en pleine nature.
d. Le séminaire de formation, le séminaire d'intégration et le séminaire de direction.
e. Prendre des décisions importantes.

9 *Proposition de corrigé*
On s'est rencontrés à l'école, on avait à peine 7 ans. Léandre arrivait de Bruxelles, sa famille venait de déménager en France. Il ne connaissait personne. Il était assez timide et passait tout son temps tout seul. Un jour, je l'ai invité à passer un après-midi à la maison. Mes parents avaient un grand jardin. On est devenus copains, on faisait pas mal de choses ensemble. Il m'invitait chez lui aussi de temps en temps.
Et puis à l'école, j'ai commencé à avoir des problèmes. Antonin, un garçon de ma classe, me provoquait et me menaçait. Léandre, en colère quand il a appris ça, est allé le voir. Ils se sont battus. Léandre a été le plus fort. Ce jour-là, j'ai retrouvé ma tranquillité et gagné un ami, mon meilleur ami aujourd'hui encore.

6. Les maladies, les accidents et la police

.... pages 41, 44 à 46

RÉPONDEZ

a. Sur l'affiche, on voit un homme qui se sent mal.

b. La grippe.

c. On a de la fièvre et des frissons, on est très fatigué, on a une fatigue extrême, on a des douleurs dans les muscles et des courbatures, on a une toux sèche, on a des maux de gorge, on a un rhume et on a des maux de tête.

d. Au bout d'une dizaine de jours (parfois 2 à 3 semaines).

EXERCICES

a. fait un malaise

b. pris votre température

c. des nausées

d. tu portes plainte

e. très contagieux

f. s'est tordu le pied

 PISTE 22

Transcription

1. Le patient a pris du sirop pour la toux...

2. Les pompiers ont réussi à éteindre l'incendie...

3. Les malades ont été immédiatement soignés...

4. Les policiers ont fait des contrôles d'identité...

5. Ma fille n'arrête pas de se gratter...

6. Le virus des oreillons est contagieux...

a. 3 b. 6 c. 1 d. 5 e. 2 f. 4

❸ **Les signes (ou symptômes) :** avoir des douleurs, avoir des nausées, avoir le nez qui coule, ressentir des courbatures

La maladie : une allergie, attraper un rhume, être asthmatique, transmettre la varicelle

Les traitements, les soins : faire une piqûre, prendre de l'ibuprofène, se faire vacciner

❹ **PISTE 23**

Transcription

1. – Bonjour madame. Alors, dites-moi ce qui se passe.

– Eh bien regardez ! Mon fils a des boutons sur le visage et sur le ventre...

– Oui... je vois. Je crois qu'il a attrapé la varicelle.

2. – Alors, docteur, c'est grave comme blessure ?

– Eh bien, sur la radio, on voit que vous avez une fracture. Vous ne pourrez pas faire de sport pendant quelques mois.

3. – Bonjour madame. Puis-je vous aider ?

– Oui, je voudrais porter plainte. Un pickpocket m'a volé mon porte-monnaie dans la rue cet après-midi.

– Écoutez, vous avez de la chance. Nous avons contrôlé un groupe de personnes et nous avons arrêté trois pickpockets il y a moins d'une heure. Ils avaient volé des porte-monnaie. Il y a peut-être le vôtre dans le lot.

4. – Docteur, je suis allergique aux fleurs et aux plantes. Si je sors, j'ai les yeux qui brûlent et j'éternue sans arrêt. Il n'y a pas de vaccin contre les allergies, docteur ?

– Un vaccin, non, mais il existe un traitement.

a. 3 b. 4 c. 2 d. 1

❺

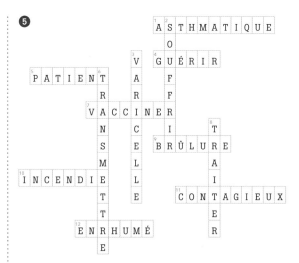

❻ **PISTE 24**

Transcription

– Service de la scolarité, bonjour !

– Oui, bonjour monsieur. Je suis la maman du petit Thomas, en classe de CP.

– Bonjour madame. Qu'est-ce qui se passe ?

– Eh bien, il va rester à la maison aujourd'hui. Il ne se sent pas bien.

– Ah bon ? Qu'est-ce qu'il a ?

– J'ai pris sa température. Il a 39,5°C et... il dit qu'il a des douleurs dans les muscles. Je ne sais pas si c'est la grippe. C'est peut-être juste un mauvais rhume. Le médecin doit passer à la maison en fin de matinée.

– Bon, pas de problème. Gardez-le au chaud et rappelez-moi pour me dire quand il retournera à l'école.

– Entendu. Je vous remercie, monsieur. Au revoir !

– Au revoir madame.

a. Vrai : il travaille au service de la scolarité.

b. Vrai : il ne se sent pas bien.

c. Faux : il a 39,5°C.

d. Faux : il a des douleurs dans les muscles.

e. On ne sait pas : le médecin doit passer.

f. Vrai : il va rester à la maison, au chaud.

❼ **a.** Par un moustique porteur du virus ou lorsqu'on donne son sang.

b. Elles ne sont pas en forme et ont besoin de dormir.

c. Elles ont mal aux yeux, dans les jambes, dans le dos et dans les bras.

d. On peut aussi avoir des boutons.

e. Il faut prendre des médicaments contre la douleur et le mal de tête.

❽ *Proposition de corrigé*

De : roger.niair@bonne-entreprise.fr
À : gertrude.leroy@bonne-entreprise.fr
Objet : absence ce lundi

Gertrude,
Ce week-end, je suis allé faire du ski à la montagne.
Malheureusement, je suis tombé parce qu'il y avait un arbre au milieu de la piste. Résultat : je me suis tordu le pied et j'ai très mal.

Ce matin, j'ai rendez-vous à l'hôpital pour voir si je n'ai pas une fracture. Pour cette raison, je ne pourrai pas venir travailler aujourd'hui.
Je vous remercie de votre compréhension.
Bien cordialement,
Roger Niair

7. Se soigner, guérir

.... pages 47, 50 à 52

RÉPONDEZ

a. Du site www.ameli.fr. C'est le site de l'Assurance Maladie.
b. Ce site donne des informations sur le remboursement des soins.
c. Elle sert à indiquer le traitement et sa durée ; à se procurer les médicaments nécessaires auprès de son pharmacien ; à voir une partie de leur coût prise en charge par l'Assurance Maladie.
d. L'identité de l'assuré et celle de ses ayants droit de moins de 16 ans ; son numéro de sécurité sociale ; la caisse d'Assurance Maladie à laquelle il est rattaché.
e. Il faut présenter sa carte Vitale à un professionnel de santé ou envoyer sa feuille de soins à sa caisse d'Assurance Maladie.

EXERCICES

❶

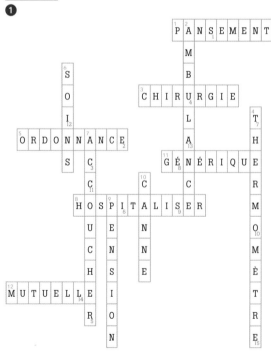

Le mot mystérieux : Sécurité sociale.

❷ 🎧 PISTE 25

Transcription

1. — *Docteur, j'ai mal au dos.*
— *Voyons voir. Penchez-vous en avant... Baissez-vous un peu... Relevez-vous... Restez immobile ! Ça vous fait mal, là ?*
— *Oui !*
— *Vos muscles du dos sont un peu raides. Vous allez prendre des anti-inflammatoires. Ça ira mieux.*
2. — *Alors, deux boîtes d'anti-inflammatoires, en gélules, à prendre trois fois par jour. Et une boîte de sachets d'aspirine, à prendre en plus quand vous avez mal. Je vous mets des médicaments génériques ?*
— *C'est la même chose ?*
— *Oui, tout à fait. Sauf qu'avec les génériques, vous êtes remboursé en totalité car ils sont moins chers.*
3. — *Vous pensez que je peux travailler avec cette grippe, docteur ?*
— *Non, non surtout pas ! Je vous remplis un arrêt maladie de 7 jours que vous allez tout de suite envoyer à votre caisse d'Assurance Maladie. Attention, n'oubliez pas de l'envoyer parce que sinon, on vous remboursera seulement la moitié de vos jours.*
4. — *Et comment je fais pour changer mon pansement à la maison ?*
— *Eh bien, vous nettoyez votre blessure avec un coton tous les matins. Ensuite, vous mettez une grosse compresse dessus et vous entourez votre bras avec la bande. C'est aussi simple que ça.*

a. 4 **b.** 1 **c.** 3 **d.** 2

❸ **a.** pédiatre   **e.** cardiologue
b. anesthésiste   **f.** pharmacien(ne)
c. infirmier / infirmière   **g.** médecin généraliste
d. chirurgien(ne)

❹ **a.** 5 **b.** 4 **c.** 6 **d.** 2 **e.** 7 **f.** 1 **g.** 3

❺ 🎧 PISTE 26

Transcription

1. *Vous ne pouvez pas vous mettre debout ni vous déplacer tout seul ?*
2. *Vous marchez à petits pas suite à un accident ?*
3. *Votre enfant est malade ? Il nécessite des soins ?*
4. *Les marques de médicaments comptent peu pour vous ? Vous voulez payer moins cher ?*
5. *Vous êtes souvent malade ? La Sécurité sociale ne vous rembourse pas assez ?*
6. *Vous ne voulez pas attraper la grippe ? Mieux vaut prévenir que guérir !*

a. 4 **b.** 3 **c.** 6 **d.** 5 **e.** 2 **f.** 1

❻ **a.** accident du travail – arrêt de travail – Assurance Maladie – Sécurité sociale – versera – hospitalisé – vous déplacer
b. hospitalisation – admission – sortie – traitement – opérer – anesthésie – mutuelle

Transcription

– Bonjour à toutes et à tous ! Bienvenue dans notre émission spéciale sur le système de santé en France. Pour répondre à nos questions, nous accueillons aujourd'hui Jean-François Vérel, directeur régional de la Caisse primaire d'Assurance Maladie. Jean-François, bonjour. Alors, pouvez-vous nous parler de notre système de santé ?
– Alors, il faut savoir que le système de santé français est l'un des plus chers au monde. Nous dépensons chaque année 240 milliards d'euros pour nous soigner.
– Dites-nous, Jean-François, qu'est-ce qui coûte le plus cher dans le budget ?
– Eh bien, tout d'abord, ce sont les hospitalisations. Elles représentent près de la moitié des dépenses. Ensuite, les Français consomment une grande quantité de médicaments : 52 boîtes de médicaments par an et par Français contre 17 seulement pour nos voisins allemands, vous imaginez ? Enfin, il y a les dépenses liées à la médecine générale, aux consultations chez un spécialiste et les dépenses liées aux transports, comme l'ambulance ou le SAMU, par exemple.
– Alors, comment fait-on pour prendre en charge toutes ces dépenses ?
– D'abord, l'Assurance Maladie rembourse environ 75 % des dépenses. Elle est surtout financée par les salariés et les entreprises qui lui versent presque deux mois de salaire par an. Il y aussi les taxes sur le tabac et l'alcool. Ensuite, les mutuelles et les assurances privées jouent, elles aussi, un rôle important : elles remboursent près de 15 % des dépenses et c'est une spécificité française. Enfin, les ménages paient directement environ 10 % des dépenses, un des taux les plus bas d'Europe.
– Jean-François Vérel, merci pour ces précisions.
– C'est moi qui vous remercie de m'avoir invité.

a. 240 milliards d'euros.
b. Les hospitalisations.
c. 52.
d. Les dépenses liées à la médecine générale, aux consultations chez un spécialiste et aux transports.
e. L'Assurance Maladie, financée par les salariés et les entreprises, ainsi que les taxes sur le tabac et l'alcool (75 % des dépenses) ; les mutuelles et les assurances privées (15 % des dépenses) ; les ménages (10 % des dépenses).

8. Les habitations et le mobilier
.... pages 53, 56 à 58

RÉPONDEZ
a. Du nouvel appartement de Julie.
b. Calme.
c. Parce qu'il est meublé.
d. Le loyer avec l'eau et l'électricité.
e. Un style moderne.
f. Un aspirateur, une machine à laver, des oreillers et une couette.

EXERCICES
❶ a. b.
a. drap → chambre   b. lavabo → salle de bains
c. matelas → chambre

❷ a. Il devient propriétaire.   c. Elles vivent en colocation.
b. Elle déménage.   d. Ils emménagent.

❸ a. payer une taxe sur la télévision
b. payer son logement
c. à la ville
d. à son propriétaire
e. le loyer, l'eau et l'électricité

Transcription

a. C'est un logement pour les personnes qui gagnent peu d'argent.
b. C'est un bâtiment très haut qui peut accueillir des bureaux.
c. C'est un ensemble d'immeubles avec des appartements confortables.
d. C'est une habitation avec un jardin.

a. un HLM b. un immeuble / une tour c. une résidence
d. un pavillon / une maison

Transcription

– Bon alors, pour venir chez moi, c'est simple ! J'habite résidence Émile Zola, 10 boulevard de la République, entrée A. Le code est le 1845B, je répète : 1845B. J'habite au 6ᵉ étage, porte de droite. Ne confonds pas : le A c'est pour l'entrée et le B c'est pour le code. Allez ciao, à demain.

a. la résidence b. l'entrée c. le code d. l'étage

❻ Maison de 120 m² sur 2 **étages**, très **lumineuse**, construite en 2012, avec **terrasse** et jardin. Les **plafonds** et les **murs** sont en très bon état. **Garage** pour deux voitures. **Chauffage** électrique. **Code** d'accès pour la sécurité.

❼ a. Vrai.
b. Faux : la douche est dans la salle de bains.
c. Vrai.
d. Faux : on paie un loyer ; on paie la taxe d'habitation chaque année.
e. Faux : au sud.
f. Faux : une superficie s'exprime en m² ; 650 euros est le loyer.

Transcription

– Allô, Philippe ? Salut c'est Paco… Ça y est ! Je viens de trouver un appartement dans le 3ᵉ arrondissement et je paie seulement 700 euros pour 75 m² ! C'est au 4ᵉ et dernier étage et j'ai même une terrasse ! Le chauffage est électrique, le papier peint est neuf et il y a plein de placards dans les chambres. Dans la salle de bains, il y a une douche et même une baignoire ! Le luxe ! Je suis vraiment content d'avoir trouvé ça !
– Bravo Paco ! Tu vas mener la vie de château dis donc ! Je suis content pour toi !

Type de logement : appartement
Loyer : 700 euros
Surface : 75 m²
Étage : 4ᵉ
Chauffage : électrique
Salle de bains : douche et baignoire

❾ a. C'est une grande armoire en bois, rectangulaire. Elle doit être lourde.
b. C'est une petite chaise verte ; le siège est en plastique, les pieds sont en métal. Elle est peut-être dure / inconfortable.
c. Ce sont des oreillers blancs carrés en laine, ils sont très souples.
d. C'est une table ronde en verre et métal.
e. C'est un canapé / divan rouge pour deux personnes, rectangulaire, moderne et confortable.
f. C'est un fauteuil en cuir marron ancien, très confortable.
g. C'est une table basse noire en bois très moderne.

❿ *Proposition de corrigé*

> Bonjour Cécile,
> Une super nouvelle ! Je viens de trouver l'appart de mes rêves en plein centre-ville, à 350 mètres du bureau !
> Il est très lumineux (il y a deux fenêtres dans chaque pièce !) avec de hauts plafonds et il est comme neuf !
> Les pièces sont grandes et il y a trois placards dans la chambre : je vais pouvoir acheter plein de vêtements !
> La cuisine équipée est noire et blanche (très élégante pour moi qui ne sais pas faire cuire un œuf…) et donne sur une terrasse où on peut manger. Je pourrai même y mettre des plantes.
> Le salon est parfait pour recevoir les copains le week-end et en plus, tu sais quoi ? J'ai un garage !
> Viens le visiter ce week-end et tu me donneras des idées pour les meubles… Le loyer ? Aïe… c'est cher !
> Bises et réponds vite !
> Julie

9. Les études et la formation

.... pages 59, 62 à 64

RÉPONDEZ

a. Les études à l'étranger.
b. Elle demande des conseils pour son année universitaire à l'étranger. Elle demande aux gens de partager leur expérience.
c. sonia09 : 3e année de licence
Nicolas : 1re année de master
Lili : 2e année de master pro
d. Un campus est une cité universitaire.
e. Un stage de 6 mois à l'étranger.
f. Elle a donné des cours (de français).

EXERCICES

❶ a. CE1 **b.** concours **c.** apprenti **d.** primaire **e.** 6e **f.** campus

❷ 🎧 PISTE 32
Transcription
a. *Il faut beaucoup réviser pour réussir le bac.*
b. *Au baccalauréat, on passe une épreuve dans chaque matière.*
c. *Les parents d'élèves rencontrent les professeurs pour parler de la scolarité de leur enfant.*

d. *La moyenne est calculée à partir de toutes les notes.*
e. *Il faut préparer un concours pour entrer dans une grande école.*
f. *En grande section, les instituteurs préparent les élèves à la lecture et à l'écriture.*
g. *On peut s'inscrire en IUT pour préparer un DUT.*

❸ 1. b. **2.** d. **3.** f. **4.** c. **5.** e. **6.** a.

❹ 🎧 PISTE 33
Transcription
a. *Nicolas a fait des progrès, ses résultats sont bien meilleurs, il a été présent à tous les cours.*
b. *C'est ma première expérience dans une entreprise, j'espère apprendre beaucoup pendant ces 3 mois.*
c. *Monsieur, pour le brevet des collèges, on pourra utiliser le dictionnaire de français ?*
d. *Je fais un master en chimie et j'espère ensuite pouvoir faire un doctorat.*
e. *Je suis assez inquiète, mon fils travaille de moins en moins bien.*
f. *Cette semaine j'ai cours au centre de formation. Vivement la semaine prochaine que je retrouve les collègues !*

a. un professeur **b.** une stagiaire **c.** un élève **d.** un étudiant **e.** une parent d'élève **f.** un apprenti

❺ a. privée **b.** gymnase **c.** manque **d.** amphithéâtre **e.** programme d'échange **f.** avenir professionnel

❻ a. Faux : les élèves passent le brevet à la fin du collège / à la fin de la 3e.
b. Vrai.
c. Faux : c'est à la fin de l'école primaire / à la fin du CM2.
d. Vrai.
e. Faux : on a droit à la formation continue quand on est déjà dans la vie active.
f. Faux : le français est encore parlé et continue d'évoluer.

❼ a. Non, les apprentis partagent leur temps entre les études et le travail en entreprise.
b. Ils sont plus attractifs sur le marché du travail et accèdent rapidement à l'emploi.
c. Oui, ce salaire correspond à un pourcentage du SMIC et il évolue en fonction de l'âge de l'apprenti et de son ancienneté dans l'entreprise.
d. Oui, car de nombreuses lois et réformes ont été adoptées pour améliorer le statut d'apprenti et l'image du contrat d'apprentissage.
e. Oui, de plus en plus de diplômes dans différents domaines sont proposés.
f. Non, les publics (et les parcours) se diversifient.

❽ 🎧 PISTE 34
Transcription
— Ensuite… c'est au tour de Martin Vial. On peut commencer par la chimie ?
— Oui, alors Martin a de très bons résultats en chimie. Il est sérieux, travailleur, je n'ai aucun problème à signaler. Il a la bosse de la chimie !

– En français ?
– J'aimerais pouvoir en dire autant, mais malheureusement,
ce n'est pas le cas. Sa moyenne n'est pas bonne du tout et elle
continue de baisser. Il faut vraiment qu'il se reprenne !
– En anglais ?
– C'est la même chose qu'en français. À la dernière
interrogation, il a eu 8 ! Et ce n'était pas une interrogation
surprise... Je pense que Martin peut faire beaucoup mieux !
– En SVT ?
– Je crois que ça n'intéresse pas beaucoup Martin. Il ne
dérange pas les autres, mais il ne travaille pas. Il devait
présenter un travail à l'oral la semaine dernière, il ne l'avait
pas préparé. Il a eu o. Et souvent, il oublie son matériel, son
classeur, son manuel.
– Peut-être que Martin a des problèmes familiaux ? Nous
allons convoquer ses parents.

a. En chimie.
b. Non, sa moyenne n'est pas bonne et elle continue de
baisser.
c. Oui, l'interrogation n'était pas une interrogation surprise.
d. Parce qu'il devait présenter un travail à l'oral la semaine
dernière et qu'il ne l'avait pas préparé.
e. Souvent, il oublie son matériel, son classeur, son manuel.
f. Il va convoquer les parents de Martin parce qu'il
pense qu'il a peut-être des problèmes familiaux.

❾ Stéphanie a obtenu son bac littéraire avec la mention
« bien » en 2007 à Lyon. Elle s'est ensuite inscrite
en Sciences du langage à l'Université Paul Valéry de
Montpellier pour faire sa licence. Pendant cette période,
elle donnait des cours de soutien scolaire à l'association
Capuche. Après avoir obtenu son diplôme de licence,
elle s'est inscrite en master de Français Langue Étrangère.
Pendant sa deuxième année de master, elle a fait son stage
à l'Institut Français de Budapest en Hongrie. Après son
master, elle est partie en Espagne pour être professeur de
français au Lycée Français de Madrid. Depuis septembre
2013, elle enseigne le français à l'Alliance Française de
Paris. Stéphanie continue à se former, elle a fait un stage
d'e-learning dans un centre de formation continue à Paris.

10. Les activités professionnelles
.... pages 65, 68 à 70

RÉPONDEZ
a. Dans un lycée.
b. Un professeur, la conseillère d'orientation et des élèves.
c. Elle les aide à réfléchir à leur avenir professionnel.
d. Dans le domaine de l'art.
e. Avocat.
f. Parce qu'elle pense qu'il y a plus d'avenir dans le
commerce que dans l'art.

EXERCICES
❶ PISTE 36
Transcription
1. *Ce commerçant est très gentil.*
2. *Je vais chercher du lait frais à la ferme d'à côté.*
3. *Tu m'aides à décharger le camion ?*
4. *On va certainement construire un atelier au premier étage.*

5. *J'ai toujours rêvé de travailler dans la publicité.*
6. *Cette usine va fermer le mois prochain.*

a. 3 **b.** 4 **c.** 2 **d.** 5 **e.** 6 **f.** 1

❷ **a.** 2. **b.** 5. **c.** 6. **d.** 1. **e.** 3. **f.** 4.

❸ **a.** Un ingénieur ferroviaire travaille dans le domaine de
l'**industrie**.
b. Une profession qui s'exerce de manière indépendante
est une profession **libérale**.
c. Quand on a un employeur, on est **salarié**.
d. Dans une galerie, on expose des **œuvres d'art**.
e. Un maître d'hôtel travaille dans la **restauration**.
f. Un poste où la personne a des responsabilités est un
poste à responsabilités.
g. On dit qu'une personne qui a beaucoup d'influence et
de pouvoir a le **bras long**.

❹ **a.** Faux : un professeur des écoles travaille dans une
école maternelle ou primaire.
b. Vrai.
c. Vrai.
d. Faux : les agriculteurs travaillent dans une ferme ou une
exploitation agricole.
e. Faux : il travaille dans la finance.
f. Vrai.

❺ 🎧 PISTE 37
Transcription
a. *Il faut avoir le sens du contact et de la communication,*
il faut savoir transmettre sa vision des choses et créer un bon
climat sur la scène de tournage... Diriger les comédiens est
une grande responsabilité.
b. *Ce qui est important pour moi, c'est de toujours chercher*
de nouvelles méthodes, de nouvelles ressources pour
transmettre les savoirs, et de ne pas m'installer dans la
routine. J'aime accompagner mes étudiants dans leur
parcours, discuter avec eux, voir comment ils progressent.
c. *Non, je ne m'ennuie vraiment pas depuis que je ne travaille*
plus... J'ai enfin le temps de faire ce que j'aime, visiter les
galeries d'art avec mes copines, aller au théâtre et surtout,
je peux m'occuper de mes petits-enfants !
d. *S'occuper d'une exploitation agricole n'est pas toujours*
facile. Ma production est complètement dépendante
des conditions climatiques. Mais j'aime bien travailler à
l'extérieur, être proche de la nature.
e. *Il faut avoir une bonne condition physique pour faire*
mon métier, parce qu'on porte souvent des meubles et des
appareils électroménagers très lourds.
f. *Nous sommes une bonne équipe dans notre laboratoire de*
recherche.

a. une réalisatrice **b.** un enseignant / professeur
c. une retraitée **d.** un agriculteur **e.** un déménageur
f. une chercheuse / étudiante chercheuse

❻ **a.** démonte **b.** ne sont pas inscrites au chômage
c. l'administration **d.** public **e.** d'indépendant

❼ 🎧 PISTE 38
Transcription
– Salut Solène ! Qu'est-ce que tu regardes ?
– Salut Margot ! Je suis sur un site qui parle de changements
de vie. Il y a des témoignages vraiment intéressants. Par

exemple, là, c'est un homme... il travaillait à l'accueil d'un hôpital de Grenoble et un jour, à l'âge de 45 ans, il a décidé de changer de métier et de travailler dans le domaine de la culture... Aujourd'hui, il a un poste à responsabilités à la maison de la culture de Chambéry !
– Ah oui, moi, j'ai une copine comme ça, à Toulouse, elle était prof de français pour des étudiants étrangers et pareil, un jour, elle a décidé de changer de profession et d'allier sa grande passion, la cuisine, à ses compétences de prof. Aujourd'hui, elle a son petit resto où elle propose des ateliers de cuisine à des étudiants étrangers. C'est génial, non ?
– Ben, oui, c'est courageux surtout, je trouve.
– Et ça t'inspire, tout ça ?
– Oui, c'est vrai qu'en ce moment, je me dis souvent que je n'aimerais pas être vendeuse toute ma vie. Tu vois, je fais de l'équitation depuis que je suis toute petite, j'adore m'occuper des chevaux. Je me dis que peut-être je pourrais devenir éleveuse de chevaux. Il faut faire une formation avant, bien sûr, mais je commence à y réfléchir sérieusement.
– Écoute, pourquoi pas, il n'est jamais trop tard pour faire ce qu'on aime. Moi, j'ai la chance de faire un métier qui m'intéresse, j'ai toujours voulu être dentiste.

a. Il occupe un poste à responsabilités à la maison de la culture de Chambéry.
b. Elle a voulu allier sa passion, la cuisine, à ses compétences de professeur.
c. Elle a un petit restaurant, elle propose des ateliers de cuisine à des étudiants étrangers.
d. Elle travaille dans le commerce.
e. Elle voudrait travailler dans l'agriculture. Elle voudrait être éleveuse de chevaux parce qu'elle aime s'occuper des chevaux.
f. Elle est dentiste.

8 a. La vie culturelle, le pôle scientifique, le centre hospitalier.
b. Elle est riche. / Les activités culturelles sont nombreuses.
c. Dans les galeries d'art.
d. Non, il y en a d'autres en France.
e. Dans des entreprises et des laboratoires de recherche.

9 Proposition de corrigé
Vincent a passé son bac professionnel pour être peintre en bâtiment. Il a été employé pendant 5 ans dans une petite entreprise avant de décider de créer sa propre société, toujours dans le bâtiment. Il a été travailleur indépendant pendant 15 ans. Puis il a décidé de se diriger vers l'enseignement. Il avait envie de transmettre ce qu'il savait faire, de se servir de son expérience pour aider les jeunes à obtenir leur diplôme et les préparer au monde du travail. Il a donc repris ses études et passé le concours pour être professeur. Aujourd'hui, il travaille dans le public, il est fonctionnaire de l'Éducation nationale.

11. Les conditions de travail et les revendications
.... pages 71, 74 à 76

RÉPONDEZ 🎧 PISTE 39
Transcription
Journaliste. – Alors sur le SMIC, les questions de nos petits journalistes d'un jour, pour vous Bernard Vivier, bonjour.
Bernard Vivier. – Bonjour.
Journaliste. – Directeur de l'Institut supérieur du travail. Au micro France Info d'Estelle Faure, Thomas, Clément, Dorian et Julian. Ils sont en 6e au collège Esla Triolet de Paris, et c'est toi qui commences, Julian.
Julian. – Quand est-ce qu'on a le SMIC ?
Bernard Vivier. – On a le SMIC quand on travaille dans une entreprise et l'entreprise ne peut pas vous embaucher moins cher qu'un salaire minimum qui s'appelle le SMIC : salaire minimum interprofessionnel de croissance.
Journaliste. – Et « interprofessionnel de croissance », ça veut dire ?
Bernard Vivier. – C'est un calcul qui permet en principe à un salarié d'avoir le minimum qu'il faut pour vivre.
Clément. – Est-ce que c'est obligatoire, le SMIC ?
Bernard Vivier. – Non, ce n'est pas obligatoire, dans la mesure où les entreprises payent beaucoup plus en général les salariés qu'au SMIC. Par contre, une entreprise n'a pas le droit d'embaucher quelqu'un en dessous de ce salaire minimum. Et alors le SMIC se calcule ou à l'heure ou au mois, également.
Clément. – Pourquoi existe-t-il, le SMIC ?
Bernard Vivier. – Le SMIC a une grande utilité. D'abord, il protège les salariés, il assure un minimum de revenus ; et puis également, il protège aussi les entreprises, parce qu'il empêche la mauvaise concurrence des entreprises qui emploieraient des salariés à un tarif trop bas. Et donc, celles qui veulent payer correctement les salariés, seraient défavorisées.
Dorian. – Quelle est la paye du SMIC, minimum ?
Bernard Vivier. – Ça change très régulièrement. Au 1er janvier 2016, c'est 9,67 euros de l'heure brut et mensuel. Ça fait très exactement 1 466 euros et 62 centimes, gardez la monnaie jeune homme !
Thomas. – Est-ce qu'il y a un type de travail qui ne reçoit pas le SMIC ?
Bernard Vivier. – Oui, quelques personnes ne sont pas assujetties au SMIC, ce sont des personnes qui sont stagiaires, par exemple des étudiants qui sont stagiaires, ou des apprentis ou des salariés qui travaillent moins de 35 heures. Mais globalement, le SMIC s'applique à la majeure partie, à la quasi-totalité des salariés.

a. Des élèves de collège / de 6e.
b. Salaire Minimum Interprofessionnel de Croissance.
c. Non, une entreprise n'a pas le droit d'embaucher quelqu'un en dessous de ce salaire minimum.
d. Le SMIC empêche la mauvaise concurrence des entreprises qui emploieraient des salariés à un tarif trop bas.
e. 9,67 euros de l'heure brut.
f. Les stagiaires, les apprentis et les personnes qui travaillent moins de 35 heures.

EXERCICES

❶ 🎧 PISTE 40

Transcription

a. *J'ai signé mon contrat de travail hier et je commence lundi.*
b. *Elle préfère travailler à mi-temps, le temps que ses enfants grandissent.*
c. *Elle reçoit ses bulletins de salaire chez elle, par courrier.*
d. *Il ne connaît que son salaire net, pas son salaire brut !*
e. *Le SMIC a un peu augmenté cette année.*
f. *Envoyez-moi votre CV et une lettre de motivation, je verrai ce que je peux faire.*
g. *Pourquoi tu ne cherches pas dans les agences d'intérim ? Ça te conviendrait peut-être mieux ?*

❷ Mots positifs : augmentation de salaire – CDI – passionnant – (travail) stable
Mots négatifs : accident du travail – licencier – pénible – stress

❸ a. 2. b. 1. c. 6. d. 5. e. 3. f. 4.

❹ 🎧 PISTE 41

Transcription

rémunération – employeur – brut – ennuyeux – syndicat – tract – slogan – revendication

B	O	P	M	G	R	N	C	D	G	F	D	R	N	K
R	E	M	U	N	E	R	A	T	I	O	N	X	C	S
R	N	F	H	O	M	J	J	R	V	K	C	S	Z	C
F	N	D	E	S	P	S	T	R	A	C	T	N	M	C
Y	U	E	G	N	L	C	L	A	D	G	Y	N	G	D
U	Y	O	E	A	O	O	A	O	D	X	C	V	J	P
N	E	J	B	L	Y	J	E	L	G	G	D	E	V	T
B	U	R	E	V	E	N	D	I	C	A	T	I	O	N
H	X	A	A	L	U	G	E	B	N	V	N	D	Y	G
G	W	Q	Z	J	R	T	J	O	N	M	B	V	F	D
J	Y	A	E	N	L	S	L	H	R	Y	T	R	E	U
U	E	S	Y	N	D	I	C	A	T	U	K	B	U	U
I	E	I	E	L	O	V	F	R	J	V	R	J	I	T

❺ 🎧 PISTE 42

Transcription

1. *– Il se termine quand, ton contrat ?*
– Au mois de mai.
2. *– Tu as fait ta déclaration d'impôts ?*
– Oui, bien sûr. Maintenant, j'attends de savoir combien je dois payer.
3. *– Tu travailles à plein temps ?*
– Non, je ne fais que 17 heures 30 par semaine cette année.
4. *– J'ai reçu mon premier bulletin de salaire. Je n'y comprends rien. Je gagne combien, en réalité ?*
– Ben regarde, c'est cette somme-là que tu reçois sur ton compte.
5. *– Ah, mais tu ne bosses pas tous les après-midis ?*
– Non, je suis à 70 % cette année pour passer plus de temps avec mes enfants.
6. *– Demain, j'ai rendez-vous à Pôle Emploi.*
– N'oublie pas ton dernier bulletin de salaire, on va te le demander pour calculer ce que tu vas percevoir tous les mois.

Allocation chômage : 6
Avis d'imposition : 2
Contrat temporaire : 1
Mi-temps : 3
Salaire net : 4
Temps partiel : 5

❻ a. un CDD
b. sur le chemin qui mène au travail
c. 50 salariés
d. avoir beaucoup de travail
e. aux syndicats
f. portent des banderoles

❼ 🎧 PISTE 43

Transcription

– Salut Sophie, ça va ?
– Ça va, je suis un peu fatiguée…
– Ah bon ? Mais pourquoi ?
– On a fait grève aujourd'hui !
– Tu n'as pas travaillé et tu es fatiguée ?
– Tu sais bien ce qui se passe quand des salariés font grève !
– Ben non… Je n'ai jamais fait grève. Raconte !
– Alors, on a commencé la journée par une réunion avec notre syndicat pour décider ensemble de nos actions. Ensuite on s'est séparés en groupes pour aller distribuer des tracts.
– Et vous allez continuer votre grève ?
– Demain, on reprend le travail, mais si nos revendications ne sont pas entendues, on fera une autre journée de grève la semaine prochaine !
– D'accord. Et qu'est-ce qui ne va pas au juste ? Quelles sont vos revendications ?
– On veut de meilleures conditions de travail.
– C'est-à-dire ?
– C'est-à-dire que nous avons beaucoup de stress dans notre travail parce qu'on manque de personnel. Mais notre employeur ne veut pas embaucher plus de monde.
– C'est incroyable… avec le nombre de chômeurs qu'il y a !
– C'est sûr ! Mais ce n'est pas tout, on voudrait aussi que les contrats en CDD deviennent des CDI. Et on demande aussi une rémunération plus importante. Ça fait très longtemps qu'on n'a pas eu d'augmentation de salaire.
– J'espère que toutes vos demandes seront acceptées ! Bon courage !

a. Parce qu'elle a fait grève.
b. Par une réunion avec le syndicat pour décider ensemble des actions à mener.
c. Ils ont distribué des tracts.
d. Oui, si leurs revendications ne sont pas entendues par leur employeur.
e. Ils veulent que leur employeur embauche d'autres personnes ; que les contrats en CDD deviennent des CDI ; une rémunération plus importante / une augmentation de salaire.

❽ a. De la fusion entre l'ANPE et l'ASSEDIC.
b. Il s'occupe des personnes qui cherchent du travail : les jeunes (après leurs études), les personnes en fin de contrat, les personnes licenciées ou encore les personnes qui changent de vie professionnelle.
c. Il l'inscrit au chômage.

d. Oui, c'est Pôle Emploi qui assure le versement des allocations chômage.

e. S'il a travaillé quatre mois à plein temps (122 jours) ou 610 heures au cours des 28 derniers mois.

f. Il peut consulter les offres d'emploi.

❾ *Proposition de corrigé*

Salut Corinne,
J'espère que tu vas bien depuis la dernière fois. De mon côté, il y a eu beaucoup de changements dans ma vie… J'ai eu le poste de responsable des ventes dans le magasin où je travaillais comme vendeuse ! Et en plus de cette promotion, je suis passée à plein temps et en CDI ! Enfin une vie plus stable !
Tu te rends compte ? C'est incroyable ! Et pour la rémunération, c'est la même chose, j'ai eu une augmentation de salaire !
Je suis ravie ! Pour toutes ces raisons, bien évidemment, mais aussi parce que j'en avais assez d'être vendeuse : c'était devenu ennuyeux. C'est beaucoup plus intéressant d'être responsable ! Je t'invite pour fêter ça !
Je t'embrasse,
Nina

12. Les activités culturelles et sportives

.... pages 77, 80 à 82

RÉPONDEZ 🎧 PISTE 44

Transcription

Vous écoutez RTL. « Que font-ils le dimanche ? » Sophie Aurenche.

— Et nous sommes donc avec Bruno Salomone, l'acteur que vous avez vu dans « Fais pas ci, fais pas ça » sur France 2, « Le secret d'Élise » sur TF1, et vous remontez sur scène à partir de septembre, le 20 septembre au Petit Montparnasse. Que faites-vous le dimanche, Bruno Salomone ?

— Ça vous intéresse vraiment ?

— Ah ben ouais, j'ai envie de savoir.

— Je cherche quoi faire, en fait, le dimanche. Je cherche une occupation.

— Et c'est un jour où vous en profitez pour vous poser, pour écrire votre spectacle qui va démarrer à la rentrée, pour regarder des films, pour lire des scénarios ? Je ne sais pas…

— C'est le jour où j'essaie de ne pas bosser mon spectacle parce que je bosse tout le temps, c'est obsédant pour moi, bosser le spectacle, c'est assez… c'est compulsif, c'est… dès que j'ai cinq minutes, je suis sur le spectacle.

— Et on peut vous croiser sur un marché quelque part à Paris, région parisienne, en France, ou… pas du tout ?

— Oui, on peut me croiser sur un marché, on peut me croiser dans la rue, on peut me croiser dans une forêt, parce que j'aime bien me balader en forêt, faire du vélo, tout ça, au bord de Marne, au bord de Seine.

— Et quand vous jouerez sur scène le dimanche ? Vous jouerez jamais ?

— Ça peut m'arriver. Ouais… on fait des matinées. D'ailleurs, c'est toujours bizarre de jouer en matinée…

— Une matinée ça veut dire 17 heures, par-là, 15 heures, même ? Ça dépend des théâtres ?

— Ouais, 16 heures, 17 heures, ça dépend des théâtres, mais c'est… c'est jamais la même chose que quand il fait nuit… il se passe quelque chose…

— Le public est différent ? Vous, vous êtes différent ? Tout le monde est différent ?

— L'humeur est différente, oui, la journée est passée, on est… En fait, bizarrement, le soir on n'a plus de coup de fil à passer, on n'est plus dans une urgence, on n'est plus… donc on est lâché, le temps s'arrête, quoi, donc c'est… c'est pour ça que c'est… qu'on est plus détendu.

a. Une émission diffusée chaque semaine.

b. Il a joué dans des séries à la télévision.

c. Il va jouer dans un spectacle.

d. D'après elle, il se pose, il écrit son prochain spectacle, il regarde des films ou il lit des scénarios.

e. Parce qu'il est obsédé par son travail (il « bosse tout le temps ») et qu'à cause de ça, il ne fait plus rien d'autre.

f. On peut le croiser sur un marché, dans la rue ou dans une forêt. Il aime se balader en forêt et faire du vélo au bord de la Marne ou de la Seine.

g. Il joue vers 16 h-17 h. Le public et l'ambiance sont différents : le soir, les gens sont plus détendus.

EXERCICES

❶

❷ **a.** PARTIE **b.** CARTES **c.** OPÉRA **d.** SPORTIF **e.** TERRAIN

❸ **a.** club **b.** bricoler **c.** piste **d.** téléspectateur **e.** supporter

❹ 🎧 PISTE 45

Transcription

1. Bonjour, j'aimerais savoir s'il est nécessaire de réserver pour la représentation de demain soir ou si on peut acheter des places au guichet le soir même.

2. Si tu ne t'entraînes pas, tu ne seras pas suffisamment préparée pour la rencontre d'athlétisme. Et un conseil d'amie : mets d'autres chaussures pour courir sur la piste !
3. Dans notre médiathèque, vous pourrez emprunter des livres, mais aussi des concerts en DVD. Il y a aussi parfois des expositions de photographie ou de peinture. Ah, et nous animons un club de lecture une fois par semaine.
4. Ce spectacle fait un tabac : je te conseille d'aller le voir !

a. 3 **b.** 1 **c.** 4 **d.** 2

❺ 🎧 **PISTE 46**
Transcription
1. La dernière fois que le Racing Club de Lens a joué contre l'équipe belge, ils ont fait match nul. Cette fois-ci, les joueurs lensois se sont beaucoup entraînés car ils devront battre leur adversaire s'ils veulent être en finale.
2. Ceux qui ont eu la chance d'assister à la dernière représentation hier ont pu apprécier le jeu des comédiens et Francis Huster, qui était le metteur en scène, a montré au public son véritable talent.
3. Il fallait réserver pour ce spectacle qui a affiché complet toute l'année. Pendant près de trois heures, les artistes ont interprété leurs chansons devant un public ravi. À la fin du spectacle, Richard Cocciante est venu saluer la foule.
4. Les collectionneurs de jouets et les passionnés de jardinage ou de bricolage ont rendez-vous au parc des expositions du Bourget du 2 au 6 septembre. 200 exposants présenteront leurs produits.
5. Et pour les amateurs de cinéma, ne manquez pas « L'Artiste », ce soir sur notre chaîne à partir de 20 h 45.

a. 4 **b.** 5 **c.** 2 **d.** 3 **e.** 1

❻ **collectionner, une collection,** un(e) collectionneur (-euse)
camper, **un camping, un(e) campeur(-euse)**
se promener, une promenade, **un(e) promeneur(-euse)**
jouer aux cartes, **un jeu de cartes,** un joueur / une joueuse de cartes
bricoler, le bricolage, **un bricoleur / une bricoleuse**
jardiner, le jardinage, un(e) jardinier(-ère)

❼ **Lieu de vacances :** un village de vacances, à Saint-Martin-Vésubie, dans le parc naturel du Mercantour.
Activités de plein air : balade / randonnée à la journée dans les montagnes ; pique-nique près d'une forêt dans la vallée des Merveilles.
Activités culturelles : exposition de photos ; festival de jazz.
Activités pour les jeunes : terrain de jeux ; spectacle de magie.
Jeux de société : parties de cartes ou de dames ; tournoi de bingo.

❽ 🎧 **PISTE 47**
Transcription
a. Concert de Stromae hier à Bercy : 16 000 personnes présentes !
b. Championnat de France de football : Olympique Lyonnais 1 - FC Nantes 1
c. Intérêt grandissant des Français pour le bricolage !
d. Véritable passion du public pour le nouveau film de Michel Audiard.

Proposition de corrigé
a. 16 000 personnes ont assisté au concert de Stromae hier à Bercy.
b. L'Olympique Lyonnais et le FC Nantes ont fait match nul 1 à 1 pendant le Championnat de France de football.
c. Les Français s'intéressent (de plus en plus) au bricolage.
d. Le public se passionne pour le nouveau film de Michel Audiard.

13. Les transports publics
.... pages 83, 86 à 88

RÉPONDEZ
a. Des informations sur les différents titres de transports, les points de vente et les tarifs.
b. L'autocar.
c. Des titres de transport.
d. On ne peut pas acheter de titre de transport au chauffeur. On peut en acheter un avant, soit au distributeur automatique de la gare, soit à la billetterie de la gare SNCF, soit sur le site http://transregion.fr.
e. Non, un billet simple s'utilise pour un seul trajet, sans correspondance.
f. Non, on peut la recharger / elle est rechargeable.
g. Pendant un an.

EXERCICES
❶ 🎧 **PISTE 48**
Transcription
a. Va voir sur le <u>panneau d'affichage</u> !
b. Un <u>billet simple</u> pour Paris, s'il vous plaît.
c. Ma carte n'est plus valable, je dois la <u>recharger</u>.
d. Pour aller en Australie, j'ai voyagé en <u>première classe</u>.
e. Le train en <u>provenance</u> de Lyon et à destination de Saint-Étienne arrive en gare.
f. Le billet n'est ni <u>échangeable</u> ni remboursable.

❷ **a.** une porte de sécurité   **d.** un steward
    b. un distributeur automatique   **e.** une porte d'embarquement
    c. une gare routière   **f.** un arrêt

❸ **a.** à la gare ferroviaire   **d.** commode
    b. va à Marrakech   **e.** avant l'heure prévue
    c. le terminus   **f.** un avion qui arrive

❹ 🎧 **PISTE 49**
Transcription
a. C'est le lieu où on achète son billet de train.
b. C'est l'espace où on récupère ses bagages après un vol.
c. C'est le tarif pour les familles avec 3 enfants ou plus.
d. C'est le propriétaire d'une carte.
e. C'est une personne qui conduit un bus.
f. C'est l'ensemble du personnel qui assure le fonctionnement d'un avion et le service.

a. une billetterie   **d.** le détenteur d'une carte
b. le retrait des bagages   **e.** un chauffeur
c. le tarif famille nombreuse   **f.** l'équipage

5 a. Faux : le douanier vérifie le contenu de notre valise. / Le passager déclare le contenu de sa valise.
b. Faux : tous les bus sont équipés d'un accès pour les personnes handicapées.
c. Vrai.
d. Vrai.
e. Vrai.

6 🎧 PISTE 50
Transcription
— *Bonjour, messieurs dames.*
— *Bonjour, voilà nos billets et nos passeports.*
— *Merci. Vous avez combien de bagages en soute ?*
— *Deux.*
— *Veuillez les mettre l'un après l'autre sur le tapis s'il vous plaît, je vais les enregistrer.*
— *Voilà la première valise.*
— *Elle est trop lourde, madame, elle dépasse le poids autorisé de 2 kilos.*
— *Ah bon ? Et comment faire ?*
— *On va voir combien pèse la deuxième valise... Elle fait deux kilos de moins, alors tout va bien ! Faites attention parce que si vos bagages dépassent le poids autorisé, vous devez payer un supplément !*
— *Oui ! Merci.*
— *Vous avez des bagages à main ?*
— *Un seul, mon sac à main.*
— *Très bien. Vous devrez vous rendre à la porte d'embarquement D dans 30 minutes maximum, votre avion décolle à 16 h 35.*
— *Elle est loin, cette porte d'embarquement ?*
— *Prenez l'escalier mécanique sur votre droite qui vous amène au premier étage et suivez le panneau « Porte D ».*
— *Merci beaucoup monsieur.*
— *Je vous en prie, je vous souhaite un agréable voyage.*

a. À l'aéroport.
b. Les bagages en soute.
c. L'homme va les enregistrer.
d. On doit payer un supplément.
e. Oui, un bagage à main (un sac à main).
f. À la porte d'embarquement D.
g. Il leur dit de prendre l'escalier mécanique sur leur droite qui les amène au premier étage et de suivre le panneau « Porte D ».
h. Un agréable voyage.

7 Pour des raisons personnelles ou professionnelles, beaucoup de personnes prennent le train chaque année en France. Les Français utilisent aussi bien les **TGV** pour les grandes distances que les **TER** pour se déplacer dans leur région.
Pour satisfaire au mieux ses clients, la SNCF propose des **tarifs réduits** : pour les enfants, les jeunes, les personnes handicapées ou encore les seniors. Par exemple, un enfant de moins de 12 ans ne paie que 50 % de son billet.
Les personnes qui n'ont pas l'âge d'avoir des réductions et qui prennent le train tous les jours ont la possibilité de prendre un **abonnement annuel** qui leur coûte moins cher. La SNCF tente de contenter sa clientèle également quand les trains arrivent très **en retard**. Dans ce cas, il est possible pour le client de **faire une réclamation** pour demander un remboursement partiel de son **billet** (entre 25 % et 75 % selon le retard).
Malgré tout, il arrive que certaines personnes montent dans le train sans billet. Elles risquent de payer une amende de 50 euros pour un **trajet** de 150 km maximum (au-delà, c'est bien plus cher). Et il arrive aussi que d'autres oublient de **composter** leur billet avant de monter dans le train ! Dans ce cas-là, l'amende peut aller jusqu'à 20 euros.

8 *Proposition de corrigé*

> Salut Sacha,
> Quelle bonne nouvelle ! Je suis très content que tu viennes t'installer à Grenoble ! Tu verras, c'est très facile de se déplacer, tu as le bus ou le tram qui fonctionnent très bien. Le mieux pour toi, c'est de prendre un abonnement annuel (il y a un tarif spécial pour les étudiants, 150 euros par an) et avec la carte que tu auras, tu pourras te déplacer dans toute l'agglomération autant que tu voudras, en train, en bus et en tram. N'attends pas trop avant de l'acheter, parce qu'un ticket de tram ou de bus coûte 1,50 euros à l'unité.
> Jo.

14. Les transports privés
.... pages 89, 92 à 94

RÉPONDEZ
a. Dans la voiture d'une auto-école.
b. Elle prend une leçon de conduite (avec son moniteur d'auto-école).
c. Attacher sa ceinture, régler le siège, vérifier le rétroviseur.
d. Elle a dépassé la vitesse autorisée.
e. Se garer.
f. Conduire seule et faire le plein.

EXERCICES
1 PISTE 52
Transcription
a. *Chérie, tu as fermé la voiture <u>à clé</u> ?*
b. *Tu devrais <u>allumer les phares</u>, il commence à faire nuit.*
c. *Les enfants, on va y aller ! <u>Attachez vos ceintures</u> !*
d. *Tiens, il a oublié d'<u>éteindre ses phares</u>, il risque d'avoir un problème de batterie.*
e. *Allez, calmez-vous et réessayez, <u>démarrez</u> doucement.*
f. *Oh là là, on n'arrive jamais à <u>se garer</u> par ici.*

2 🎧 PISTE 53
Transcription
1. *J'ai eu une amende pour excès de vitesse. Je n'ai pas fait attention, j'étais pressé et j'ai dépassé la vitesse autorisée.*
2. *Tu peux avancer un peu ton siège, s'il te plaît ? Je n'ai pas beaucoup de place pour mes jambes.*
3. *Je n'ai bientôt plus d'essence ! Heureusement, il y a une station-service à 10 km.*

4. *Fais attention en ouvrant ta portière... Vérifie bien qu'il n'y ait pas de voiture ou de vélo qui arrive.*
5. *Mince ! La voiture est restée au soleil, résultat, le volant est brûlant !*
6. *Il faut souffler pendant combien de temps dans l'alcootest ?*

a. 3 b. 5 c. 2 d. 4 e. 1 f. 6

❸ a. 3 b. 1. c. 6. d. 5. e. 2. f. 4.

❹ a. Faux : on met du gazole / gasoil.
b. Vrai.
c. Faux : on circule avec difficulté.
d. Vrai.
e. Faux : on l'emmène au garage / chez le garagiste.
f. Vrai.

❺ a. Pour conduire sans prendre de risques, il faut bien connaître le **code de la route**.
b. En France, on doit s'arrêter au **péage** pour payer l'autoroute.
c. Quand il fait nuit, il faut allumer les **phares** de la voiture.
d. Grâce à mon **assurance auto**, les réparations de ma voiture ont été prises en charge.
e. Pour votre sécurité, portez un **casque** quand vous vous déplacez à vélo.
f. Quel **carburant** tu mets dans ta voiture : du gazole ou de l'essence ?

❻ a. Une dépanneuse / une voiture de dépannage.
b. De l'essence (du sans plomb, par exemple).
c. Une rue à sens unique.
d. Faire demi-tour.
e. Avec le clignotant.
f. Doubler / Dépasser.

❼ 🎧 PISTE 54

Transcription
— Bonjour madame Lepic, un problème avec votre voiture ?
— Vous ne croyez pas si bien dire ! La semaine dernière, j'ai eu une panne de batterie. Forcément... j'avais oublié d'éteindre mes phares...
— Quelqu'un a pu vous dépanner ?
— Oui, oui, un ami m'a dépannée et je pensais que c'était réglé ! Mais parfois, ça recommence, ma voiture refuse de démarrer.
— Bon, ben je vais regarder tout ça ! Vous pouvez me la laisser au garage jusqu'à demain ?
— Oui, aucun problème. Et vous pourrez vérifier le niveau d'huile s'il vous plaît ?
— Bien sûr !
— Les pneus, c'est inutile, j'ai vérifié la pression à la station-service.
— D'accord, c'est noté. Je vous appelle quand la voiture est prête ! Au revoir madame Lepic !
— Merci beaucoup, au revoir.

a. Elle a eu une panne de batterie.
b. Un ami l'a dépannée.
c. Non, parfois, elle refuse de démarrer.
d. Non, il la garde au garage jusqu'au lendemain.
e. Le niveau d'huile.
f. La pression des pneus.

❽ a. 12 points.
b. En cas d'infraction au code de la route ou en cas de responsabilité dans un accident corporel.
c. 1 500 euros.
d. Entre 2 et 3 ans (2 ans pour ceux qui ont fait l'apprentissage anticipé de la conduite).
e. Oui, l'amende est de 135 euros et 4 points sont retirés sur le permis.
f. L'excès de vitesse de plus de 50 km/h et la conduite en état d'ivresse (entre 0,5 et 0,8 g d'alcool par litre de sang).

❾ *Proposition de corrigé*
Gilles rentrait de vacances du Sud de la France, il roulait à 110 km/h sur l'autoroute du Soleil. Il n'y avait pas beaucoup de circulation, ça roulait assez bien. À un moment donné, il a accéléré pour doubler un camion. Mais au même moment, le camion, qui n'avait pas mis son clignotant, a voulu dépasser la voiture de devant. Heureusement, Gilles l'a vu à temps ! Il a pu ralentir sans freiner trop brusquement. Quel stress ! Il a évité l'accident de peu !

15. Les voyages et les migrations
.... pages 95, 98 à 100

RÉPONDEZ
a. un carnet de voyage
b. Marcher sur le sable ; respirer l'air marin ; admirer la mer, assis sur les rochers.
c. Parce qu'il vient d'un pays montagneux, avec des paysages très différents.
d. Sur le port.
e. Parce qu'il pense que c'est mieux d'être au contact des autochtones quand on voyage.

EXERCICES
❶ 🎧 PISTE 55
Transcription
précipitations – enneigé – randonnée – port

a. enneigé b. précipitations c. port d. randonnée

❷

a. saison des pluies	d. sable
b. immigré	e. touristique
c. destination	f. montagneux

❸ a. C'est une région très **touristique** où on peut voir des paysages **typiques**.
b. En hiver, le **sommet** des montagnes est enneigé, c'est de toute beauté.
c. Beaucoup de Français profitent de la période **estivale** pour aller dans le Sud de la France.
d. Désolée, monsieur Kiria est absent : il est **en déplacement** toute la semaine.
e. Nous avons fait une **croisière** d'une semaine en Méditerranée, c'était fantastique.
f. Malgré une tempête de **sable**, nous avons pu faire de très belles **excursions** dans le désert.

4 a. Vrai.

b. Faux : c'est un voyage dans le cadre du travail.

c. Faux : quand on découvre un pays, on le visite pour la première fois.

d. Faux : on se sent dépaysé dans un pays très différent du nôtre.

e. Faux : les personnes qui partent de leur pays sont des émigrés dans leur pays.

f. Vrai.

5 🎧 PISTE 56

Transcription

a. On l'écrit pour se souvenir des moments forts du voyage.

b. C'est une expression qui signifie « partir en voyage ».

c. C'est le pays qui reçoit les personnes qui demandent l'asile politique.

d. Il nous donne des informations sur les sites à visiter.

e. C'est une personne qui n'a pas de papiers en règle.

f. Quand on veut partir pour quitter son quotidien, on la cherche.

a. un carnet de voyage

b. hisser les voiles

c. le pays d'accueil

d. l'office de tourisme

e. un clandestin

f. l'évasion

6 🎧 PISTE 57

Transcription

– Agence « Voyages de rêve », bonjour.

– Bonjour, je vous téléphone pour avoir des renseignements, s'il vous plaît.

– Oui... je vous écoute.

– Eh bien, je voudrais faire un voyage cet été avec ma famille, et nous hésitons entre le Nord du Brésil et le Sénégal.

– Alors... les climats sont différents : au Nord du Brésil, le climat est équatorial, c'est-à-dire qu'il fait chaud et humide toute l'année, alors qu'au Sénégal, le climat est tropical. Donc, en juillet, c'est la saison des pluies. Pour visiter le Sénégal, la meilleure période est de novembre à mars.

– Vous me donnez des informations précieuses. On cherche plutôt un pays ensoleillé, où on pourra faire des excursions, visiter des sites touristiques et profiter des plages !

– Dans ce cas-là, je pense que le Brésil est plus approprié. Les plages sont magnifiques dans le Nord du Brésil ! Vous aurez le plaisir de faire de belles balades sur le sable.

– Bon, eh bien, ce sera le Brésil ! On voulait du soleil et se sentir dépaysés, alors je pense que c'est parfait !

a. En été.

b. Il fera chaud et humide à cette période, comme le reste de l'année, parce que c'est un climat équatorial.

c. De novembre à mars. En juillet, c'est la saison des pluies.

d. Elle recherche un pays ensoleillé, où avec sa famille, elle pourra faire des excursions, visiter des sites touristiques et profiter des plages.

e. Le Brésil, pour le climat et parce que les plages sont magnifiques. Ils auront le plaisir de faire de belles balades sur le sable.

f. Oui, elle et sa famille voulaient du soleil et se sentir dépaysés, alors elle pense que c'est parfait.

7 a. La France a été le pays d'accueil de cette famille (ils étaient demandeurs d'asile).

b. Oui, parce qu'ils sont partis de leur pays.

c. Il se sentait dépaysé.

d. En hiver. Il faisait un froid hivernal, les sommets était enneigés, il neigeait.

e. Non, chez eux, le temps était toujours ensoleillé et il ne faisait jamais très frais.

f. Non, il la découvrait.

8 *Proposition de corrigé*

Ce pays est magnifique, les paysages sont de toute beauté. Et les autochtones sont tellement accueillants ! Ils ont envie que les touristes se sentent bien dans leur pays, alors ils essaient de les aider. Par exemple, ils m'indiquent les sites à visiter, me donnent des conseils sur les excursions à faire, sur les circuits les plus intéressants à réaliser. Les gens ici sont incroyablement généreux. Hier, un autochtone m'a proposé de goûter un plat typique de la région. J'étais assise à côté de sa table au restaurant et il a vu que je ne comprenais pas la carte. Naturellement, il m'a tendu son assiette. Pour moi, c'est quelque chose d'incroyable ! Ça ne se passerait jamais comme ça dans mon pays... Je suis totalement dépaysée et j'adore ça !

16. Les hébergements de vacances
.... pages 101, 104 à 106

RÉPONDEZ

a. Il s'agit du site Internet d'un camping de la côte basque.

b. Un mobil-home.

c. Non, le camping propose aussi des emplacements pour les caravanes et les camping-cars.

d. Elles sont spacieuses, ombragées et bien délimitées.

e. Non, les réservations en haute saison s'effectuent pour 7 nuits minimum.

EXERCICES

1 🎧 PISTE 58

Transcription

a. Cet été, on est partis en vacances en __camping-car__ pour la première fois. Je n'imaginais pas que c'était aussi __confortable__ !

b. J'ai dit à la __réceptionniste__ que je souhaitais __me faire réveiller__ à 6 heures.

c. Elle a __réglé__ sa __note__ d'hôtel par carte bancaire.

d. Je voudrais une chambre __calme__ et __spacieuse__.

e. Cette année, ils ont loué le même type de __mobil-home__, mais sur une plus grande __parcelle__.

f. Ils ne __séjournent__ que dans des __gîtes__ qui ont le __label__.

2 **Hôtel :** carte magnétique – pension complète – *room service*

Camping : duvet – emplacement – réchaud – sac de couchage

Les deux : douche – étoiles – sanitaires

3 🎧 PISTE 59

Transcription

a. *Ce sont les personnes en vacances.*
b. *C'est une petite somme donnée à l'employé qui porte les bagages jusqu'à notre chambre.*
c. *On l'utilise pour garder les aliments au frais.*
d. *Il s'agit de la location d'une chambre avec le petit déjeuner et un repas.*
e. *Elle s'accroche à la voiture et on peut dormir à l'intérieur.*
f. *C'est la personne qui s'occupe des bagages des clients dans un hôtel.*

a. les vacanciers b. le pourboire c. la glacière d. la demi-pension e. la caravane f. le bagagiste

4 🎧 PISTE 60

Transcription

1. *Quand on est arrivés, il y a avait déjà des campeurs installés pour la nuit.*
2. *On pensait dormir sous tente, mais finalement on a préféré dormir à la belle étoile.*
3. *Tu as besoin d'aide pour monter la tente ou tu peux le faire seule ?*
4. *Tu as le code d'entrée de l'hôtel ? Je l'ai déjà oublié !*
5. *J'ai décidé de faire une grande fête pour mes 40 ans. Et je vais louer un gîte pour que tout le monde puisse dormir sur place.*
6. *On a passé la nuit dans une chambre d'hôte très agréable.*

a. 4 b. 2 c. 3 d. 6 e. 1 f. 5

5 a. Vrai.
b. Faux : c'est également le dîner.
c. Vrai.
d. Vrai.
e. Faux : on doit monter sa tente.
f. Faux : je dois annuler ma réservation.

6 a. Une chambre d'hôte.
b. Pour faire une réservation / savoir si la chambre « Soleil » est libre.
c. Elle est calme, très confortable et elle a des sanitaires privés.
d. Non, car seuls le petit déjeuner et le dîner sont proposés.
e. Le parking privé gratuit.
f. Soit par mail, soit en faisant une réservation sur le site Internet.

7 🎧 PISTE 61

Transcription

– *Bonjour, je suis la journaliste de Presse Info, Martine Dufour.*
– *Bonjour, Eloïse Vial, gérante de l'hôtel. Asseyez-vous, je vous en prie.*
– *Merci. Comme je vous l'ai dit par téléphone, je souhaite écrire un article sur votre hôtel qui vient d'ouvrir dans la région et qui est le seul à avoir 5 étoiles. Alors, ma première question concerne les 5 étoiles. Quels sont les critères pour les obtenir ?*
– *La première chose importante concerne les chambres. Elles doivent être très spacieuses.*
– *15 m² ?*
– *Non, avec des chambres de 15 m², vous n'obtiendrez que 4 étoiles. Elles doivent faire 24 m².*

– *C'est immense ! Et quoi d'autre ?*
– *Le confort et la qualité du service.*
– *Et le lieu, également ?*
– *Oui. L'hôtel doit bien sûr se trouver dans un lieu très tranquille, calme, non bruyant.*
– *Et tous ces hôtels ont obligatoirement un parking privé, j'imagine.*
– *Bien entendu, et aussi un voiturier, qui s'occupe de votre véhicule dès votre arrivée, qui le gare et qui va vous le chercher lorsque vous le souhaitez. Et comme le voiturier, tous les employés de l'hôtel sont à votre service, jour et nuit.*

a. Oui, il a 5 étoiles.
b. Les chambres doivent être très spacieuses, elles doivent faire 24 m².
c. Le confort et la qualité du service.
d. Dans un lieu très tranquille, calme, non bruyant.
e. Un voiturier gare la voiture des clients dans un parking privé et va la chercher quand le client le souhaite.
f. Oui, tous les employés de l'hôtel sont au service des clients jour et nuit.

8 *Proposition de corrigé*

Monsieur Pigeon téléphone à la réception du camping du FLE pour confirmer sa réservation. La famille Pigeon arrive au camping et s'installe sur son emplacement. Le père monte la tente, les enfants mettent leurs sacs de couchage dans la tente. La mère pose le réchaud sur la table. Un autre campeur montre à la famille où se trouvent les sanitaires. Les enfants jouent avec d'autres enfants du camping. Il est aussi possible de venir avec sa caravane dans ce camping.

17. L'alimentation (1)

.... pages 107, 110 à 112

RÉPONDEZ

a. Elles sont dans un restaurant. Elles parlent de nourriture / de fruits de mer.
b. Le crabe, l'araignée, la langouste, les huîtres, les crevettes, les bulots, les moules et les bigorneaux.
c. On l'épluche. / On le décortique.
d. Oui, il aime l'araignée parce que sa chair est fine et qu'elle est forte en goût.
e. La langouste a plus de chair et elle est plus facile / aisée à manger.

EXERCICES

1 a. 4. b. 1. c. 6. d. 2. e. 5. f. 3.

2 🎧 PISTE 62

Transcription

une flûte – du saucisson – du jambon cru – du blé – des huîtres – une sole – une escalope – une boule – une entrecôte – du maïs

Le pain et les viennoiseries : une flûte, une boule
La viande : une escalope, une entrecôte
La charcuterie : du saucisson, du jambon cru
Le poisson et les fruits de mer : des huîtres, une sole
Les céréales et les pâtes : du blé, du maïs

❸ **a.** rôti **b.** entrecôte **c.** pain **d.** brochettes **e.** rouget **f.** barbecue

❹ 🎧 PISTE 63

Transcription
a. *Le boucher prépare et vend la viande.*
b. *Les produits biologiques et naturels sont bons pour la santé.*
c. *C'est un vrai cordon bleu ! Sa cuisine est un régal !*
d. *Quand on n'a pas le temps de cuisiner, on ouvre une conserve.*
e. *Manger du poisson frais, pêché le jour même, c'est mieux que du surgelé.*
f. *J'adore les fruits de mer, mais je n'aime pas les nettoyer.*

❺ **a.** Vrai.
b. Faux : c'est un fruit de mer.
c. Vrai.
d. Vrai.
e. Faux : c'est une sauce salée pour la salade, faite avec du vinaigre.
f. Vrai.

❻ **a.** D'une étude sur l'évolution de la consommation alimentaire des familles françaises pendant les cinquante dernières années.
b. La viande.
c. En conserve ou en plat cuisiné.
d. Vers les produits transformés, car ils sont faciles à préparer.
e. Certains produits sont devenus trop chers.

❼ 🎧 PISTE 64

Transcription
– *Allô, maman ! Comment tu vas ?*
– *Hélène, ma chérie ! Ça va bien, et toi ?*
– *Ça va ! Je t'appelle pour te demander un conseil. Tu sais, c'est l'anniversaire de Tom demain et je voudrais lui préparer une sole au four, comme tu la fais, tu sais, avec des petits oignons. Il adore ça ! Mais j'ai peur de ne pas savoir la faire comme toi.*
– *Mais non, ne t'inquiète pas, tu vas très bien la réussir ! Le plus important, c'est d'acheter du poisson frais. Pas du surgelé, hein ? Et tu demandes au poissonnier de te le préparer, c'est-à-dire de le vider et de le nettoyer.*
– *Oui, oui, bien sûr, maman. Mais qu'est-ce que j'en fais ensuite ?*
– *Ah ben, c'est très simple. Tu disposes le poisson dans un plat beurré, tu y mets les oignons coupés en rondelles, tu assaisonnes, tu le mets au four et voilà.*
– *Mais maman, comment je l'assaisonne, justement ?*
– *Tu mets du sel, du poivre, tu n'as même pas besoin de mettre des épices, tu peux juste l'arroser d'un verre de vin blanc sec pour donner du goût.*
– *Ah ! Je comprends mieux pourquoi ta sole est si forte en goût !*
– *Oui, et quand le poisson est frais, ça fait aussi toute la différence.*
– *Tu es trop forte, maman. Je vais aussi préparer un plateau de fruits de mer en entrée, Tom adore ça, surtout le crabe et le tourteau. Oh, là, là, j'espère que ça va être bon tout ça.*
– *Mais oui, je suis sûre que ça va être un régal, ma chérie !*

a. Une sole au four.
b. D'acheter du poisson frais, pas du poisson surgelé.
c. De préparer le poisson (de le vider et de le nettoyer).
d. Pour donner du goût au poisson.
e. Un plateau de fruits de mer. Tom adore ça, surtout le crabe et le tourteau.
f. Oui, elle pense que ça va être un régal.

❽ *Proposition de corrigé*
Pour avoir une alimentation saine, il vaut mieux éviter les conserves et trop de produits surgelés et acheter plutôt des produits frais, naturels, de préférence bio. Il faut manger cinq fruits et légumes par jour, mais aussi du poisson et des fruits de mer, car ils contiennent de la vitamine D, sont peu caloriques et sont très nourrissants. On peut bien sûr manger de la viande et de la charcuterie, mais pas trop ! Les viennoiseries sont également autorisées, mais nous devons faire attention à ne pas en abuser.

18. L'alimentation (2)

.... pages 113, 116 à 118

RÉPONDEZ 🎧 PISTE 65

Transcription
L'an dernier, la météo humide et froide avait été une catastrophe pour le melon, mais cette année, les rendements sont exceptionnels. En ce moment, la France consomme 5 000 tonnes de melons par jour. Ces melons sont issus de trois grands bassins de production : le Centre-Ouest, le Sud-Ouest et le Sud-Est. 98 % des melons qui poussent en France sont des melons de type charentais et ce sont des melons charentais jaunes. Les melons charentais verts, qui voyagent beaucoup plus facilement, sont cultivés principalement en Espagne et au Maroc. Ces melons peuvent se conserver deux à trois semaines. Le melon est de la même famille que les concombres ou les courgettes.
Un bon melon doit être lourd. Plus il est lourd, plus il est sucré, mais il est très difficile de comparer des fruits qui n'ont pas forcément la même taille.
Un bon melon doit sentir bon, mais lorsqu'ils sortent des frigos dans les magasins ou quand ils sont mélangés sur les étals des marchés, la tâche n'est pas aisée.

a. À cause de la météo humide et froide.
b. Le melon charentais (jaune).
c. L'Espagne et le Maroc.
d. Il peut se conserver 2 à 3 semaines.
e. Les concombres et les courgettes.
f. Qu'il est sucré (« plus il est lourd, plus il est sucré »).
g. Les étals.

EXERCICES

❶ 🎧 PISTE 66

Transcription
a. *La <u>confiture</u> d'<u>abricots</u>, c'est ma préférée.*
b. *Pour préparer une <u>compote</u>, choisissez des fruits bien <u>mûrs</u>.*

c. Mon *fromager* m'a préparé un bon *plateau de fromage*.
d. Les enfants n'aiment pas le *pamplemousse*, c'est trop *amer*.
e. Laissez *refroidir* avant de *servir*.
f. N'oubliez pas de bien laver les *courgettes* avant de les *faire cuire*.

❷ a. concombre b. étal c. corbeille de fruits d. melon
e. pêche f. chou

❸ **Les fruits :** un agrume, un melon, un kiwi, une prune
Les légumes : un artichaut, un poivron, une courgette, une citrouille, un chou-fleur
Le fromage : un camembert, du comté, du bleu, du chèvre, de l'emmental

❹ a. Vrai.
b. Faux : il est amer.
c. Vrai.
d. Faux : on mange rapidement.
e. Faux : il est acide.
f. Vrai.

❺ 🎧 ▶ PISTE 67
Transcription
Pour faire une bonne salade de fruits, pleine de vitamines, prenez différents fruits : des bananes, des pommes, un melon, des poires, des pêches. Enfin, tous les fruits que vous aimez et que vous pouvez trouver chez votre maraîcher… et aussi du citron. Pelez-les, enlevez les noyaux des pêches et coupez tous les fruits en morceaux. Puis, mettez-les dans un grand saladier. Pressez le citron, ajoutez du sucre au jus obtenu et couvrez les fruits de ce mélange. Mettez au réfrigérateur, au minimum 2 heures (plus vous la laisserez au frais, meilleure sera votre salade de fruits !). Et voilà ! Bonne dégustation !

a. 1 b. 4 c. 6 d. 3 e. 2 f. 5

❻ 🎧 ▶ PISTE 68
Transcription
— Alors, Marion, cette soirée chez Diane, c'était sympa ?
— Oui, très très sympa ! Et qu'est-ce qu'on a bien mangé !
— Ah ben j'imagine ! Diane est une vraie chef ! Comme je regrette de ne pas avoir pu être là ! Raconte, qu'est-ce vous avez mangé ?
— Elle nous a fait une soupe de légumes, avec des carottes, des navets, des haricots verts, des poireaux… coupés en petits morceaux, légèrement grillés et avec des oignons, un vrai délice !
— Ah oui, c'est vrai, elle a l'art de préparer des plats à base de légumes ! Tu te souviens de sa ratatouille de la dernière fois ? Les aubergines et les courgettes avaient vraiment un goût… différent ! Elle les fait revenir avant, avec un peu d'huile d'olive et de l'ail, avant d'ajouter les tomates. Pourtant, j'en fais souvent de la ratatouille, mais ce n'est jamais aussi bon.
— Oui, tu as raison. Mais tu sais que Diane n'achète que des produits frais, elle achète ses fruits et légumes chez le maraîcher au marché, le fromage chez son fromager… D'ailleurs, en parlant de son fromager, il lui avait préparé un beau petit plateau de fromage pour l'autre soir, avec de la tomme, du bleu et un bon camembert et… ah oui !

un fromage de chèvre, c'est celui que j'ai préféré… On s'est vraiment régalé !
— Je le connais son fromager, il est juste à côté de chez moi, il est super !
— Alors tu imagines, au moment du dessert, plus personne n'avait faim… mais bon, on a quand même goûté ! Et on a aussi mangé une bonne coupelle de sa salade de fruits. Elle avait fait un excellent mélange d'agrumes, c'était léger et vraiment délicieux. Bref, comme d'habitude, on a vraiment bien mangé…

a. Des carottes, des navets, des haricots verts, des poireaux et des oignons.
b. Elle fait revenir les aubergines et les courgettes dans un peu d'huile d'olive avec de l'ail.
c. Chez le maraîcher, au marché.
d. Chez son fromager.
e. De la tomme, du bleu, un camembert et un fromage de chèvre.
f. Le fromage de chèvre.
g. Des agrumes.

❼ a. Fruits : dans la fraise, le kiwi et les agrumes.
Légumes : dans le poivron, le brocoli, le chou et le chou-fleur.
b. Non, si cela est possible, il faut les manger avec leur peau.
c. Il faut laver les fruits et les légumes rapidement / ne pas les laisser tremper dans un grand volume d'eau ; il ne faut pas les faire cuire trop longtemps.
d. Oui. On peut par exemple boire du jus d'oranges pressées et manger un kiwi au petit déjeuner, un demi-pamplemousse à midi et deux clémentines après le dîner.

❽ *Proposition de corrigé*
Pour faire une soupe de légumes, achetez des carottes, des pommes de terre, du chou-fleur, des poireaux et un oignon. Épluchez-les, coupez-les en gros morceaux. Faites revenir l'oignon dans un peu d'huile, ajoutez l'eau et les légumes, salez, poivrez. Couvrez et laissez cuire à feu moyen pendant 45 minutes. Servez chaud.

19. La cuisine et la gastronomie
.... pages 119, 122 à 124

RÉPONDEZ
a. Elles sont dans une cuisine. Elles participent à un cours de cuisine.
b. Amandine doit faire revenir les oignons et Coralie doit faire griller les amandes.
c. À point.
d. Il sert les assiettes. / Il fait le service.
e. Ils pensent que c'est délicieux, excellent.

EXERCICES
❶ a. une casserole b. une râpe c. un fouet d. un couvercle
e. un couteau f. une passoire

❷ 🎧 ▶ PISTE 70
Transcription
a. Tu as mis l'eau à *bouillir* ?

b. *Je déménage, j'ai trouvé un appartement avec une grande cuisine ! Mais je vais devoir racheter tous les gros <u>appareils électroménagers</u>.*
c. *Tu as un <u>four à micro-ondes</u> ? Ce sera plus rapide que de réchauffer les légumes à la <u>poêle</u> !*
d. *On voit que tu cuisines beaucoup, tu as tous les <u>ustensiles</u> nécessaires !*
e. *Je n'ai pas l'habitude des <u>plaques électriques</u>, j'ai une <u>gazinière</u> chez moi.*
f. *À chaque fois qu'on mange chez vous, on <u>se régale</u> !*

❸ a. Faux : ce sont des alcools forts.
b. Faux : on l'accompagne généralement de vin blanc.
c. Vrai.
d. Vrai.
e. Faux : ils boivent plutôt de l'eau plate.
f. Vrai.

❹ a. Une tartelette, c'est un gâteau pour une personne.
b. Une glace est à base de crème.
c. Un succès, c'est un gâteau au chocolat.
d. La personne dont le métier est de faire des gâteaux est un pâtissier.
e. Une glace à base de fruits est un sorbet.
f. Les gâteaux qui ont des couleurs différentes selon leur parfum sont les macarons.

❺

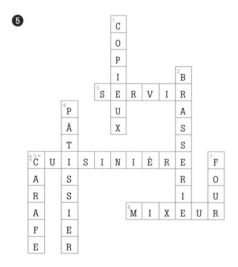

❻ 🎧 PISTE 71

Transcription
– Et voilà, la viande saignante, c'est pour…
– Moi ! Merci.
– Et pour vous, la bien cuite. Et deux verres de vin rouge.
– Merci beaucoup ! Et on pourrait avoir une autre carafe d'eau, s'il vous plaît ?
– Bien sûr !
– Humm, ça sent vraiment bon, je pense qu'on va se régaler, Marc !
– C'est sûr ! Déjà en regardant la carte tout à l'heure, j'en avais l'eau à la bouche !
– Maintenant, tu peux goûter !

– J'espère qu'on va réussir à finir nos assiettes, c'est très copieux !
– Ça a été ?
– C'était délicieux !
– Vous prendrez un dessert ?
– Oui, avec plaisir, qu'est-ce que vous nous conseillez ?
– La spécialité de la région, la tarte aux noix.
– Alors, une tarte aux noix pour moi ! Et toi, Élodie ?
– Moi je prendrai un sorbet à la fraise.
– Je vous apporte ça tout de suite !

a. Élodie : saignante   Marc : bien cuite
b. Du vin rouge.
c. Non, Marc demande une autre carafe d'eau.
d. Oui, en regardant la carte, il en avait l'eau à la bouche.
e. Oui, Marc trouve que c'est très copieux.
f. La tarte aux noix, car c'est la spécialité de la région.
g. Un sorbet à la fraise.

❼ a. C'est la petite somme donnée par le client à l'employé d'un restaurant ou d'un bar.
b. Les taxes et le service.
c. À 5 % de l'addition environ.
d. Au Canada, aux États-Unis, en Irlande et en Angleterre.
e. Le service n'est pas compris dans les prix.
f. Non, car le pourboire est mal vu, cela pourrait offenser le personnel.

❽ *Proposition de corrigé*
Je suis allée dans un grand restaurant pour fêter mes 20 ans. Mes parents m'ont invitée, c'était leur cadeau. Ils ont réservé un mois à l'avance pour être sûrs d'avoir de la place. J'ai passé une excellente soirée, le maître d'hôtel et les serveurs étaient parfaits, discrets mais très attentifs. Et les plats ! Un délice ! Le chef cuisinier est un artiste, il invente des plats à la fois beaux dans l'assiette et excellents au goût !
Mon père a laissé un pourboire, mais je n'ai pas vu combien, parce que je n'ai pas vu non plus l'addition ! J'ai adoré cette soirée, j'espère que je pourrai renouveler l'expérience un jour.

20. **Les courses et les commerces**
.... pages 125, 128 à 130

RÉPONDEZ
a. Les courses.
b. Elle doit aller faire ses courses.
c. D'aller faire ses courses en grande surface parce qu'il va y avoir trop de monde.
d. Le drive.
e. Son panier.
f. Parce qu'il y avait une offre spéciale sur les produits pour bébé.

EXERCICES

1 PISTE 73

Transcription
a. *Cette chemise ne va pas du tout avec ton style !*
b. *Allez, tu mets ton pyjama et tu vas au lit !*
c. *C'est ma sœur qui m'a prêté ces bottes.*
d. *Pour Noël, on pourrait offrir un portefeuille à grand-père.*
e. *J'attends les soldes pour aller dans le magasin de lingerie à côté de chez moi.*
f. *Il te va vraiment bien ce foulard.*
g. *Il faut que je m'achète une nouvelle veste, celle-ci commence à être vieille !*

B	L	Z	E	T	T	A	M	G	F	D	O
O	P	I	P	E	T	K	A	O	O	I	P
T	I	H	N	V	N	A	J	U	U	E	M
T	T	T	E	G	P	R	E	I	L	M	Q
E	C	O	E	R	E	T	Y	L	A	L	X
S	A	F	P	I	S	R	I	U	R	T	W
P	Y	J	A	M	A	D	I	V	D	O	A
I	R	R	T	I	O	I	Y	E	C	M	E
M	I	A	I	Q	C	U	U	S	V	G	D
T	Q	A	G	H	G	D	Z	T	I	H	I
E	K	C	H	E	M	I	S	E	L	F	U
D	C	R	U	O	M	D	E	Y	R	S	L
P	O	R	T	E	F	E	U	I	L	L	E

2 a. Vrai.
b. Vrai.
c. Faux : on remplit son panier.
d. Faux : un pull est en laine ou en coton.
e. Vrai.
f. Faux : le client scanne les codes-barres des produits lui-même.

3 a. une papeterie b. une mercerie c. un bureau de tabac
d. une droguerie e. un cordonnier f. une épicerie

4 a. Quand on a l'intention de faire de grosses courses, on prend un **caddie / chariot** avant d'entrer dans le magasin.
b. Les clients essaient les vêtements dans les **cabines d'essayage**.
c. Quand on fait ses courses sur Internet, le **paiement** s'effectue par carte bancaire.
d. Aux caisses automatiques, si le client introduit un billet de 50 euros pour régler 27 euros, la machine **rend la monnaie** (23 euros).
e. Il existe des caisses pour les personnes qui achètent moins de 10 **articles**.
f. Pour nettoyer sa maison, on a besoin d'acheter des **produits d'entretien**.

5 PISTE 74

Transcription
a. *C'est un commerce accessible à pied pour les habitants.*
b. *C'est une grande surface, mais encore plus grande qu'un supermarché.*
c. *C'est l'ensemble des clients d'un magasin.*
d. *C'est un petit magasin où on peut acheter de la nourriture de base : par exemple, des boîtes de conserve, des bouteilles de lait, d'eau, etc.*

e. *Ce sont les sous-vêtements et les vêtements de nuit.*
f. *On pratique cette activité quand on fabrique des vêtements.*

a. un commerce de proximité
b. un hypermarché
c. la clientèle
d. une épicerie
e. la lingerie
f. la couture

6 PISTE 75

Transcription
— *Tu es prête pour les soldes, Aurélie ?*
— *Plus que jamais ! Ça fait deux mois que je fais du lèche-vitrine et que je ne m'achète rien !*
— *Bon, alors dis-moi où tu veux aller pour commencer.*
— *Dans un grand magasin, ce serait bien ! Il y a de tout : des foulards, des pyjamas, des bijoux… !*
— *Mais tu as besoin de quelque chose en particulier ?*
— *Ben, le plus urgent, c'est des baskets et des vêtements de sport tendance ! Mais je voudrais aussi trouver un portefeuille ! Et toi, Maud ?*
— *Moi, je te suis, je verrai bien ce que je trouve ! Mais je compte sur toi pour me dire s'il y a des choses qui ne me vont pas !*
— *Tu peux ! Et on est d'accord, on n'essaie rien de la nouvelle collection !*
— *Oui, ce serait dommage de ne pas profiter des réductions…*

a. Les soldes.
b. Non, ça fait deux mois qu'elle ne fait que du lèche-vitrine.
c. Dans un grand magasin, parce qu'il y a de tout : des foulards, des pyjamas, des bijoux…
d. De baskets, de vêtements de sport et d'un portefeuille.
e. D'essayer la nouvelle collection : ce serait dommage de ne pas profiter des réductions.

7 a. Non, 75 % des Français font leurs courses dans les grandes surfaces et 15 % dans les commerces de proximité.
b. Les grandes surfaces.
c. Commander ses produits sur Internet.
d. Par les femmes (70 %).
e. Non, seulement un foyer sur 10 fait ses courses de cette façon.
f. Oui, le panier moyen du drive s'élève à 67 euros par semaine, contre 40 euros en magasin. Les Français achètent un caddie plein par semaine.

8 *Proposition de corrigé*

Coucou Sophie !
J'espère que tu vas bien depuis la dernière fois !
Je t'écris à propos des cadeaux de Noël. Je me suis baladée assez souvent en ville ces derniers temps et j'ai vu des choses vraiment sympas qui m'ont donné plein d'idées ! Par exemple, j'ai vu un foulard très coloré aux Galeries Lafayette qui irait parfaitement à maman, elle qui adore les couleurs vives ; un portefeuille en cuir pour papa qui a le sien depuis 20 ans ! Ou encore un pull très tendance pour Jérôme qui est toujours habillé très à la mode. Mais pour lui j'hésite… Je suis passée devant un magasin de sport où j'ai vu des baskets qu'il aimerait beaucoup aussi.

Je ne sais pas si tu avais déjà des idées de cadeaux, dis-moi ce que tu en penses !
Je t'embrasse très fort !
Zoé

21. La ville, la campagne et l'écologie

.... pages 131, 134 à 136

RÉPONDEZ

a. Des sacs plastique.
b. Des centaines d'années.
c. Pour diminuer fortement le gaspillage et changer les comportements individuels.
d. Le plastique d'origine terrestre représente 75 % des déchets retrouvés en mer.
e. Les poissons, les tortues, les oiseaux et les mammifères.
f. Parce qu'il mange des poissons pollués.

EXERCICES

1 🎧 PISTE 76

Transcription
a. *Il faut protéger les espèces de la faune et de la flore.*
b. *Dans son jardin, il a un cerisier, un pommier et un poirier.*
c. *Le centre des impôts calcule le montant de nos impôts.*
d. *Les agriculteurs s'occupent de leurs champs de cultures.*
e. *Les enfants ont adoré la visite de l'aquarium avec différents mammifères, poissons et animaux marins.*
f. *Il a fait des études d'architecture et a participé à de nombreux projets urbains.*

2 a. B. 4.   c. C. 5   e. A. 1
   b. D. 3.   d. E. 2

3 **Comportements positifs :** protéger les espèces animales – recycler – trier ses déchets – utiliser des énergies renouvelables
Comportements négatifs : dégrader l'environnement – gaspiller – polluer

4 🎧 PISTE 77

Transcription
a. *C'est l'augmentation générale de la température de notre planète.*
b. *C'est l'énergie du vent.*
c. *C'est la réduction ou la disparition des forêts.*
d. *Il a été interdit dans les supermarchés.*
e. *C'est le lieu où se trouvent les services de l'administration municipale.*
f. *C'est une entreprise qui fait de la production agricole.*

a. le réchauffement climatique
b. l'énergie éolienne
c. la déforestation
d. le sac plastique
e. la mairie / l'hôtel de ville / la maison communale (Belgique)
f. une exploitation agricole

5 a. Vrai.
b. Faux : ils proviennent de l'activité humaine.
c. Faux : les ruraux vivent à la campagne.
d. Faux : c'est l'énergie du vent.
e. Vrai.
f. Vrai.

6 Être agriculteur aujourd'hui
Un agriculteur doit être passionné de nature avant tout, mais aussi avoir de nombreuses compétences, car il doit accomplir de multiples missions : entretenir des **cultures** végétales, des champs, des arbres **fruitiers**, s'occuper de ses animaux (les soigner et les **nourrir**) et réparer des outils et des machines agricoles. Être **agriculteur**, c'est bien plus que cultiver les plantes ou s'occuper de l'**élevage** des animaux. Un agriculteur est son propre patron. Il doit savoir adapter son travail en fonction des saisons. Il est important de prendre en compte l'**environnement** et tous les changements liés aux conditions météorologiques. Le principal avantage pour de nombreux agriculteurs interrogés est d'être en contact avec la nature, avec le vivant. Et l'agriculteur d'aujourd'hui **protège** l'équilibre de notre **écosystème**.

7 🎧 PISTE 78

Transcription
— Alors, Baptiste, c'était comment votre sortie au zoo aujourd'hui ?
— Génial, nous avons vu plein d'animaux !
— Ah, mais raconte-moi un peu. Tu as vu les tigres ?
— Non, pas les tigres, ils dormaient à l'intérieur et ne sont pas sortis pendant notre visite. Mais nous avons vu plein de singes, il y en avait un qui faisait des grimaces, c'était rigolo ! Et j'ai vu des tortues !
— Ah bon ? Mais il y avait aussi un aquarium dans le zoo ?
— Oui ! Et le maître nous a expliqué qu'il y avait plus de 300 espèces de tortues et que beaucoup étaient menacées de disparition. Et que c'était à cause de nous, les hommes, parce qu'on ne protégeait pas assez leur habitat. Et il nous a expliqué aussi qu'il y avait des tortues terrestres et des tortues marines. Et tu savais que la tortue est apparue il y a plus de 200 millions d'années ? C'était il y a longtemps, hein ?!
— Wouah ! Tu en as appris des choses ! Et qu'est-ce que vous avez vu d'autre ?
— Eh ben, dans l'aquarium, on a vu un énorme poisson qui nageait tout au fond de l'aquarium... Il est tout plat, comment il s'appelle déjà...
— Une raie ?
— Oui, c'est ça ! Et il y avait aussi un bébé dauphin ! Tu sais que le bébé dauphin est nourri par le lait de sa maman ?! Ah ! Et on a aussi vu un film.
— Un film ?
— Un film sur les fonds marins. Il y avait plein de beaux poissons, pleins de couleurs ! Et ils ont dit, dans le film, qu'on devait changer nos habitudes pour protéger les océans. Par exemple, arrêter de pêcher certaines espèces. Et aussi, arrêter de dégr...
— Dégrader ?

— Dégrader l'état de l'eau... parce qu'il y a trop de déchets dans la mer et les poissons pensent qu'ils peuvent en manger et après ils en souffrent, ou ils meurent, même... Moi, je veux protéger la planète. Je vais faire attention maintenant !
— C'est bien mon chéri, c'est important.

a. Au zoo.
b. Des singes, des tortues, des poissons (une raie), un dauphin.
c. Oui, elle est menacée de disparition.
d. La tortue terrestre et la tortue marine.
e. Le poisson : une raie ; le mammifère : un dauphin.
f. Changer nos habitudes, arrêter de pêcher certaines espèces, arrêter de dégrader l'état des eaux.

❽ *Proposition de corrigé*
Dans mon village, il n'y a pas beaucoup d'habitants. La mairie se trouve sur la place, ainsi que le commissariat. Juste à la sortie du village, il y a la plus grande exploitation agricole, où travaille la majorité des gens qui habitent dans les villages voisins. J'ai donc été en contact avec les odeurs de la campagne et les cris des animaux depuis mon enfance : un chat qui miaule, un cochon qui grogne, une vache qui meugle… tout cela a toujours fait partie de mon quotidien !

22. La vie économique

.... pages 137, 140 à 142

RÉPONDEZ 🎧 PISTE 79
Transcription
— Mais ça veut dire quoi précisément une « entreprise sociale agréée solidaire », elle a une particularité par rapport à des entreprises classiques ?
— Oui, alors, tout à fait. L'agrément solidaire, avant qu'il ne soit transformé, était délivré pour deux motifs principaux. Le premier, qui était le fait d'avoir une activité d'insertion par l'activité économique, donc de prendre des gens qui sont loin de l'emploi, pour des questions de trajectoire de vie, de parcours professionnel, et de les ramener dans l'emploi grâce à, donc, l'activité qu'ils ont au sein de l'entreprise. Ça c'était le premier critère. Et le second critère, c'est un critère de démocratie d'entreprise pour que les salariés soient associés aux décisions qui concernent l'entreprise. Donc vous voyez que c'est des conditions précises.
— En tant que membre du labo de l'ESS vous avez participé – j'y étais d'ailleurs en tant qu'auditeur – à une réunion des prospectives sur l'ESS autour des plateformes collaboratives. C'était fin mars. Une première soirée qui va donner d'ailleurs lieu à une publication. Alors le collaboratif, c'est pas uniquement tout le numérique, on peut être dans une économie collaborative et gérer une AMAP par exemple, ou ça peut être une crèche collaborative qui n'a rien de numérique.

1. a. Un extrait / une interview radiophonique.
b. L'entreprise solidaire et les plateformes collaboratives.
2. a. Le journaliste oppose deux types d'entreprises.
b. Avoir une activité d'insertion, c'est proposer du travail aux personnes sans emploi.
c. Dans « la démocratie d'entreprise », les salariés participent aux décisions de l'entreprise.
d. Une AMAP et une crèche peuvent être des exemples d'économie collaborative.

❶
Transcription
Le terme « mondialisation » désigne l'intensification du commerce à l'échelle internationale. Les importations et les exportations sont nombreuses. Beaucoup de produits sont fabriqués dans les pays émergents par la main d'œuvre locale, parfois dans des usines délocalisées. Avec la mondialisation sont nés des mots nouveaux, comme « commerce équitable » ou « développement durable ».

❷ 🎧 PISTE 81
Transcription
1. *— Tu vois cette femme ? Elle est enseignante dans une école publique de mon quartier.*
— Elle a l'air super sympa !
2. *— Avant d'acheter un produit, je regarde toujours s'il est fabriqué en France ou importé, pas toi ?*
— Non, pour moi ça n'a aucune importance !
3. *— Sandrine gagne bien sa vie, elle peut se payer une belle voiture !*
— Oui, ce modèle doit coûter les yeux de la tête... Moi, à sa place, je ferais de grands voyages !
4. *— Paul est toujours fauché, il ne peut rien se permettre d'extraordinaire !*
— On ne dirait pas ! Il a toujours l'air heureux !

a. 3 **b.** 4 **c.** 1 **d.** 2

❸ le chef d'entreprise – le commerce équitable – le développement durable – la fonction publique – le secteur d'activité – la société de consommation

❹ 🎧 PISTE 82
Transcription
1. Salut, moi c'est Pierre. Je travaille dans une grosse exploitation agricole : je cueille les pommes, les poires et plein d'autres fruits.
2. Bonjour, je suis Juliette. J'accueille les clients à partir de 8 h 30 ; je les conseille sur les placements financiers, les assurances... et parfois... je leur explique comment fonctionne le distributeur automatique !
3. Marie, bonjour ! Je travaille dans une grosse boîte qui fabrique des pièces automobiles.
4. Je m'appelle Chloé. Je peux renseigner les touristes étrangers en trois langues, dont le chinois !
5. Moi, c'est Antoine. J'ai créé la nouvelle pub pour le parfum du dernier couturier à la mode.
6. Bonjour, je suis Enzo. J'ai beaucoup de difficultés à organiser les plannings des bus à l'international ces derniers temps...

a. 4, tourisme
b. 6, transport
c. 2, banque
d. 1, agriculture
e. 5, publicité
f. 3, industrie / automobile

❺ **a.** un grand magasin **b.** les soldes **c.** un prêt
d. un salaire **e.** un chiffre d'affaires

❻ *Proposition de corrigé*
a. Les résultats sont bons, donc le chef d'entreprise va augmenter les salaires.
b. Emmanuel a emprunté 300 000 euros à la banque sur vingt ans.

c. Le prix des marchandises électroniques a baissé de 20 %.
d. Jérôme a des dettes, car il a emprunté beaucoup d'argent à la banque et à ses amis.
e. Le chef d'entreprise n'est jamais d'accord avec les syndicats de sa PME.
f. La société va fermer pour s'installer dans un pays où la main d'œuvre est moins chère.

❼

❽ a. Vrai.
b. Faux : elle est fixée par le code du commerce.
c. Faux : le prix des produits en promotion doit être affiché très clairement.
d. Faux : c'est le nombre de personnes qui font les soldes dès le premier jour.
e. Vrai.
f. Vrai.

❾ *Proposition de corrigé*
Monsieur,
Ma femme et moi avons maintenant des situations stables : ma femme est titulaire de la fonction publique et mon garage automobile a une clientèle fidèle et régulière.
Nous vivons depuis plusieurs années dans un studio, nous ne dépensons pas beaucoup d'argent et nous voudrions acheter un appartement plus grand et déménager avant d'avoir des enfants.
Nous avons un peu d'argent, mais nous aurions besoin d'un prêt que nous pourrions rembourser sur dix ou quinze ans. Pourriez-vous nous recevoir pour nous expliquer quelles sont les différentes possibilités ?
Avec nos remerciements,
Cordialement,
M. et Mme Dutilleul

23. La vie politique et citoyenne

.... pages 143, 146 à 148

RÉPONDEZ 🎧 PISTE 83

Transcription

Bonsoir à tous et bienvenue sur les ondes du 88.8. Radio Grenouille vous propose ce soir un nouveau rendez-vous des radios de quartier que nous avons initié il y a quelque temps. Et dans ces radios de quartier, dès la première radio de quartier, à Noailles, nous avions déjà parlé de la question de la démocratie participative, des conseils de quartier… Ça ne s'appelait pas encore conseil citoyen, mais cette question était déjà posée lors de la première radio des quartiers que nous avions réalisée, c'était à Noailles. Eh bien, depuis maintenant la loi du 21 février 2014, une loi qui vise à refonder la politique de la ville, c'est une loi-cadre, cette loi du 21 février 2014, qui vise à mettre en place des conseils citoyens dans les quartiers de la politique de la ville.
Alors ces conseils citoyens, qu'est-ce que c'est ? Eh bien, c'est faire en sorte de mettre davantage de démocratie, disons, démocratiser la politique de la ville, faire en sorte aussi qu'il y ait de la co-construction avec les habitants des contrats de ville.

a. À la radio / sur « Radio Grenouille », le soir.
b. Une émission politique.
c. La démocratie participative.
d. Les conseils de quartier.
e. À refonder la politique de la ville / à mettre en place des conseils citoyens dans les quartiers.
f. À démocratiser la politique de la ville / à co-construire les contrats de ville avec les habitants.

EXERCICES

❶

Verbe	Nom	Adjectif
voter	(un) vote (une) votation	
réformer	(une) réforme	réformiste
démocratiser	(la) démocratisation	démocratique
présider	(un) président	présidentiel
	(une) république	républicain
	(une) nation	national
élire	(une) élection (un) électeur / (une) électrice	électoral

❷ a. a. DÉMOCRATIE b. DICTATURE c. MONARCHIE
b. 🎧 PISTE 84
Transcription
a. *Un système démocratique s'oppose à un système dictatorial.*
b. *Louis XIV est un monarque resté célèbre : le monde entier vient visiter son château à Versailles.*
c. *La monarchie est un système politique dans lequel le pouvoir est exercé le plus souvent par un roi qui succède à son père.*
d. *Le livre « Femmes de dictateurs » de Diane Ducret a connu un certain succès.*

e. *La dictature est un système politique qui opprime le peuple.*
f. *La démocratie est un système politique dans lequel le peuple peut s'exprimer en toute liberté.*

c. (monarchie) **e.** (dictature) **f.** (démocratie)

❸ a. Une électrice vote / met son bulletin dans l'urne.
b. Le Président dirige la nation.
c. La reine règne / salue la foule.
d. La candidate mène une campagne électorale.

❹

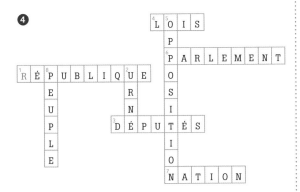

❺ 🎧 PISTE 85
Transcription
a. *Un parti centriste défend la nature.*
b. *Un parti communiste défend la propriété collective.*
c. *Un parti écologiste refuse les extrêmes.*
d. *Un parti d'extrême droite s'appuie sur un nationalisme très marqué.*
e. *Un parti royaliste réclame un président pour diriger le pays.*
f. *Un parti d'extrême gauche souhaite plus de capitalisme.*

a. Faux : un parti centriste refuse les extrêmes.
b. Vrai.
c. Faux : un parti écologiste défend la nature.
d. Vrai.
e. Faux : un parti royaliste réclame un monarque.
f. Faux : un parti d'extrême gauche souhaite l'abolition du capitalisme.

❻ a. La **démocratie participative** permet d'associer encore plus les citoyens à la vie politique.
b. Le président de l'**Assemblée nationale** est au milieu de l'**hémicycle**.
c. Le parti **socialiste** défend l'intérêt général.
d. Le préfet travaille dans une **préfecture**.
e. Le candidat de **droite** est plus conservateur que celui de **gauche**.

❼ 🎧 PISTE 86
Transcription
Un mercredi vers 8 h, le président de la République a pris son scooter et est sorti du palais de l'Élysée pour aller acheter des croissants. Puis, il est allé prendre son petit déjeuner avec le Premier ministre à Matignon. À 10 h, le Premier ministre lui a fait remarquer qu'il fallait retourner à l'Élysée pour le Conseil des ministres. Alors le Président a pris son scooter. Il est d'abord passé devant le Sénat, rue de Vaugirard, puis devant l'Assemblée nationale, rue de l'Université.

a. Le conseil des Ministres a lieu.
b. Le Président.
c. Le Premier ministre.
d. Le Sénat.
e. L'Assemblée nationale.

❽ *Proposition de corrigé*
1. De nouvelles lois sociales pour la protection des femmes et des enfants.
2. Notre démocratie défendue tous les jours.
3. Du travail pour tous les citoyens.
4. Des réformes pour une école plus performante.
5. Le droit de vote accordé aux étrangers vivant en France depuis plus de 5 ans.
6. Réviser la Constitution pour l'adapter à la société actuelle.
7. Plus de référendums pour consulter directement le peuple sur les sujets importants.
8. Moi, je serai fidèle à mes opinions politiques et je ne retournerai pas ma veste.

24. La vie associative et religieuse
.... pages 149, 152 à 154

RÉPONDEZ
1. a. La vie associative / les associations et la vie religieuse.
b. Le journaliste, Marianne et Pierre.
c. Du lien social.
2. a. Chambéry et Genève.
b. Sportives, culturelles et sociales.
c. Les églises, les temples, les mosquées, les synagogues.
d. Le christianisme et l'islam.

EXERCICES
❶ 🎧 PISTE 88
Transcription
a. *laïque* **b.** *athée* **c.** *orthodoxe* **d.** *bouddhiste* **e.** *synagogue*
f. *adhérent* **g.** *rabbin* **h.** *grenouille de bénitier*

❷ 🎧 PISTE 89
Transcription
a. *Le culte des catholiques a lieu le samedi soir ou le dimanche.*
b. *Le jour de repos des juifs dure du vendredi soir au samedi soir.*
c. *La grande prière des musulmans a lieu le vendredi.*
d. *Chez les protestants, c'est un homme ou une femme pasteur qui célèbre le service.*

a. b.
a. une cathédrale / les catholiques
b. une mosquée / les musulmans
c. une synagogue / les juifs
d. un temple / les protestants

❸ Religion : cérémonie, imam, juif, temple
Associations : adhérer, cotisation, président, vocation
Laïcité : citoyen, Déclaration des droits de l'homme et du citoyen, égalité, laïque

❹ a. a. 4. **b.** 5. **c.** 3. **d.** 1. **e.** 2.
b. Santé, humanitaire et social : Les Restos du Cœur
Culture : L'Aventure en photos, Chorale des p'tits loups
Sport : Aéro-Club de Manosque, Les Amis de la nature

❺

A	H	L	A	I	C	I	T	E	T	X	R

(word search grid)

```
A H (L A I C I T E) T X R
S A C A C D D L D (B) C S
S B U T S U T A A E E T
O C L (A D H E R E N T S)
C A T H O L I Q U E S) A
I D U R R X A I L V I E
A E (A T H E E T) I O R V
T F E E I H E E R L M A
I G L G F R O Q U E V M
F R E L I G I O N U H T
```

a. En France, le principe de **laïcité** garantit la liberté d'opinion de tous les citoyens.
b. Les églises sont fréquentées par les **catholiques**.
c. Bernadette est **bénévole** dans le réseau **associatif** : elle donne beaucoup de son temps pour aider les autres.
d. Pierre ne pratique aucune religion : il est **athée**.
e. Les **adhérents** de mon association ont tous entre 20 et 30 ans !

❻ a. a. adhérer **b.** célébrer **c.** cotiser **d.** croire **e.** pratiquer **f.** prier

b. *Proposition de corrigé*
Paul et Pierre adhèrent chaque année au club de judo.
On célèbre Noël le 25 décembre.
Je ne pratique aucune religion.

❼ 🎧 PISTE 90
Transcription
1. – *Les messes sont à quelle heure ce week-end ?*
– *Il y en a une samedi à 18 h 30 et une dimanche à 10 h.*
– *J'irai samedi soir, alors.*
2. – *Bonjour madame, la cotisation au club de sport est de combien cette année ?*
– *Elle est de 25 euros et les activités commencent le 1er octobre.*
– *Très bien, je voudrais m'inscrire s'il vous plaît.*
3. – *Il est bien ton lycée ? Tout le monde peut y aller ?*
– *Oui, bien sûr ! C'est le lycée public Jules Ferry, dans mon quartier…*
4. – *Tu connais Florence ?*
– *Oui bien sûr. Et bien ?*
– *Tous les dimanches, elle aide des enfants en difficulté à faire leurs devoirs dans une assoc' de son quartier. Elle fait ça gratuitement !*
– *Bravo à elle !*
a. Vrai.
b. Faux : à 10 h.
c. Faux : c'est 25 euros.
d. Faux : c'est la date du début des activités.
e. Faux : c'est un lycée public.
f. Vrai.
g. Vrai.

❽ a. L'**association** « Solidarité **laïque** » a pour objectif d'éveiller les consciences et montrer que chacun peut agir : **adhérer** à un club, faire du **bénévolat**, participer à des **activités** lors de **rencontres** pour créer du lien social.

b. La réserve citoyenne de l'Éducation nationale, lancée le 12 mai 2015, est un ensemble de personnes **volontaires** et **bénévoles** qui souhaitent apporter leur soutien au partage des valeurs de la République.

❾ *Proposition de corrigé*
Bonjour,
Je réponds à votre annonce parue sur votre site Internet. Vous recherchez des bénévoles pour aider les enfants à faire leurs devoirs après la classe et je pense que je peux vous aider.
Je suis professeur des écoles à la retraite. J'ai beaucoup de temps libre et je voudrais me rendre utile. Je suis libre tous les jours de la semaine et j'ai une grande expérience des enfants. C'est toujours un plaisir pour moi de voir leurs progrès et de les encourager.
J'espère que ma candidature vous intéressera.
À très bientôt.
Sandrine Mity

25. Les médias
.... pages 155, 158 à 160

RÉPONDEZ
a. À la radio.
b. À vingt, vingt-deux ou vingt-trois heures.
c. D'un fait de politique intérieure ou internationale, d'une catastrophe écologique ou ferroviaire, d'événements sportifs, de la météo, des cours de la Bourse.
d. Les actualités.
e. Des nouvelles, des informations.
f. Une émission de jazz, une émission de cinéma, un entretien avec un écrivain.

EXERCICES
❶ a. 4. **b.** 2. **c.** 3. **d.** 1.

❷
a. MÉDIATIQUE **b.** AUDIOVISUEL **c.** NUMÉRIQUE
d. TÉLÉVISÉ

❸ 🎧 PISTE 91
Transcription
– *Ouf ! Bientôt les vacances ! Bien contente de partir et de ne rien faire ! Un bon bouquin, la presse et hop ! Je ne pense plus au boulot !*
– *En vacances, tu lis quoi, toi, comme journal ?*
– *Comme je vais toujours en vacances dans le Sud, je lis « Nice-Matin » ou « La Marseillaise » au petit déj, pour les nouvelles de la région, mais je lis aussi « Le Figaro » pour savoir ce qu'il se passe ailleurs ! Et toi ?*
– *Moi je pars en Belgique où je lis « Le Soir » tous les matins. Mais avant de partir j'achète toujours « Elle » pour lire dans le train.*
– *Ah oui ! J'aime bien feuilleter la rubrique mode de « Elle » chaque vendredi, mais mes parents sont abonnés à « Paris Match » ! Alors chaque semaine, je lis « Paris Match » !*

Quotidien national : *Le Figaro, Le Soir*
Quotidien régional : *Nice-Matin, La Marseillaise*
Hebdomadaire : *Elle, Paris Match*

❹
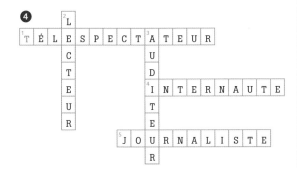

❺ 🎧 PISTE 92
Transcription
a. *HD veut dire « haute densité ».*
b. *Je lis le sommaire d'un film.*
c. *L'article que je lis est sous-titré.*
d. *Ce documentaire radiophonique est intéressant, je vais le réécouter.*
e. *Les téléspectateurs de cette station sont nombreux.*
f. *VO veut dire « version originale ».*

a. Incorrect : HD veut dire « haute définition ».
b. Incorrect : on lit le sommaire d'un magazine.
c. Incorrect : un film est sous-titré.
d. Correct.
e. Incorrect : on parle des auditeurs d'une station de radio.
f. Correct.

❻ a. tourisme b. international c. culture d. économie
e. sport f. météo

❼ 🎧 PISTE 93
Transcription
1. *Ce soir à 21 h, nous recevrons Vanessa Paradis, à qui notre journaliste demandera tout ce que vous voulez savoir sur sa vie privée !*
2. *Les résultats sont clairs : 41 % des Français comptent partir en vacances. 26 % comptent partir au bord de mer, 14 % à la campagne et 17 % à la montagne.*
3. *Ce matin, nous recevons trois hommes politiques de différents partis, autour du thème de l'emploi des jeunes aujourd'hui.*
4. *Votre radio préférée en direct, avec notre envoyé spécial aux États-Unis pour vous parler des échanges commerciaux avec l'Europe.*
5. *Dans notre studio aujourd'hui, un représentant de l'association Reporters sans frontières, avec qui nous allons nous entretenir de la liberté de la presse dans le monde.*

a. 4 b. 5 c. 1 d. 3 e. 2

❽ **Presse écrite :** actualités, canard, mensuel, presse à scandale, quotidien, une
TV : actualités, animateur, capter, chaîne, émission, en direct, présentateur
Radio : actualités, animateur, capter, émission, en direct, station
Internet : actualités, en ligne, podcaster

❾ J'ai été **informé** des résultats des élections en écoutant la radio. Le journaliste n'a pas **communiqué** les pourcentages exacts, mais il a **annoncé** une interview du futur président de Région ce soir. Je pense que les résultats définitifs vont être **publiés** dès demain matin dans la presse.

❿ *Proposition de corrigé*
(Magazine féminin) *Pour elle*
(La une) *Enfin en vacances ! – Les secrets de notre série préférée – Bronzer intelligent – Destination Bretagne*
(Rubriques)
Lecture : *Que lire sur la plage ou à la montagne pour se détendre ?*
People : *Quand les acteurs de notre série préférée partent en Corse…*
Culture : *Cinéma, théâtre et festivals de la semaine*
Société : *Les Français et les vacances*
Vie publique : *Les vacances des femmes de nos politiques*
Tourisme : *Partir en Bretagne*
Mode : *Les 10 tendances de l'été*
Beauté : *Bien se protéger du soleil*
Jeux : *Mots fléchés et sudoku*
Votre horoscope de l'été et celui de votre partenaire

26. Le numérique
.... pages 161, 164 à 166

RÉPONDEZ
a. L'utilisation des nouvelles technologies chez les 16-39 ans.
b. 98 % des 18-39 ans possèdent un téléphone mobile ; ils utilisent leur smartphone 3 heures et 12 minutes par jour en moyenne.
c. Le smartphone.
d. Les tweets, les chats, les posts, les likes, les tags sur les réseaux sociaux ou les jeux en ligne.
e. Son smartphone est éteint au fond de son sac.
f. Ne plus pouvoir vivre sans Internet.

EXERCICES
❶ a. LOGICIEL   d. APPLICATION
b. INTERNAUTE   e. NANOTECHNOLOGIE
c. COMMUNAUTÉ   f. TACTILE

❷ a. câble b. messagerie c. bracelet connecté d. satellite

❸ 🎧 PISTE 94
Transcription
a. *connexion* b. *stockage* c. *interaction* d. *géolocalisation*
e. *téléchargement* f. *installation*

a. connecter b. stocker c. interagir d. géolocaliser
e. télécharger f. installer

❹ **a.** a. un tweet b. un like c. un post
b. tweeter : délivrer en peu de mots une information en temps réel
liker : signaler qu'on aime un contenu
poster : publier une idée, une pensée, une photo…

❺ 🎧 PISTE 95

Transcription

M. Maurot est directeur commercial. Il a compris que le <u>numérique</u>, *notamment le* <u>web 2.0</u>, *joue un rôle essentiel dans le comportement des clients. Il est conscient qu'Internet favorise les* <u>échanges</u> *entre particuliers : 27 % des Européens pensent que les avis* <u>postés</u> *sur les* <u>réseaux sociaux</u> *auront plus d'influence sur les consommateurs que les conseils des vendeurs (11 %) ou les publicités des marques (8 %). Il sait que l'*<u>e-consommation</u> *est en plein développement : 33 % des personnes interrogées pensent qu'elles utiliseront en priorité leur* <u>smartphone</u> *ou leur* <u>tablette</u> *pour faire leurs achats.*

❻ a. smartphone – montre connectée
b. en ligne – interactives – application – télécharger
c. bracelet connecté – GPS – connexion – géolocaliser

❼

```
                                    ⁸B
        ⁴É          ⁷I N T E L L I G E N C E
²M  ³M O O ⁶C                       U
E   O       O                       E
S   T     ⁵I N T E R N E T          O
S   I       L                       O
A   C       E                       T
¹G  É O L O C A L I S E             H
E   N
R   E
I
E
```

❽ 🎧 PISTE 96

Transcription

1. – C'est quoi ce truc sur ton bras ?
– Ça sert à mesurer mon débit d'oxygène quand je cours.
2. – Comment tu vas faire pour dire à tout le monde que tu as réussi ton exam' ?
– Je vais juste faire un post sur mon profil !
3. – Tiens, la loi a été votée, je vais partager l'info. Voilà, pile 140 signes.
– Tu as oublié le hashtag !
4. – Regarde, j'ai réalisé une nouvelle page et j'ai modifié les infos de la première.
– Super ! C'est plus clair maintenant !
5. – Maintenant que tu as un travail, tu devrais changer tes photos et tes commentaires et faire attention à ce que tu publies...
– Ah oui ! Tu as raison, ça ne fait pas sérieux !

Dialogue 1 : bracelet connecté
Dialogue 2 : Facebook
Dialogue 3 : Twitter
Dialogue 4 : wiki
Dialogue 5 : e-réputation

❿

> Chère Sirpa,
> Je t'écris depuis la médiathèque car j'ai perdu mon smartphone, ou c'est mon smartphone qui m'a perdue ! Je ne sais pas. Bref ! C'est l'horreur, je ne peux envoyer de message à personne, je ne peux rien poster, je ne sais plus ce qu'il se passe, où sont mes amis... c'est terrible.
> Mais j'ai découvert que mes amis avaient des maisons (lol !) et je suis passée chez Sophie un soir pour prendre de ses nouvelles. Elle était en train de regarder un film en mangeant une pizza. Je me suis donc installée sur son canapé avec elle et nous avons mangé et regardé le film ensemble. Et tu sais quoi ? C'était génial, j'ai passé une super soirée ! C'était bien mieux que de lui envoyer des messages toute la soirée...
> Je me demande si je vais racheter un smartphone, finalement...
> Je te vois quand ?
> Bises
> Thérèse

27. La pensée et l'argumentation

.... pages 167, 170 à 172

RÉPONDEZ

a. Un manifeste.
b. À tous.
c. Contre une Europe faible.
d. Qu'il faut éclairer les débats et apporter des réponses concrètes.
e. Pour réfléchir ensemble.
f. Une déclaration.

EXERCICES

❶ 🎧 PISTE 97

Transcription

a. *interdire* b. *permettre* c. *prouver* d. *conclure* e. *mentir*
f. *penser*

a. (une) interdiction b. (une) permission c. (une) preuve
d. (une) conclusion e. (un) mensonge f. (une) pensée

❷ a. 3. b. 1. c. 2. d. 5. e. 6. f. 4.

❸ 🎧 PISTE 98

Transcription

a. *Je te dis que demain il fera beau.*
b. *Tu peux acheter le journal et le pain s'il te plaît ?*
c. *Espèce d'idiot ! Imbécile ! Tu ne peux pas faire attention ?*
d. *Ça y est, la séance est ouverte !*
e. *Mes compliments ! Tu es arrivée la première !*
f. *Tu sais que Pierre est toujours sur le balan pour la date de son mariage ?*

a. une affirmation b. une demande c. une insulte d. une déclaration e. des félicitations f. une hésitation

4 **a.** a. discu**ss**ion b. argumenta**tion** c. plaisant**erie** d. bavard**age** e. juge**ment** f. réflex**ion**

b. a. jugement b. réflexion c. bavardages

5

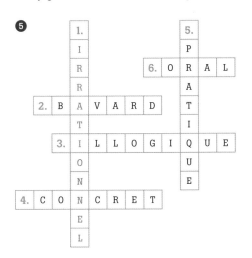

6 🎧 PISTE 99

Transcription
a. *C'est empêcher quelqu'un de faire quelque chose.*
b. *C'est l'action de discuter pour se mettre d'accord.*
c. *C'est la forme courte d'un document écrit ou oral.*
d. *C'est une explication qui paraît logique, mais qui doit être vérifiée.*
e. *C'est lutter avec quelqu'un pour avoir raison.*

a. interdire b. une négociation c. un résumé d. une hypothèse e. se disputer

7 a. Souvent, pour pouvoir sortir le soir, les adolescents racontent des **mensonges** à leurs parents.
b. Quand un enfant jette un verre par terre pour voir ce que cela produit, on peut dire qu'il fait une **expérimentation** !
c. Pour mettre un individu en prison, les policiers ont besoin de **preuves**.
d. La rue est souvent choisie par les peuples pour faire entendre leurs **protestations**.
e. Si A est égal à B, B est égal à A, est-ce que vous suivez mon **raisonnement** ?

8 *Proposition de corrigé*
Élève A : L'homme se plaint auprès de la dame car elle n'a pas le droit de se garer là. La dame proteste : elle explique que ce n'est pas logique de ne pas avoir la permission de se garer près des magasins.
Élève B : Non, ce n'est pas ça ! Tu te trompes ! La dame proteste car l'homme est garé devant chez elle.

9 *Proposition de corrigé*
Chère Cécile,
Nous sommes très heureux d'être avec toi aujourd'hui pour te féliciter ! Nous sommes vraiment contents que tu aies obtenu ce nouveau poste. Premièrement, ton attitude rationnelle est enfin reconnue à sa juste valeur et tes expérimentations aussi ! Deuxièmement, comme tu démontres souvent que tu as raison, ce poste est fait pour toi ! Troisièmement, c'est vrai que tu n'es pas bavarde… mais tu ne pratiques pas la langue de bois et ton jugement est toujours bon !
Tout cela nous permet de te dire bravo et de te féliciter encore une fois !

BILAN 1 – L'être humain

1 a. égoïste b. tolérant c. indifférent d. timide e. fier

2 a. la générosité b. la compréhension c. la gentillesse
d. la tristesse e. la curiosité

3 a. grave b. anxieux c. la discrétion d. respirer e. le cœur

4 a. l'optimisme b. compliqué c. désordonné
d. de mauvaise humeur e. déçu

5 a. Il ressent de l'indifférence.
b. Elle ressent de la jalousie.
c. Il ressent de l'amour.
d. Elle ressent de la fierté.
e. Il ressent de la haine.

6 a. 5. b. 1. c. 4. d. 2. e. 3.

7 **Les yeux :** apercevoir, non-voyant
Les oreilles : malentendant, sonore
Le nez : l'odorat, respirer
La bouche : goûter, la langue
Les mains : le contact, le toucher

BILAN 2 – Les relations familiales et sociales

1 **Relations professionnelles :** collaborateur – collègue –
équipe
Relations amicales : meilleure amie
Relations amoureuses : compagnon – couple – fiancée
Relations familiales : aîné – cadette – jumelle

2 a. 3. b. 1. c. 6. d. 2. e. 4. f. 5.

3 a. mère au foyer b. après c. homosexuel d. à la mairie
e. PDG

4 a. Faux : le mariage à l'église est un mariage religieux
(le mariage à la mairie est un mariage civil).
b. Faux : on déteste ses ennemis.
c. Vrai.
d. Faux : on fête les fiançailles avant le mariage.
e. Vrai.
f. Vrai.

5 a. un livret de famille
b. est enceinte
c. supérieurs hiérarchiques
d. des connaissances
e. lui fait des reproches

6 a. monoparentale
b. coup de foudre
c. pot de départ (à la retraite)

d. service de l'aide sociale à l'enfance
e. soudée
f. éloignés
g. s'installer
h. orphelin

BILAN 3 – La santé

1 a. un congé maladie b. une garde à vue c. un patient
d. un malaise e. une piqûre

2 a. une coupure b. une hospitalisation c. une brûlure
d. une opération e. une guérison

3 a. un rhume b. une ordonnance c. la rééducation
d. l'asthme e. un pédiatre

4 a. 3. b. 1. c. 5. d. 2. e. 4.

5 a. Vrai. b. Faux. c. Faux. d. Vrai. e. Faux.

6 a. de l'asthme b. une allergie c. une entorse
d. un rhume e. les oreillons

7 a. le service de radiologie b. le 15 (SAMU) ou le 112
c. se gratter (les boutons) d. sa carte vitale e. porter
plainte / faire une déclaration de vol

BILAN 4 – Le logement

1 a. meublé b. clair / lumineux c. calme d. bon marché e.
déménager

2 a. Vrai.
b. Vrai.
c. Faux : on marche sur le sol.
d. Vrai.
e. Faux : c'est la personne qui loue une chambre chez un
particulier (au Québec).

3 comprise – habitation – locataire – redevance – superficie

4 a. mou b. carré c. petit d. fer e. (en) terre

5 a. colocataire / location / louer b. ensoleillé c. meublé
d. confortable e. lumineux

6 a. une tour b. un loyer c. une terrasse / un balcon
d. l'ascenseur e. un aspirateur

7 a. Depuis qu'elle a gagné au loto, elle mène une vie de
château !
b. Il a mis ses pulls en laine dans la machine à laver à 90°C !
c. Ils ont oublié de payer leur redevance télé.
d. Elle a acheté une couette plus grande pour cet hiver.
e. Quand il y a trop de bruit, je mets la tête sous l'oreiller.

BILAN 5 – L'éducation et le monde professionnel

❶ Études et formation : bac – diplôme – enseignement secondaire – licence – réviser
Le monde du travail : démissionner – licencié – Pôle Emploi – salarié – SMIC

❷ a. 4. b. 1. c. 2. d. 5. e. 3.

❸ a. à plein temps b. un plombier c. un atelier
d. des tracts e. en 3e

❹ a. Vrai.
b. Faux : c'est un contrat à durée indéterminée.
c. Faux : on s'inscrit en IUT quand on veut faire des études courtes.
d. Faux : on n'a pas droit aux allocations chômage quand on démissionne. / On a droit aux allocations chômage si on se fait licencier.
e. Vrai.

❺ a. à l'école primaire
b. des offres d'emploi
c. indépendant
d. le bâtiment
e. retraité

❻ a. un réalisateur
b. un conseil de classe
c. le salaire / la rémunération
d. le brevet des collèges
e. la déclaration d'impôts

❼ a. gymnase
b. contrat de travail
c. demande d'augmentation (de salaire)
d. finance
e. poste à responsabilités

BILAN 6 – Les loisirs

❶ a. 4. b. 1. c. 5. d. 2. e. 3.

❷ a. camping b. pièce de théâtre c. raté d. spectateurs
e. terrain

❸ a. un réalisateur b. une campeuse c. un perdant
d. une réservation e. des sportifs

❹ a. les Jeux Olympiques b. l'équitation c. se distraire
d. un(e) téléspectateur(-trice) e. un metteur en scène

❺ a. terrain b. médiathèque c. piste d. salle de spectacle
e. musée

❻ a. une place b. du jardinage / jardiner c. des chaussures de marche d. s'entraîner e. un chemin

❼ a. interprète b. assister c. se passionnent
d. pique-niquer

❽ camping – balades – chemins – programmation culturelle – concerts – spectacles

BILAN 7 – Les transports et les voyages

❶ a. une station-service b. un casque c. en déplacement
d. s'évader e. le voiturier f. une assurance auto

❷ a. réussi b. les rochers c. tropical d. une carte magnétique e. ensoleillé f. une croisière

❸ a. Faux : on doit laisser passer la voiture qui arrive à droite.
b. Vrai.
c. Vrai.
d. Faux : pour aller plus vite, on accélère.
e. Faux : on dort dans un duvet au camping.
f. Faux : c'est le label « Gîte de France ».

❹ a. client b. demi-pension c. pays d'accueil d. autochtones e. sommet f. tomber en panne

❺ a. un alcootest b. les précipitations c. la haute saison
d. l'office de tourisme e. dépaysé f. un clignotant

❻ a. 5. b. 3. c. 1. d. 4. e. 2.

BILAN 8 – La nourriture et la restauration

❶ À boire : un digestif – un jus de tomates – une limonade
À manger (sucré) : un abricot – de la compote – un flan
À manger (salé) : une aubergine – du brie – de la tomme

❷ a. un noyau b. mettre le couvert c. une vinaigrette
d. un potager e. se régaler

❸ a. acide b. le maraîcher c. un succès d. moutarde
e. un micro-ondes

❹ a. Vrai.
b. Faux : on utilise un mixeur.
c. Vrai.
d. Vrai.
e. Faux : la température est élevée.
f. Vrai.

❺ poireaux – surgelés – gruyère – macarons – copieux

❻ a. fruits de mer b. pamplemousse c. bouilloire
d. réchauffer e. du bleu

❼ a. légumes b. batteur c. gros d. cafétéria e. le maître d'hôtel

BILAN 9 – Les commerces

1 **a.** supermarché **b.** lingerie **c.** cahier **d.** cirage
e. portefeuille

2 **a.** 1. **b.** 1. **c.** 2. **d.** 2. **e.** 1. **f.** 1.

3 **a.** va bien **b.** une droguerie **c.** un pyjama **d.** un panier
e. en promotion

4 **a.** 4. **b.** 1. **c.** 5. **d.** 2. **e.** 3.

5 **a.** Vrai.
b. Faux : une épicerie est un petit magasin d'alimentation /
de nourriture.
c. Vrai.
d. Faux : il n'y a pas de caissier à la caisse automatique,
c'est la machine qui rend la monnaie.
e. Vrai.
f. Faux : les grandes surfaces se trouvent en périphérie
des villes.

6 **a.** papeterie **b.** catalogue **c.** cabine d'essayage
d. tendance **e.** laine **f.** cordonnier

7 courses en ligne – produits – panier – promotions –
paiement – retirer – livraison à domicile

BILAN 10 – L'environnement

1 **Positif pour la planète :** l'énergie éolienne – l'énergie
solaire – les énergies renouvelables
Négatif pour la planète : la déforestation – les gaz à effet
de serre – la pollution

2 **a.** le gendarme **b.** la baleine **c.** un dauphin **d.** de la
culture **e.** la flore **f.** grogne

3 **a.** centre des impôts **b.** dégrader **c.** chat **d.** protéger
e. gestes **f.** urbain

4 **Dans un zoo :** un singe – un zèbre
Dans un aquarium : une raie – une tortue
À la ferme : un coq

5 **a.** Vrai.
b. Faux : ils travaillent dans une gendarmerie, les policiers
dans un commissariat.
c. Vrai.
d. Faux : l'environnement est synonyme de nature,
l'écologie est la préoccupation de l'avenir de la planète.
e. Vrai.
f. Faux : moderne ou ancienne.

6 **a.** poirier **b.** déchets / ordures – recyclés **c.** océans
/ eaux – disparaître **d.** réchauffement climatique **e.**
comportements **f.** domestiques

7 **a.** le cerisier **b.** les arbres fruitiers **c.** une exploitation
agricole **d.** l'architecture **e.** le centre des impôts

BILAN 11 – La vie sociale et économique

1 **a.** 6. **b.** 4. **c.** 5. **d.** 2. **e.** 3. **f.** 1.

2 capitaliste – citoyen – collaborative – productive –
protestantisme

3 **a.** Vrai.
b. Vrai.
c. Faux : l'Assemblée nationale est composée de députés.
d. Vrai.
e. Faux : on met son bulletin dans une urne pour voter.

4 **a.** temple **b.** association **c.** découvert **d.** cotisation
e. Élysée

5 **a.** AMAP **b.** GE **c.** PDG **d.** PME **e.** TPE

6 **a.** un supermarché / un hypermarché / un grand
magasin – en solde
b. sa cotisation – adhérente / bénévole
c. grève

7 **a.** Cette voiture coûte les yeux de la tête !
b. Il fait de l'argent comme de l'eau.
c. Cette femme est une véritable grenouille de bénitier !
d. Ce député a retourné sa veste plusieurs fois.

8 **a.** biens **b.** exporté **c.** musulman **d.** Constitution
e. liberté

BILAN 12 – Les médias et le numérique

1 **a.** 2. **b.** 3. **c.** 1. **d.** 4.

2 **a.** satellite **b.** médiatique **c.** abonnement
d. en exclusivité **e.** émoticône

3 **a.** Vrai.
b. Faux : un JT est un journal télévisé.
c. Faux : la presse écrite emploie des journalistes.
d. Faux : une clé USB sert à stocker des documents.
e. Vrai.

4 **Magazine :** rubrique – sommaire
Film : bande-annonce – sous-titré
Ordinateur : bug – virus
Internet : connecté – streaming
Réseaux sociaux : avatar – profil

5 **a.** Global Positioning System
b. Cours en Ligne Ouvert et Massif
c. Commission Nationale de l'Informatique et des Libertés
d. Conseil Supérieur de l'Audiovisuel
e. Nouvelles Technologies de l'Information et de la Communication
f. Version Originale

6 **a.** scoop **b.** lecteur **c.** téléspectateur **d.** chaîne **e.** *La Pluie*

7 données personnelles – formation en ligne – plateforme collaborative – presse à scandale – version numérique

8 artificielle – connectée – tactile – intégrés – géolocalisées

BILAN 13 – La communication

1 **a.** illogique **b.** irrationnel **c.** théorique **d.** oral **e.** vérité

2 **a.** Vrai.
b. Vrai.
c. Faux : c'est lui dire des mots grossiers.
d. Faux : on émet une interdiction.
e. Vrai.

3 **a.** 4. **b.** 3. **c.** 5. **d.** 1. **e.** 2.

4 **a.** avis / opinion **b.** résumé **c.** réclamation **d.** articulé / construit / organisé **e.** promesses

5 **a.** Ce publicitaire utilise la langue de bois depuis le début.
b. La police a besoin de preuves concrètes avant d'arrêter le voleur.
c. Les expérimentations peuvent permettre de démontrer une théorie.
d. Son raisonnement n'est pas cohérent, nous devons continuer à le questionner.
e. La présidente de l'association a lancé un appel à ses adhérents.

6 accuser – contester – insulter – négocier – respecter

7 **a.** conclusion **b.** 2e partie **c.** introduction **d.** 1re partie **e.** 3e partie

Anglais

1. Human being

2. Moral attributes and emotions : *-ous*

EXERCISE

1. moustache / gris 2. curieux / généreuse / intelligente
3. l'estomac / désagréables 4. déception / chagrin

2. Family and social relationships

EXERCISE

1. mariage / couple 2. oncle / tante / adopté 3. grands-parents / se marier 4. déteste / collègues / sentiments
5. en couple / se séparer / divorce

3. Health

1. Maladies and symptoms : *-ure*
2. Accidents and incidents : *-ent*

EXERCISE

1. victime / accident / à l'hôpital / ambulance / fractures
2. fièvre / nausées 3. pharmacien / Sécurité sociale / le coût / vaccin / assuré

4. Accomodation

1. Different types of accomodation : *-ty*
2. Describing a residence : *-er*
4. Taxes : *-ary*

EXERCISE

1. maison 2. étage / tour 3. ferme 4. cité 5. cave

5. Education and work

1. Professions and activity sectors : *-ion*

EXERCISE

1. responsabilités / entreprise / augmentation / salaire
2. collègues / réunion / stress 3. syndicats / manifestation / taxes / employés

6. Leisure

EXERCISE

1. films / télévision / occupation / passion 2. acteur / a interprété 3. festival de jazz / succès 4. tennis / sport / foot
5. aux dominos 6. au théâtre / la piscine 7. collection / cartes

7. Means of transport and travelling

EXERCISE

1. chauffeur 2. train / en première classe / passagers
3. réservation / hôtel / luxueux 4. stop / police / infraction
5. excursion / désert / promenade

8. Food and catering

EXERCISE

1. agrumes / oranges / pamplemousses 2. tartelette / spécialité régionale 3. excellente / maître d'hôtel
4. carafe / bière

9. Shopping

3. Aisles and products : *-ic*

EXERCISE

1. une robe / supermarché / offre spéciale 2. produits frais / carte de crédit 3. de l'agriculture biologique
4. code-barres / produit

10. Environment

EXERCISE

1. visiter / musée 2. menace / océans 3. pollution / environnement / énergies 4. agriculture / rurales
5. zoo / crocodiles / tigres 6. déforestation / réchauffement climatique

11. Social and economic life

4. Religion : *-ism* / *-ist*

EXERCISE

1. majorité / parlement 2. république 3. communistes
4. campagne électorale / électeurs 5. élections
6. christianisme / islam / judaïsme

12. Media and digital world

EXERCISE

1. scoop / interview 2. Internet 3. journaliste / nouvelles technologies 4. documentaire / de l'intelligence artificielle

13. Communication

EXERCISE

1. lettre / irrationnel 2. preuve / sa démonstration
3. débat / insultes / dialogue 4. assure / hésitation / négociation / conclusion

Espagnol

1. El ser humano

1. La anatomía : no siempre / "los ojos": *les yeux / des organes vitaux / le cœur bat*
2. Las cualidades y los defectos : agregando *-e / méfiant → méfiante / énervé → énervée / méchant → méchante / ordonné → ordonnée* / modificando la terminación en *-euse* o *-ouse / nerveux → nerveuse / jaloux → jalouse / peureux → peureuse* / Es invariable cuando el adjetivo termina con *-e / calme, tranquille*

1. nerveuse 2. anxieuses / calmes 3. yeux / sentir 4. cœur / bat 5. inquiète 6. peureuses 7. os / os 8. faible

2. Las relaciones familiares y sociales

1. Los lazos familiares y la situación familiar : masculino / *un couple heureux / le frère cadet / des faux jumeaux / être enceinte*
2. Los trámites administrativos : femenino / *divorcée / veuf*
3. Las relaciones amistosas : femenino / *une bonne rencontre / Ma copine est belle.*

1. s'entendent 2. épousé / belle-mère / demi-sœur 3. pacsés 4. accoucher / vrais jumeaux 5. élever / au foyer 6. parents éloignés

3. La salud

1. Las enfermedades y sus síntomas : "Vacunarse" se construye con *se faire / une toux sèche / un vaccin très fort / une blessure profonde / une douleur aiguë / une grande souffrance*
2. Los accidentes y los incidentes : *se blesser → une blessure / se couper → une coupure / se brûler → une brûlure*
3. La asistencia médica y los medicamentos : masculino / *de la poudre blanche*

1. ordonnance 2. entorse 3. a mal au 4. tousses / toux 5. blessure 6. pharmacien / comprimés

4. La vivienda

2. Describir una vivienda : femenino
3. Describir un objeto : *una mesa de madera → une table en bois*

1. serviette 2. taille 3. chauffage 4. déménage 5. charges 6. logement / colocation 7. dur / mou

5. La educación y el mundo profesional

1. Las actividades profesionales : suele agregarse una *-e / avocat → avocate / commerçant → commerçante / ouvrier → ouvrière* / Si termina con *-n*, se agrega *-ne / maçon → maçonne / technicien → technicienne / ingénieure* y professeure / agriculteur → agricultrice / réalisateur → réalisatrice / instituteur → institutrice
3. La búsqueda de empleo : femenino

1. plombier 2. chômage / quitté 3. démissionné / licencié / allocations chômage 4. métier / avocat / études 5. bâtiment / maçons 6. enseignement / professeure des écoles

6. El tiempo libre

1. Las actividades culturales : *producteur → productrice / réalisateur → réalisatrice / locuteur → locutrice / danseur → danseuse*
2. El juego y el deporte : *jouer au football / jouer à la pétanque / jouer une pièce de théâtre / jouer du piano*

1. pièce / comédiens / représentation 2. réserver / places 3. joueurs 4. gagnant / match nul 5. réalisateur 6. championnat / échecs / échec 7. battre 8. s'entraîne / pratique

7. Los transportes y los viajes

1. El avión : *une arrivée → arriver / un départ → partir*
2. La conducción y el estacionamiento : femenino / *une assurance auto très complète.*
3. El alojamiento : *Le déjeuner / dîner est copieux. Nous allons déjeuner / dîner.*

1. petit déjeuner / déjeuner / dîner 2. bruyantes 3. place / garer 4. bagages / soute 5. pourboire 6. ralentis / roules

8. La comida y la restauración

1. El pescado y los mariscos : *On décortique une crevette. On épluche une orange.*
3. La fruta : *Un poireau ("puerro") → des poireaux / un chou ("col") → des choux*
4. Cocinar : En francés se conjuga el verbo *faire* que acompaña a *bouillir, cuire, revenir.*

1. cuisson / bleu 2. écœure / bien cuite 3. décortiquer / chair 4. noyaux 5. faire bouillir 6. primeur 7. goûter / mûrs 8. presser

9. Los comercios

2. Comprar en los comercios de vecindario : *une robe en dentelle* / femenino
3. Ir de compras : masculino / masculino

1. livraison 2. épicerie 3. va bien / cabines d'essayage 4. courses / commande 5. baskets 6. en liquide

10. El medio ambiente

1. La ciudad : *girafe* → "jirafa"
2. El campo : *-ier* / *cerise* → *cerisier* / *prune* → *prunier*
3. La ecología : se emplea la preposición *en* / *un sac en plastique* / *un sac à main en cuir*

1. mairies / trier / déchets **2.** campagne **3.** champ / culture / élève / meuglent / grognent / bêlent **4.** renouvelable **5.** pollution / sacs / sacs **6.** commissariat

11. La vida social y económica

1. Los sectores de actividad : femenino / *une bonne affaire*
2. El consumo : *un besoin*
3. El dinero y el banco : *faire un emprunt auprès d'une banque* / *le compte* y *la banque* / *retirer de l'argent au distributeur* / *un compte* ("una cuenta") ≠ *un conte* ("un cuento")
5. Las asociaciones : *bénévole*

1. distributeur **2.** chômage **3.** adhésions **4.** bureau de vote **5.** soldes / saison

12. Los medios de comunicación y la tecnología digital

1. La prensa escrita : *un magazine trimestriel* / *Les principaux magasins* / *sondage*
2. La televisión : *une chaîne de télévision* / *une chaîne de magasins* / *une chaîne en or* / *une chaîne payante*
3. Internet : masculino / *chargement* / *télécharger* ≠ *mettre en ligne*

1. télécharger / abonnement **2.** rubrique **3.** journal télévisé **4.** profil **5.** sous-titrée / chaîne **6.** interagir / réseaux sociaux

13. La comunicación

1. Pensar, razonar : femenino / *réfléchir*
2. Dar su opinión, su punto de vista : *contester* Ø *une loi*
3. Debatir : singular / masculino
4. Expresar reglas : femeninos / *Il est interdit* / *permis de fumer.*

1. interdiction **2.** demander / avis **3.** disputer **4.** exprimer **5.** détournent **6.** se plaindre **7.** permission **8.** trouve